Sabrina Bigler/Lea Seiler

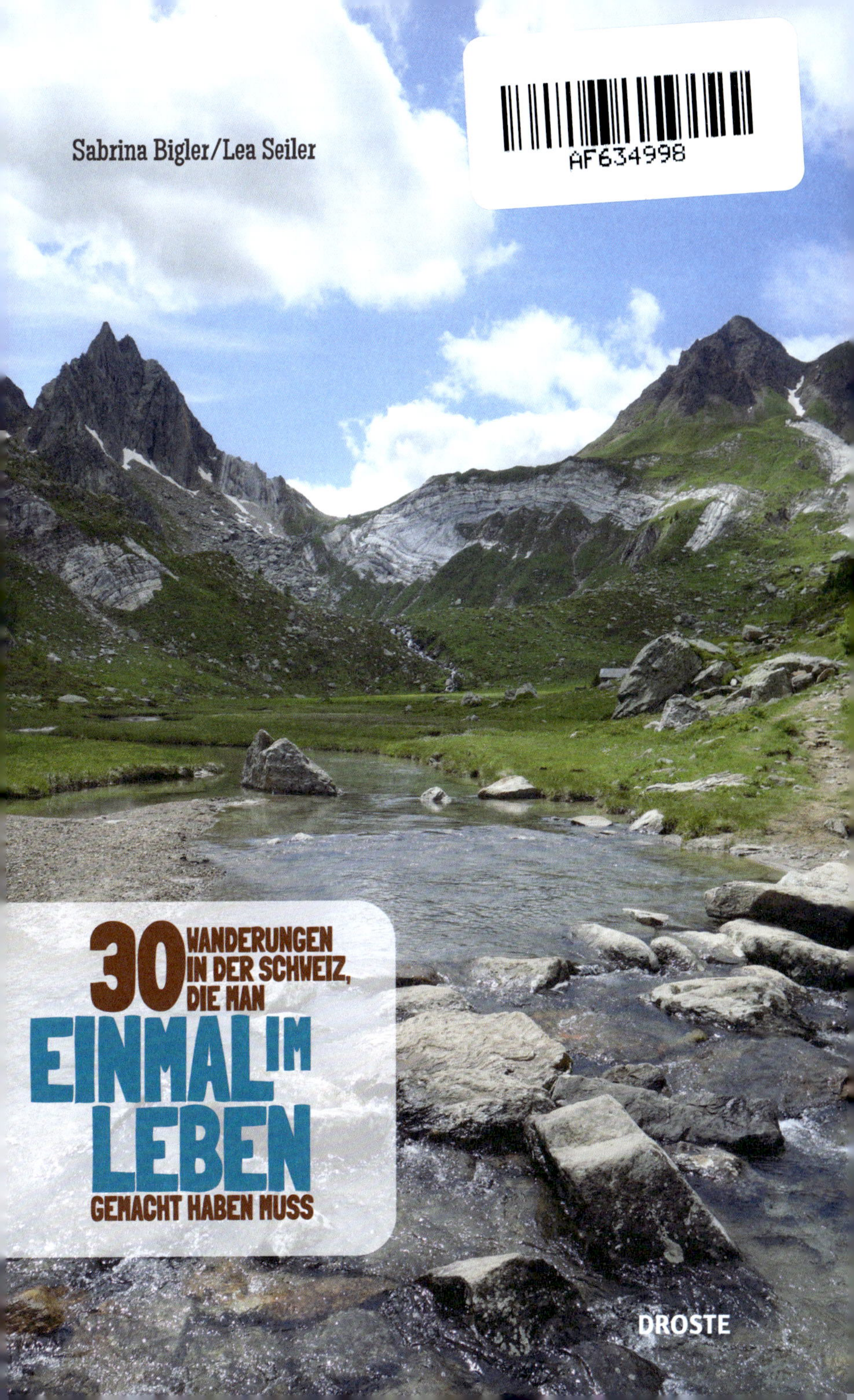

30 Wanderungen in der Schweiz, die man einmal im Leben gemacht haben muss

DROSTE

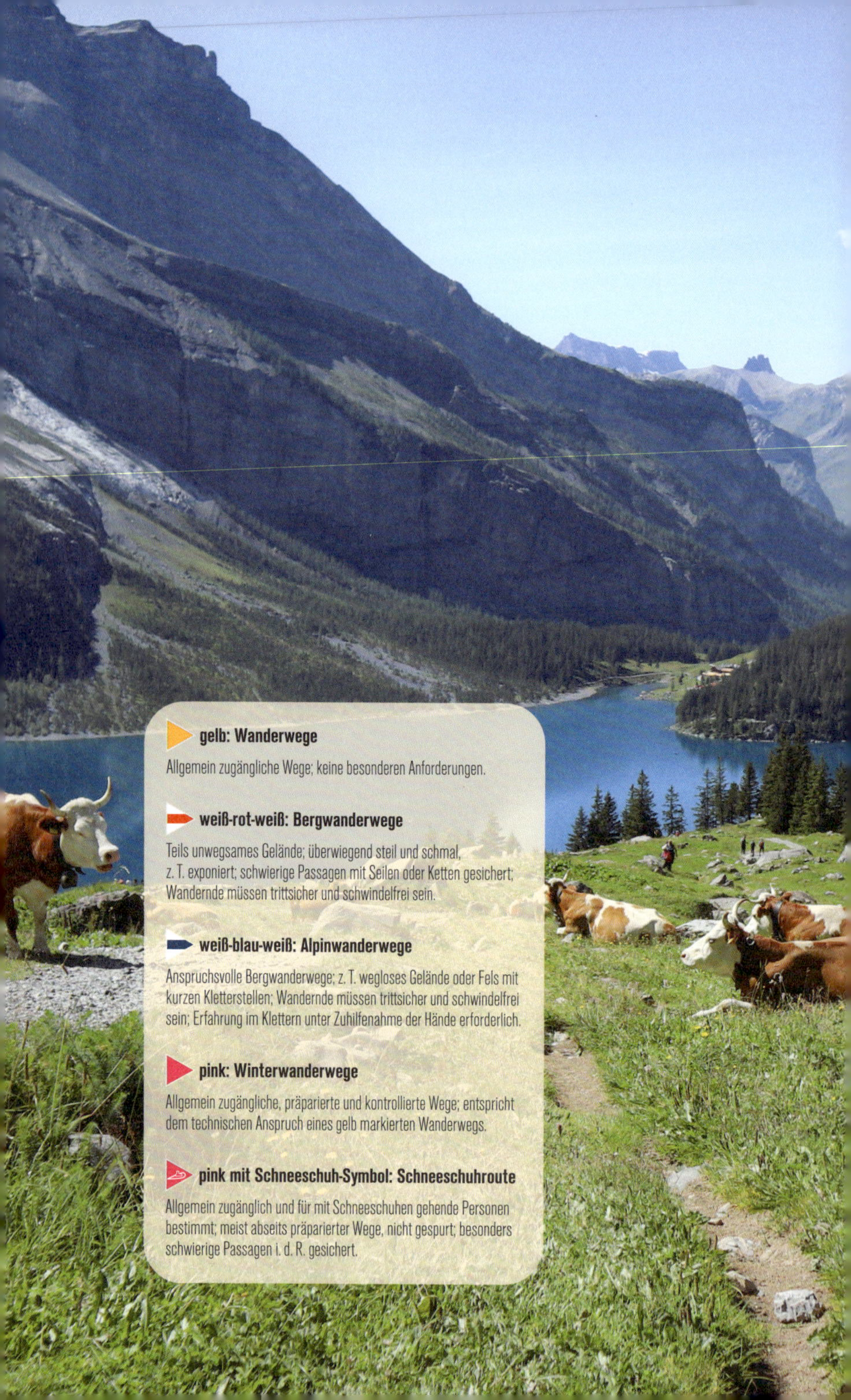

gelb: Wanderwege

Allgemein zugängliche Wege; keine besonderen Anforderungen.

weiß-rot-weiß: Bergwanderwege

Teils unwegsames Gelände; überwiegend steil und schmal, z. T. exponiert; schwierige Passagen mit Seilen oder Ketten gesichert; Wandernde müssen trittsicher und schwindelfrei sein.

weiß-blau-weiß: Alpinwanderwege

Anspruchsvolle Bergwanderwege; z. T. wegloses Gelände oder Fels mit kurzen Kletterstellen; Wandernde müssen trittsicher und schwindelfrei sein; Erfahrung im Klettern unter Zuhilfenahme der Hände erforderlich.

pink: Winterwanderwege

Allgemein zugängliche, präparierte und kontrollierte Wege; entspricht dem technischen Anspruch eines gelb markierten Wanderwegs.

pink mit Schneeschuh-Symbol: Schneeschuhroute

Allgemein zugänglich und für mit Schneeschuhen gehende Personen bestimmt; meist abseits präparierter Wege, nicht gespurt; besonders schwierige Passagen i. d. R. gesichert.

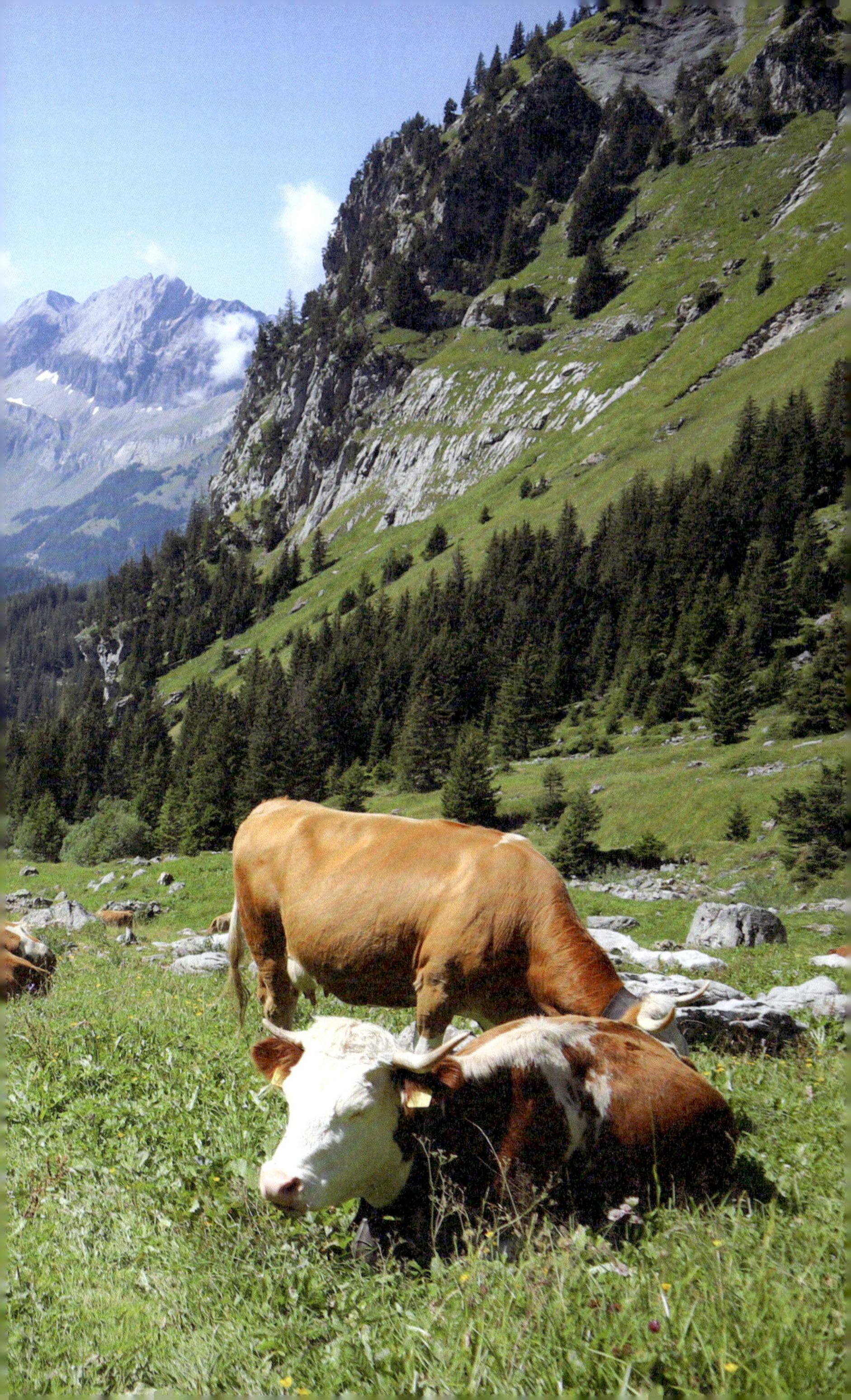

ÜBERSICHTLICH

AKTIV ... ERLEBNISREICH ... UNVERGESSLICH

ÜBERSICHTLICH

AKTIV ... ERLEBNISREICH ... UNVERGESSLICH

Willkommen im Wanderparadies Schweiz

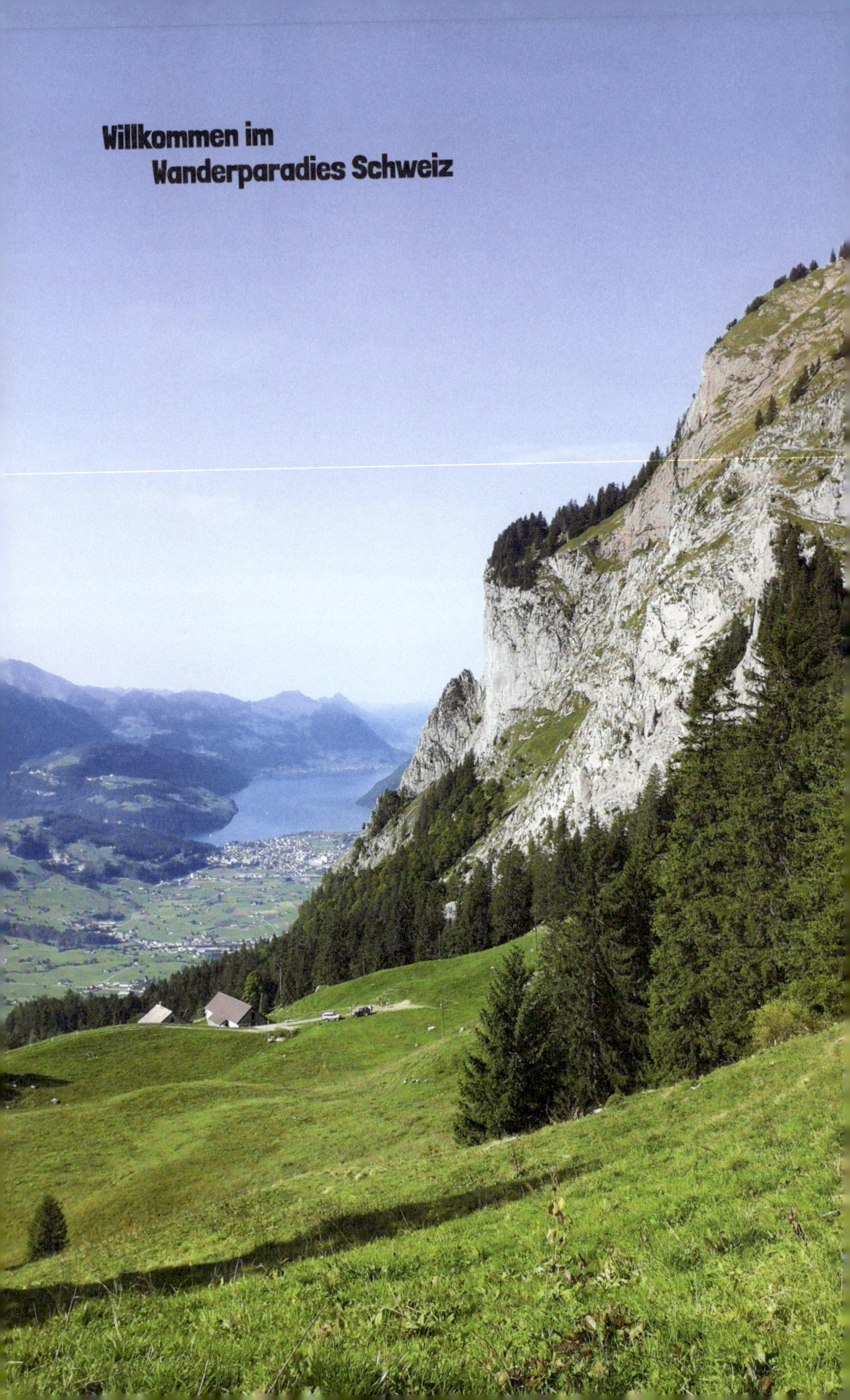

Liebe Wanderbegeisterte,

einen Wanderführer mit den schönsten 30 Touren in der Schweiz zu schreiben, stellt schon zu Beginn eine große Herausforderung dar: Wie sollen wir uns entscheiden können ob der unzähligen Routen, welche die Schweiz durchziehen? Über 65.000 Kilometer Wege – davon ca. 22.000 Bergwanderwege – warten darauf, entdeckt zu werden. Dazu kommt, dass das Wegenetz verlockend vielseitig ist. Nicht nur hohe und aussichtsreiche Berggipfel wollen bestiegen werden, auch Grate wollen mutig überquert, hügelige Landschaften durchschritten, UNESCO-Welterbestätten bestaunt und türkisfarbene Bergseen besucht werden. Hinzu kommt, dass die vier Jahreszeiten dank ihrer starken Ausprägungen frühlingshafte Einsteigertouren im Flachland, sommerliche Zweitagestouren in alpinem Gelände, weitsichtige Panoramarouten durch ein herbstliches Farbenspektakel und pulvriges Stapfen im Winterwunderland Schweiz erlauben.

Eine Einigung haben wir nach zahlreichen durchgeführten Wanderungen und noch mehr Diskussionen rund um diese erzielt. Das Resultat davon halten Sie in den Händen: den Wanderführer mit den 30 schönsten und abwechslungsreichsten Wanderungen in der Schweiz!

Erwandern Sie zusammen mit uns die schönsten Ecken in einem Land voller „Chäs, Schoggi und Bärge“: Wanderschuhe geschnürt und los geht's!

Herzlichst

Sabrina Bigler
Lea Seiler

Traumkulisse Terrasses de Lavaux

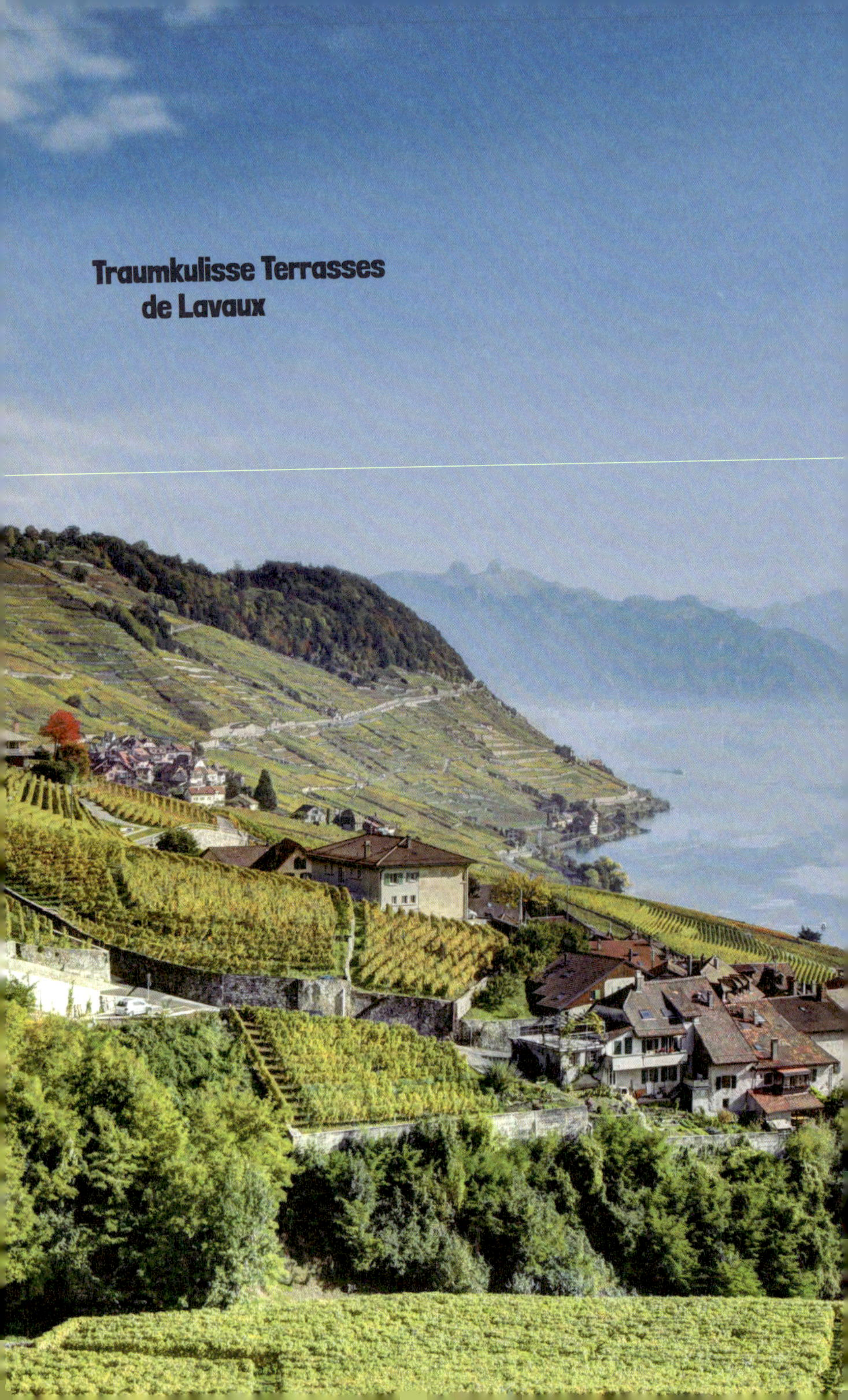

Ein Erlebnis für alle Sinne: Die Wanderung durch das UNESCO-Welterbe „Terrasses de Lavaux“ von Saint-Saphorin nach Lutry liefert dank Degustationsmöglichkeiten Weinliebhabern und Weinliebhaberinnen eine wahre Gaumenfreude. Für das Auge verleihen Einblicke in traditionelle Winzerdörfer, Ausblicke auf den grenzenlos erscheinenden Genfersee und in die ferne Bergwelt der Savoyer Alpen dieser genussreichen Wanderung einen runden Abgang.

Ausgangspunkt unserer Halbtageswanderung ist das Städtchen Saint-Saphorin, welches zwischen Lausanne und Vevey gelegen

Terrasses de Lavaux

Durch die Weinberge oberhalb des Genfersees

optimal mit öffentlichen Verkehrsmitteln erreichbar ist, darunter auch mit dem Schiff. Hier nehmen wir uns Zeit und bestaunen das charakteristische Winzerdorf am Fuße des Mont Pèlerin mit seinen engen Gassen, den einladenden Gaststätten, die lokale Spezialitäten anbieten, und dem markanten Kirchturm. Letzterer hat es übrigens zu ein klein wenig Berühmtheit gebracht – auf vielen Weinetiketten prangt er quasi als Leuchtturm dieser Gegend.

Mit dem Wissen, dass auf unserer Wanderung noch einige weitere charmante Winzerdörfer folgen, beginnen wir unseren Fußmarsch in Richtung Lutry auf dem gut ausgeschilderten und leider größtenteils asphaltierten Wanderweg „Terrasses de Lavaux“. Der Ausblick auf die uns umgebende überwältigende Landschaft lenkt vom wanderfeindlichen Untergrund ab. Uns erwartet eine reizvolle Durchquerung der weltweit bekannten terrassierten Weinberge. Diese wurden ab dem 12. Jahrhundert von Zisterzienser-Mönchen in mühseliger Arbeit am nordöstlichen Ufer des Genfersees angelegt und gehören seit dem Jahre 2007 zum **Welterbe der UNESCO**. Ausschlaggebend für die Eintragung in die Liste des Weltkulturerbes waren nicht nur die von Menschenhand angelegten Terrassen und Rebberge, sondern auch die sicht- und spürbare harmonische Einheit zwischen Mensch und Natur. Das Gebiet ist mehr als 800 Hektar groß und gilt somit als eines der größten zusammenhängenden Weinbaugebiete der Schweiz. Das Klima hier am Genfersee ist für die Weinreben optimal. Die direkte Sonneneinstrahlung, die Reflexion der Sonnenstrahlen von der riesigen Wasserfläche und die nächtliche Abstrahlung der sich in den zahlreichen Steinmauern der Weinberge tagsüber gestauten Wärme tragen zu einer guten Traubenqualität bei. Die Sonne spüren übrigens nicht nur die Weintrauben, sondern auch wir, denn an einem schönen Sommertag wird es in den Reben drückend heiß. Schnell würden wir bei fehlendem Sonnenschutz so gefärbt wie rote Trauben. Wir sollten deshalb genügend Flüssigkeit (besser nicht Wein) und einen geeigneten Sonnenhut mit uns führen. Erfrischendes Wasser können wir übrigens mit gutem Gewissen an

INFO

Unterwegs informieren spannende Schautafeln über die Weinregion.

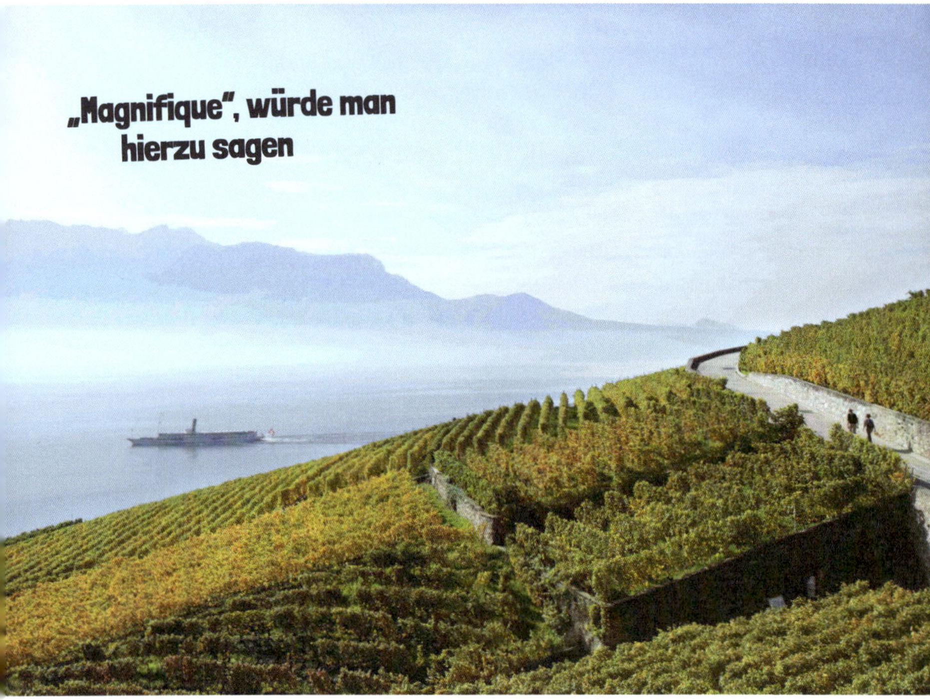

jedem Dorfbrunnen trinken und abfüllen, außer es wird explizit davon abgeraten. Sowieso empfehle ich den Herbst als optimale Wanderzeit. Nicht nur, weil die Sonne nicht mehr ganz so intensiv scheint, sondern auch weil die Reben nun in **goldgelben Herbstfarben** einen eindrücklichen Kontrast zum blauen Genfersee und den gegebenenfalls schon weißen Bergspitzen der Alpen abgeben. Zudem beginnt im Frühherbst die Lese der Trauben und bietet die Möglichkeit, dem emsigen Treiben der Traubenernte zuzuschauen. Die Weinlese in den abschüssigen Rebbergen ist trotz vermehrtem Einsatz von kleinen Rebtraktoren und vereinzelt Helikoptern zum Abtransport der gefüllten Behälter noch immer knochenharte Handarbeit und das althergebrachte Prinzip des Anbaus der Reben ist unverändert geblieben. Die Trauben werden von den vielen meist freiwilligen Helfern und Helferinnen von Hand geschnitten, in Kisten gesammelt und anschließend zu den Traktoren getragen.

Das macht die Tour einzigartig!

- Traumkulisse am Genfersee
- Typische Winzerdörfer
- Weindegustationen

Unabhängig von der Jahreszeit wandern wir beeindruckt und entzückt von den malerischen Weinreben weiter in Richtung des nächsten Städtchens Rivaz. Bevor wir dort ankommen, sehen wir unter uns das wunderschön am Seeufer gelegene Château de Glérolles, das sich in Privatbesitz befindet. In Rivaz lohnt sich ein Abstecher ins **Weinerlebniszentrum „Vinorama"**. Im modernen Gebäude werden Hintergrundinformationen zum Weinbau multimedial vermittelt und bei Interesse stehen über 250 lokal erzeugte Weine zum Verkauf. **Weinverkostungen** sind möglich, vom Kauf zu vieler Flaschen rate ich zum jetzigen Zeitpunkt ab, außer jemand trägt gerne die schweren Weinflaschen durch die Rebberge. Wir verlassen Rivaz und sind nun mittendrin im Herzen des Lavaux. Wir wandern auf Serpentinen im steten Auf und Ab vorbei an den hübschen kleinen Ortschaften Epesses, Riex und Grandvaux. Dabei bieten sich viele Aussichtspunkte und lauschige Rastmöglichkeiten an. Zur Zeit der Weinlese sind die Dörfchen von viel Leben erfüllt. Zwischendurch sehen wir am oberen Rand des Lavaux immer wieder Züge vorbeirollen, welche von der Deutschschweiz nach Lausanne fahren. Aus eigener Erfahrung bin ich mir sicher, dass sich im Moment, wo der Zug aus dem Tunnel bei Puidoux herausfährt und die Reisenden erstmals das gleißende Licht des Genfersees und die Terrassen erblicken, jemand im Inneren des Zuges die Nase platt drückt aufgrund **der herrlichen Kulisse**, welche sich einem eröffnet.

Auf dem weiteren Weg sind „Pintes" (kleine Waadtländer Restaurants) und „Caveaux" (Weinkeller) zu entdecken, welche zu Verkostungen einladen. Die verbreitetste Rebsorte ist der Gutedel – hier besser bekannt als „Chasselas". Der daraus gewonnene Weißwein hat in der Regel einen geringen Alkoholgehalt zwischen 11,5 und 12,5 Prozent – optimal, um unsere Wanderung noch stilsicher beenden zu können. Im Herbst empfehle ich zudem, den erfrischenden Traubensaft zu trinken. Wer eher hungrig unterwegs ist, der wird in den rustikalen Pintes auch auf seine Kosten kommen. Vom deftigen Waadtländer Nationalgericht Papet Vaudois (ein traditioneller Eintopf mit Lauch und Kartoffeln, dazu eine Kohlwurst) bis zu den leicht gebackenen „Filets de Perche" (Flussbarsch oder Egli) aus dem See stehen vielseitige Speisen im Angebot.

Allenfalls leicht angeheitert marschieren wir nun weiter bis zu unserem Endziel Lutry. Wer ein Gläschen zu viel getrunken hat, dem ist allenfalls das Glück hold. Sofern es denn gerade vorbeituckert, kann er/sie das straßengebundene Touristenzüglein „Lavaux Express" besteigen und sich in ihm statt auf eigenen Beinen an die Ufer des Genfersees hinunterchauffieren lassen. In Lutry genießen wir noch ausgiebig die **Riviera und das mediterrane Flair des Genfersees**. Für den Nachhauseweg bietet Lutry dank des guten Anschlusses ans Bus- und Zugnetz mehrere Möglichkeiten. Bei einem guten Timing können wir sogar den historischen Schaufelraddampfer „La Suisse" besteigen, welcher elegant im Wasser liegend wahlweise in Richtung Lausanne oder Montreux gleitet. Und in diesem Fall stehen wir ganz bestimmt draußen an Deck und verabschieden uns leicht melancholisch von der unglaublichen Kulisse des UNESCO-Weltkulturerbes Lavaux. Die gemütliche Wanderung ist wahrhaftig ein vollmundiges Menü.

FAZIT

Eine entspannte Wanderung inmitten von Weinreben und mit stetem Blick auf den Genfersee und die umliegenden Berge. Besonders im Herbst sind die Lavaux-Terrassen nicht nur für den Gaumen, sondern auch für die Augen ein Spektakel sondergleichen.

GUT ZU WISSEN

VON: Saint-Saphorin
BIS: Lutry
LÄNGE: 11 Kilometer
HÖHENMETER: 400 (hoch und hinunter)
ETAPPEN: 1
MARKIERUNG: gelb
HÖCHSTER PUNKT: Aran, 465 Meter

DAS BRAUCHE ICH:

- viel Flüssigkeit und Sonnenschutz bei sonnigem Wetter
- etwas im Magen für eine eventuelle Weindegustation

Abenteuer 2/5
Natur 4/5
Schwierigkeit 2/5

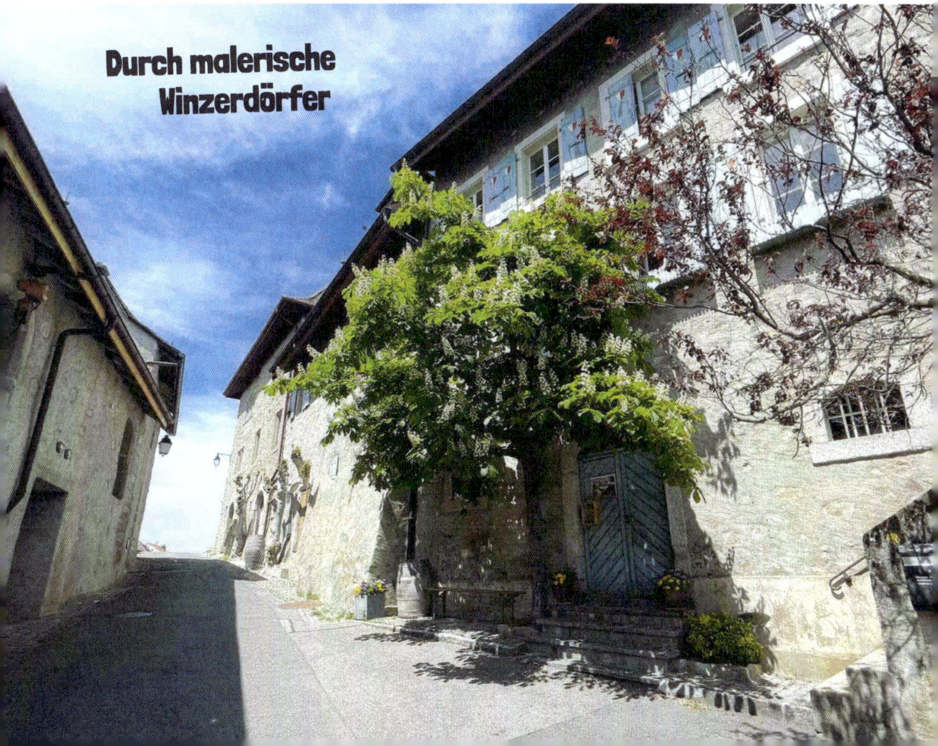

La Gruyère: Wo Käse und Schoggi entstehen

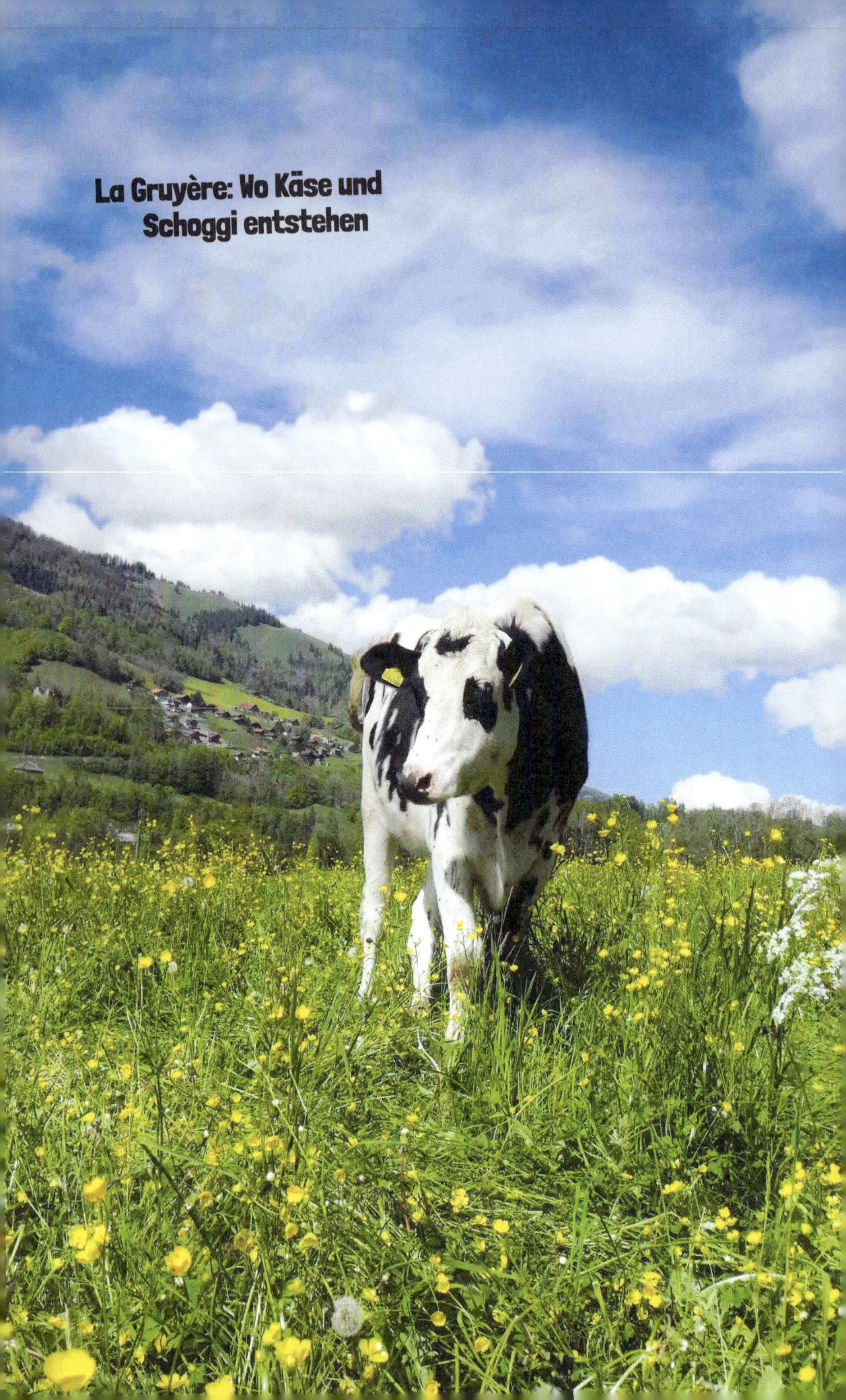

Typisch Schweiz! Auf dieser gemütlichen Wanderung durch die Region La Gruyère kommen wir kulinarisch voll und ganz auf unsere Kosten. Nebst der berühmten Schokolade von Cailler lernen wir nämlich auch das traditionsreiche Käsehandwerk des Greyerzer kennen. Doch auch der Naturaspekt kommt dank der Durchquerung der Jaunbachschlucht auf dieser abwechslungsreichen Route durch die grüne Hügellandschaft nicht zu kurz.

Wir starten unsere Tour im malerischen Dorf Charmey, welches mit seinen 886 Metern auch bereits der höchste Punkt dieser

Chemin du Gruyère

Schoki-Käse-Wanderung in Gruyère

Wanderung ist. Vorweg ein kleiner Tipp: Wer sich nach der Tour noch etwas Entspannung gönnen will, der kann die Wanderung auch in umgekehrter Richtung zurücklegen und sich am Ende mit einem Aufenthalt in den **„Bains de la Gruyère"** in Charmey belohnen. Heute starten wir aber in Charmey und lassen die Bäder als Erstes gleich unbesucht hinter uns. Nach einigen Hundert Metern auf dem Gehsteig biegen wir links in ein Wohnquartier ab und folgen stets den gelben Wegweisern mit dem grünen „Chemin du Gruyère"-Aufkleber. Schon bald hören wir die Grillen in der Wiese zirpen und im ersten Waldabschnitt heißt uns das Vogelgezwitscher von Amsel und Buchfink willkommen. Wenn wir die Wanderkarte genau betrachten, sehen wir, dass wir uns gerade auf einer Halbinsel befinden und noch auf die andere Seite des Sees gelangen müssen. Zu unserem Glück bleiben wir von einer Wattwanderung verschont und können den engen Seearm über eine 60 Meter lange Hängebrücke aus Rundholz komfortabel passieren. Die Route führt uns weiter durch Weiden und Wald und auf der linken Seite erhaschen wir immer wieder Blicke auf den Lac de Montsalvens. Wer so wie wir hier schon den ersten kleinen Hunger verspürt, der kann es sich auf beiden

INFO

Der Greyerzer-Käse ist ursprungsgeschützt. Damit wird sichergestellt, dass die Rohmilch aus der Region stammt und die Spezialität nur in definierten Regionen hergestellt werden darf.

Seiten der Staumauer auf Picknick-Plätzen inklusive Feuerstellen gemütlich machen – je nachdem, ob man vor oder nach dem Essen den Blick 52 Meter in die Tiefe wagen will.

Die 1921 erbaute Staumauer war die erste Beton-Bogenstaumauer Europas und stellt heute Strom für ca. 13.400 Haushalte bereit. Das Wasserkraftwerk, das den Strom produziert, liegt in Broc. Dort wird nebst Strom auch die bekannte Cailler-Schokolade hergestellt. Bevor wir aber mit dem herrlichen Schoki- oder auch „Schoggi-"Duft – wie wir in der Schweiz sagen – belohnt werden, steht uns noch der spektakulärste Teil der Wanderung bevor: die **Durchquerung der Jaunbachschlucht**. Über hölzerne Treppenstufen geht es erst steil bergab, ehe wir uns auf Augenhöhe mit dem wunderschönen Jaunbach befinden. Der Weg schlängelt sich nun entlang des Jaunbachs mal links, mal rechts des Wasserlaufs durch die Schlucht. Wir queren den Bach über Holzstege, marschieren auf Felsgalerien, bestaunen Kalkwände, durchlaufen kleine Tunnels (wie könnte es

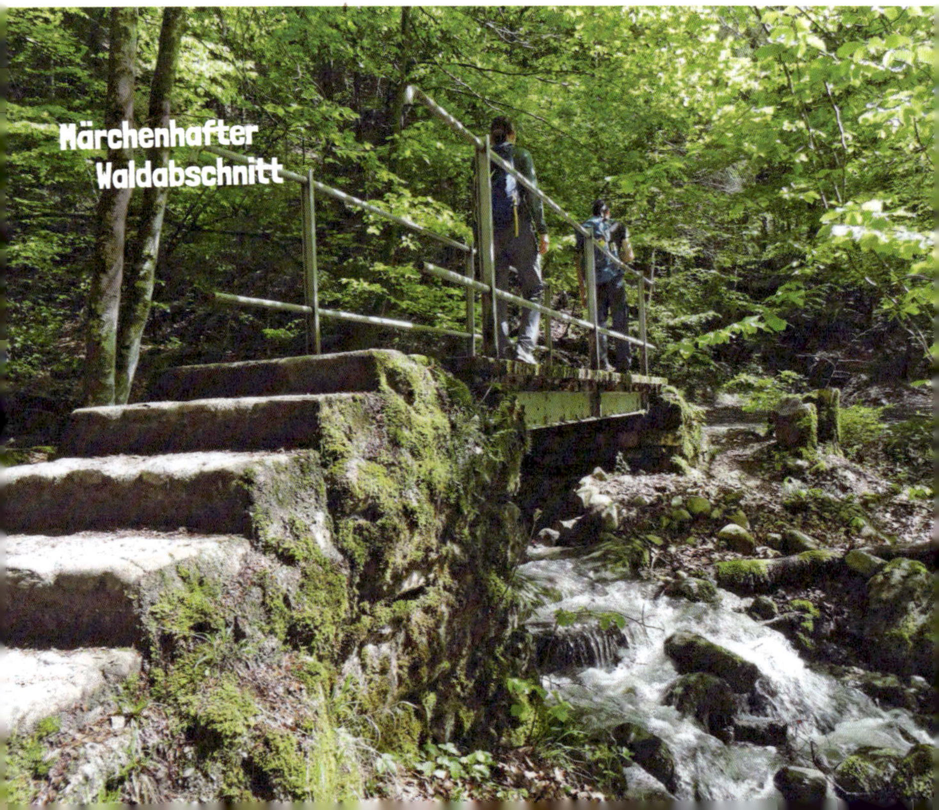

in der Schweiz auch anders sein?) – und es tropft auch bei schönem Wetter das ein oder andere Mal auf unseren Kopf. Am Ende der Schlucht wird das Klima langsam wieder trockener und die Luft riecht plötzlich süßer. Bei wem spätestens jetzt ein leises Knurren in der Bauchregion hörbar wird, der sollte die Hauptstraße überqueren und das **„Maison Cailler"** auf der anderen Seite des Jaunbachs ansteuern. Während dem einstündigen interaktiven Museumsrundgang erfahren wir, wie aus Kakaobohnen und weiteren erlesenen Zutaten die edlen Schokoladenkreationen von Cailler entstehen, und natürlich kommt die Degustation nicht zu kurz! Die Familie Cailler hat die Schweizer Schokoladengeschichte stark geprägt. Die älteste noch existierende Schokoladenmarke der Schweiz ist seit 1898 in der Fabrik in Broc zu Hause. Der angeheiratete Daniel Peter ist der Milchschokoladen-Erfinder. Noch heute wird für diese Schokoladenart Milch direkt aus der Region verwendet. Am Ende des Rundgangs decken wir uns im Fabrikladen mit unseren liebsten Sorten ein und nehmen die letzten Kilometer nach Gruyères unter die Füße. Mein Tipp: unbedingt die Milchschokolade mit ganzen Haselnüssen probieren – meine absolute Lieblingsschokolade. Mit derart guter Schokolade im Magen geht es gleich viel zügiger weiter. Je nach Jahreszeit begegnen wir beim Durchqueren der nächsten Weiden auch den bekannten schwarz-weiß gescheckten Freiburger Kühen. Bei so saftigem Gras ist es nicht verwunderlich, dass die Milchschokolade von Cailler so unglaublich cremig ist.

Das macht die Tour einzigartig!

- **Die imposante Jaunbachschlucht**
- **Der Geschmack von Schoki und Käse**
- **Das einzigartige Dorf Gruyères**

Stets in Sichtweite ist der Hausberg „Moléson" des Kantons Freiburg. Der 2002 Meter hohe Gipfel lockt mit seiner Panoramasicht auf das Mittelland, die Alpen und den Genfersee. Mehrere Wanderwege und eine Bahn führen zum Gipfel und im Winter wird hier auch Ski gefahren. Wenn der Blick schon gegen den Himmel gerichtet ist, dann sehen wir bestimmt auch den ein oder anderen Fallschirm. Vom hiesigen Flugplatz starten regelmäßig Propellerflugzeuge mit Waghalsigen in die Höhe.

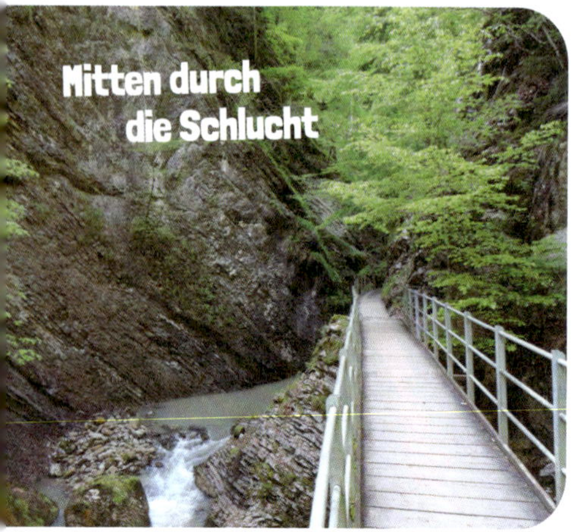

Falls einen der Blick von der Staumauer in die Tiefe kaltgelassen hat, kann man hier einen Tandem-Fallschirmsprung buchen. Uns steht jetzt noch der letzte, knackige Anstieg hinauf nach Gruyères bevor, nachdem wir die Saane über die Holzbrücke überquert haben.

Die Fußsohlen brennen schon etwas von den gemeisterten Kilometern, aber ein Zurück gibt es jetzt nicht mehr, denn auf uns wartet ein einzigartiges historisches Städtchen mit Schloss. Dank Postkartenidylle sind wir hier bestimmt nicht alleine unterwegs. Gruyères lockt viele Besucherinnen und Besucher an, welche auf dem Kopfsteinpflaster hoch und runter schlendern, die zum Teil mittelalterlichen Gebäudefassaden bestaunen und sicher nicht zu wenig Fondue verspeisen. Der herrliche Duft nach Käse ist auf diesen paar Quadratmetern nicht zu ignorieren. Neben dem ausgeprägten kulinarischen Angebot beheimatet Gruyères aber auch zwei spannende Museen. Im Tibet Museum findet sich eine wunderbare Sammlung tibetanischer Kunst von Alain Bordier. Einige Schritte weiter ist die weltbekannte Kunst des Schweizer Oscarpreisträgers HR Giger zu bestaunen. Bilder, Skulpturen, Möbel und Filmkulissen sind Teil der größten Werksammlung des Künstlers. Zu guter Letzt wollen wir auf der Schoki-Käse-Route aber noch den Käseteil erkunden, schließlich befinden wir uns jetzt in der Heimat des berühmten AOC-Käses Gruyère. Dazu verlassen wir den historischen Teil von Gruyères nach Pringy-Gruyères, wo „La Maison du Gruyère“ mit seiner **Schaukäserei** Gäste empfängt. Die Käseherstellung können wir mehrmals täglich von einer Ga-lerie aus beobachten und wiederum erfahren wir viele Hintergrundinformationen dank interaktivem Rundgang. Keiner unserer fünf Sinne kommt hier zu kurz und wer noch Platz im Rucksack oder Magen hat, der schlägt am Ende ordentlich zu.

FAZIT

Die Schoki-Käse-Route ist eine absolute Genusswanderung, abgerundet durch Einblicke in Geschichte und Kultur! Mehr „typisch Schweiz“ als cremige Schokolade, feinster Käse, hügelige Weiden mit grasenden Kühen und imposanten Bergen im Hintergrund geht nicht.

GUT ZU WISSEN

2

VON: Charmey
BIS: Gruyères
LÄNGE: 11 Kilometer
HÖHENMETER: 380 hinauf, 520 hinunter
ETAPPEN: 1
MARKIERUNG: gelb
HÖCHSTER PUNKT: Charmey, 886 Meter

DAS BRAUCHE ICH:

- Lust auf feinste Cailler-Schoki und Greyerzer-Käse
- eine leichte Jacke oder einen Pullover für die kurzen Tunnel-Passagen
- Trekkingschuhe oder leichte Wanderschuhe

Abenteuer
Natur
Schwierigkeit

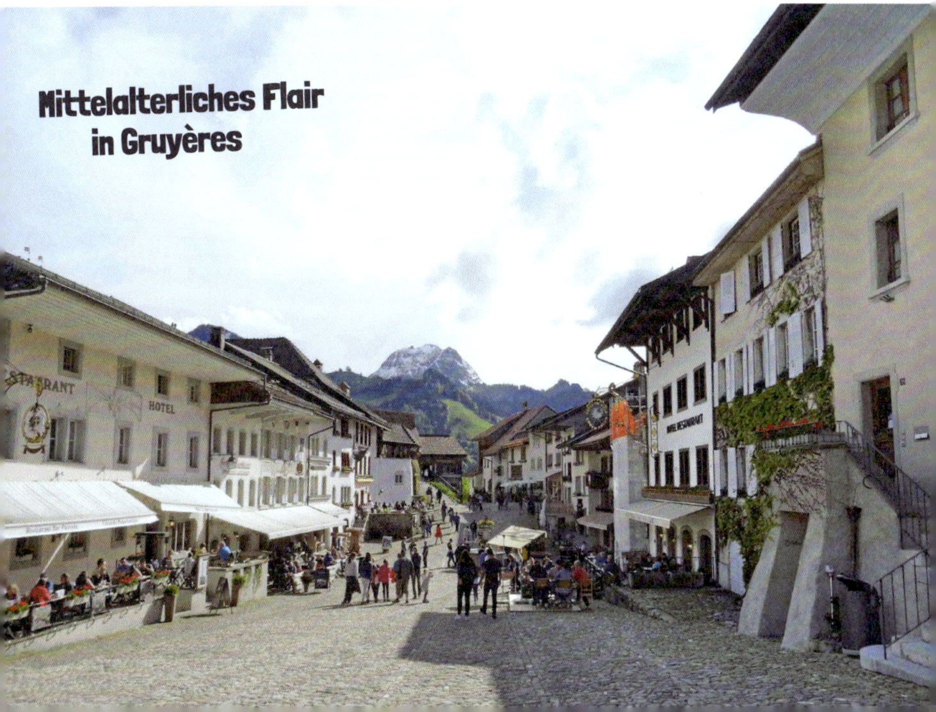

Mittelalterliches Flair in Gruyères

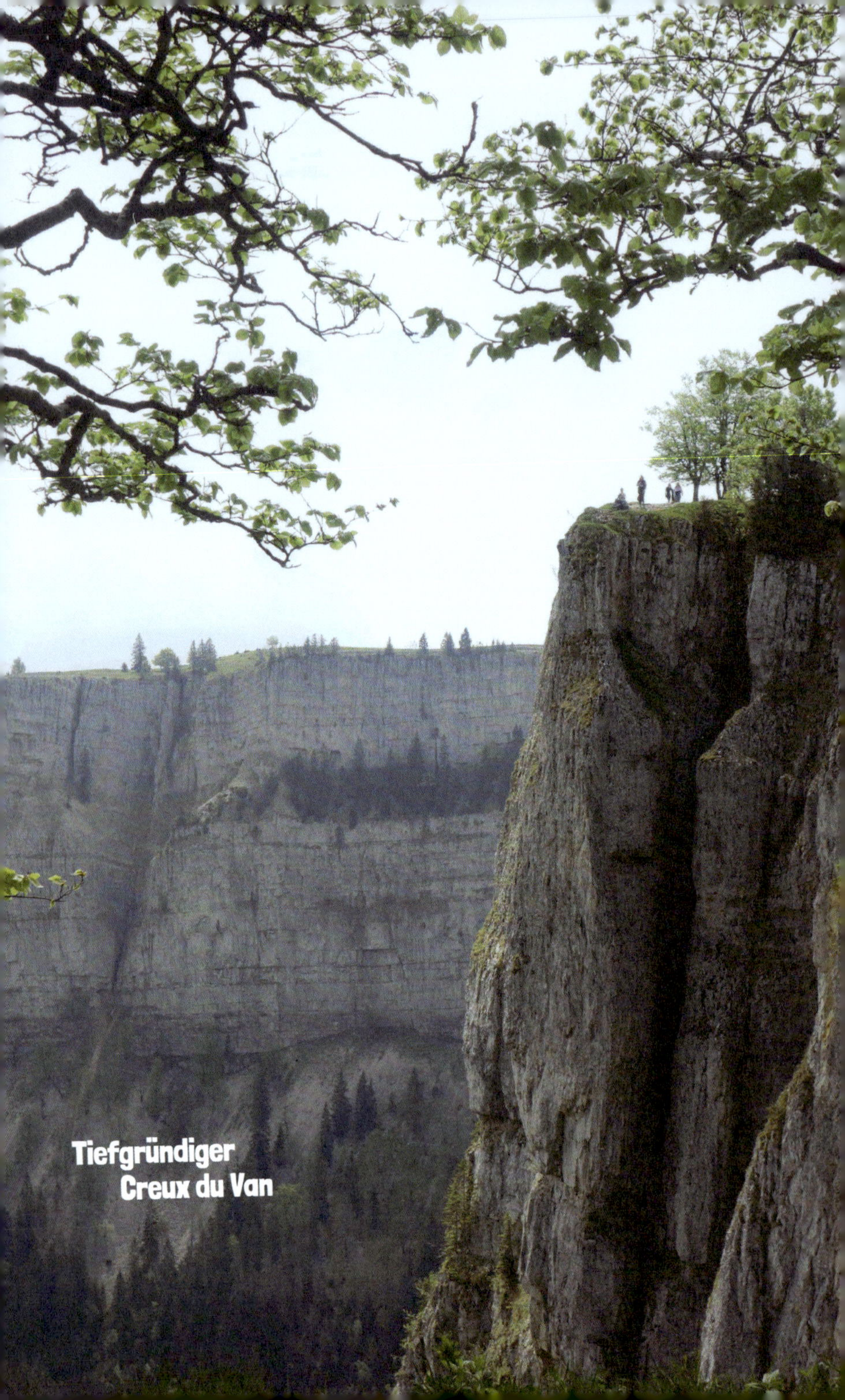
Tiefgründiger
Creux du Van

14 Kilometer, 14 Haarnadelkurven, 160 Meter hohe Felswände und eine 360-Grad-Aussicht: Dies alles verspricht der Wanderklassiker zum Creux du Van, welcher nicht zu Unrecht als Grand Canyon der Schweiz bezeichnet wird. Die atemberaubende Rundwanderung im Val de Travers führt zu einer einmaligen Felsarena, welche nicht nur landschaftlich punktet, sondern auch eine vielfältige Flora und Fauna aufweist.

Rundweg Creux du Van

Zum Grand Canyon der Schweiz

Der Creux du Van gilt für mich als einer der prägendsten Ausflugsorte in der Schweiz. Der riesige Felskessel wirkte bei mir schon als Kind unglaublich imposant und blieb mir nachhaltig in Erinnerung. Auch im Erwachsenenalter erzeugt der Tiefblick vom Hochplateau immer noch Gänsehaut und dementsprechend ist die Wanderung zum Creux du Van ein beliebtes Wanderziel der Schweizerinnen und Schweizer. Ich empfehle deshalb, die Wanderung an einem Tag unter der Woche in Angriff zu nehmen. Am Wochenende trifft man neben dem Wandervolk auch auf zahlreiche motorisierte Ausflügler, welche dank dem Parkplatz nahe dem Plateau einen kurzen Fotostopp einlegen.

Doch beginnen wir von vorne: Unsere Wanderung startet im kleinen Ort Noiraigue im Kanton Neuenburg, welcher dank dem öffentlichen Verkehrsnetz gut mit dem Zug erreichbar ist. Wir befinden uns nun im Val de Travers, das bekannt ist für seine Geschichte rund um den Absinth. Die **„grüne Fee"**, wie die Spirituose aus Wermutkraut auch bezeichnet wird, wurde Ende des 18. Jahrhunderts im Val de Travers erfunden. Sie feierte große Erfolge in der zweiten Hälfte des 19. Jahrhunderts, unter anderem in der Pariser Künstlerszene. In der Schweiz wurde die Spirituose im Jahre 1910 verboten, da sie angeblich gesundheitsschädlich wirkte und die Trinkenden in den Wahnsinn trieb.

Dieser Zusammenhang konnte jedoch nicht bestätigt werden. Das Absinthverbot wurde in der Schweiz 2005 aufgehoben und seither wird Absinth wieder erfolgreich hergestellt.

Wir durchqueren das Dörfchen trotz den angepriesenen Degustationsmöglichkeiten zielstrebig. Wir wollen und sollen ja für unsere Wanderung klar bei Sinnen sein. Wir lassen Noiraigue auf dem asphaltierten Sträßchen bald zurück und genießen die letzten ebenen Meter. Beim Wegweiser haben wir die Möglichkeit, die Rundwanderung in der einen oder anderen Richtung zu begehen. Wir nehmen für den Aufstieg den Weg Richtung Oeillons. Nach wenigen Kilometern ist dies unser erster kurzer Halt und wir können auf dem Bauernhof Les Oeillons ein paar Esel, Ziegen und Kühe begrüßen. Eine kurze Pause schadet jedenfalls nicht, denn nun folgt der **Serpentinenweg „Sentier des 14 Contours"** mit 14 Spitzkehren. Höhenmeter um Höhenmeter und Kehre um Kehre geht es bergauf. Ich empfehle, die Kehren

INFO

Der Creux du Van ist Teil der zehnten Etappe des Jura-Höhenweges, welche von Noiraigue nach Les Rochats führt.

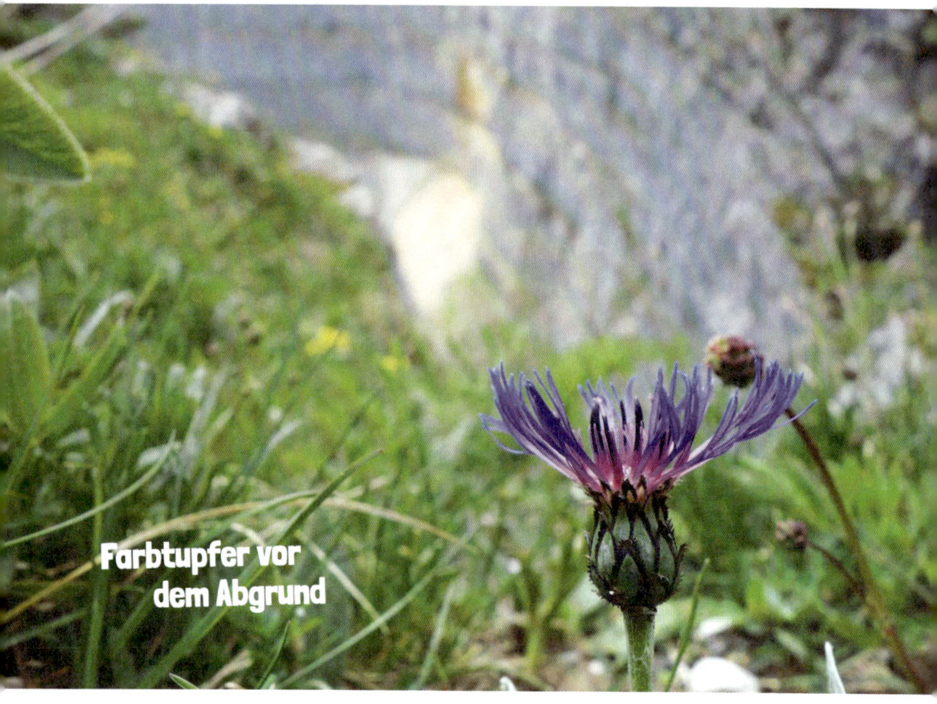

Farbtupfer vor dem Abgrund

nicht zu zählen, ansonsten fühlt es sich leicht deprimierend an, wenn die erlösende Spitzkehre Nummer 14 einfach nicht näher kommen will. Konzentrieren wir uns besser auf die vielfältige Flora. Im Frühling können hier mit etwas Glück sogar Morcheln entdeckt und gesammelt werden. Abgelenkt durch die Pilzsuche sind wir plötzlich schneller oben als gedacht. Unabhängig davon, ob wir aufgrund des Aufstiegs leicht hecheln oder nicht, beim Anblick der vor uns liegenden Felsarena verschlägt es uns endgültig den Atem. Der **hufeisenförmige Felskessel** ist ca. 1200 Meter breit und senkrechte 160 Meter tief. So lassen wir es uns nicht nehmen, die herrliche Kulisse zu genießen. Der Ausblick wird noch eindrucksvoller, wenn wir unseren Weg fortsetzen. Dazu brauchen wir keinen Wegweiser, sondern orientieren uns Richtung Menschenansammlung. Denn nun ist es definitiv vorbei mit der Ruhe, der erwähnte Parkplatz ist um die Ecke. Wir nehmen dies mit Humor, ergeben sich doch dank den vielen (Möchtegern-) Instagrammern diverse amüsante Szenen auf der Suche nach dem besten Fotomotiv. Auch wir nähern uns dem erstaunlich ungesicherten Abgrund mit Vorsicht und spüren aufgrund der fast senkrechten Steilwände in die Tiefe leichten Schwindel aufkommen. Wir wissen sofort, weshalb bei Nässe und Nebel die Wanderung lebensgefährlich ist. Auch mit gebührendem Abstand staunen wir über dieses **geologische Wunder der Natur**. Der Felskessel entstand in den vergangenen Millionen von Jahren durch die Erosion von Wasser und Eis. Genauer gesagt haben Gletscher und Flüsse aus den Kalkablagerungen des urzeitlichen Meeres die Felswände erschaffen. Der Creux du Van liefert somit einen spannenden Einblick in die Geschichte der Jurafaltung. Nach vielen spektakulär geknipsten Bildern begeben wir uns zum Aussichtspunkt Le Soliat auf 1464 Metern. Hier haben wir inmitten der lieblichen Juralandschaft ein **herrliches Panorama** der Alpen und Juratäler, das bis nach Frankreich reicht. Mit etwas Glück erspähen wir sogar den höchsten

Das macht die Tour einzigartig!

- Grand Canyon der Schweiz
- Wildtier-Beobachtungen
- Aufstieg über 14 Serpentinen

Berg der Alpen, den Mont-Blanc. Inmitten dieses Panoramas lässt es sich gemütlich picknicken, denn bis hierhin kommen die wenigsten Ausflügler, und wir können in aller Ruhe den Anblick der weidenden Kühe genießen. Apropos Kühe, diese müssen bei einer Mutterkuhhaltung großräumig umgangen werden und Hunde sollten für diese Wanderung besser zu Hause bleiben. Warnschilder machen auf die heikle Situation aufmerksam.

Nach unserer Rast begeben wir uns nun nochmals zum Abgrund und bestaunen diesen aus einem anderen Blickwinkel. Besonders in der Abendstimmung kommen die Konturen für ambitionierte Fotografen und Fotografinnen ideal zur Geltung. Sich vom Anblick zu lösen, fällt schwer, doch wir haben noch einen Abstieg vor uns. Mit etwas Glück können wir dabei Wildtiere erspähen. Dank den Wäldern und der arktisch-alpinen Flora besiedeln Gämsen, Luchse, Murmeltiere, Auerhähne und Steinböcke die Naturlandschaft. Schon seit 1870 wurde dieses Reservat geschützt und bietet als Jagdbanngebiet große **Chancen auf Wildbeobachtungen**. Deshalb spitzen wir nun die Ohren und halten aktiv Ausschau. Nicht selten zahlt sich die Geduld aus und ein Steinbock taucht hinter einem Baum auf. Diese Tiere sind den Rummel zu einem gewissen Grad gewöhnt, leben aber wild und können selbstverständlich auch an anderen Orten rund um den Creux du Van beobachtet werden. Nachdem wir die bulligen Steinböcke hinter uns gelassen haben, geht unser nun recht breiter Weg steil bergab – Spitzkehren sucht man hier vergebens. Der Schotter als Belag macht diesen Abstieg nicht gerade leicht und Konzentration ist gefragt. Kurz nach dem traditionellen Restaurant Ferme Robert haben wir die meisten Höhenmeter geschafft und können uns entweder eine Pause gönnen oder die Rundwanderung zügig beenden. Falls noch Energie vorhanden ist und Noiraigue nicht der Endpunkt sein muss, empfehle ich die Begehung der abenteuerlichen Areuse-Schlucht, welche beim Wegweiser in Richtung Boudry abzweigt. Wir wandern jedoch zurück zur Bahnstation Noiraigue und spüren auf dem letzten Kilometer – leider Hartbelag – die geleisteten Höhenmeter in den Beinen. Oder ist das immer noch die Angst in den Knochen vom Tiefblick in den steilen Abgrund des Creux du Van?

FAZIT

Die Rundwanderung zum imposanten Felskessel Creux du Van bietet einen knackigen Aufstieg, einen eindrücklichen Ausblick auf ein Stück Naturwunder und eine herrliche Rundumsicht auf dem höchsten Punkt.

3

GUT ZU WISSEN

VON: Noiraigue
BIS: Noiraigue
LÄNGE: 14 Kilometer
HÖHENMETER: 780 (hinauf und hinunter)
ETAPPEN: 1
MARKIERUNG: gelb und weiß-rot-weiß
HÖCHSTER PUNKT: Le Soliat, 1464 Meter

DAS BRAUCHE ICH:

- gutes Wetter ohne Nebel und Nässe (Absturzgefahr!)
- Fernglas für Wildtier-Beobachtungen
- am besten keine Hunde als Begleitung aufgrund der Mutterkuhhaltung

Abenteuer
Natur
Schwierigkeit

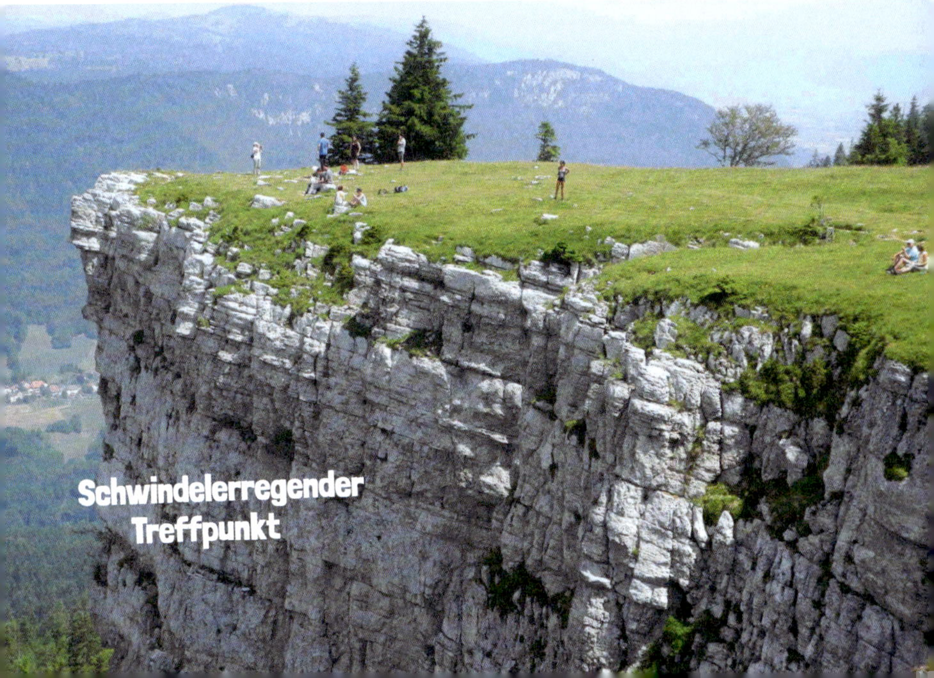

Schwindelerregender Treffpunkt

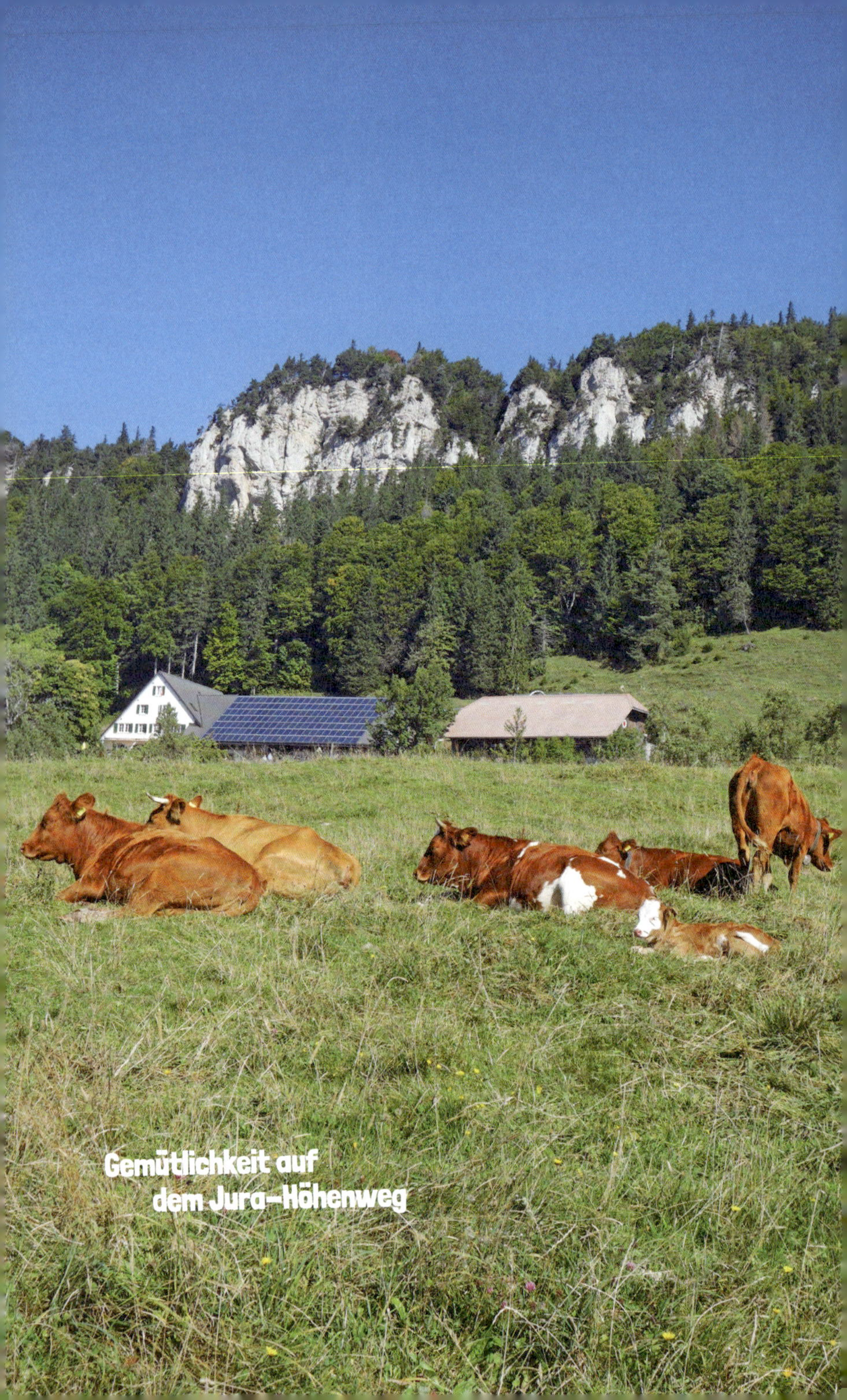

Gemütlichkeit auf dem Jura-Höhenweg

Unterwegs auf dem ältesten Fernwanderweg der Schweiz: Der Jura-Höhenweg führt über 16 Etappen von Zürich bis nach Genf und der Abschnitt zwischen Weissenstein und Frinvillier ist besonders lohnenswert. Wir wandern auf der Jurakette, streifen Wälder und typische Weiden und überblicken dabei bei guter Sicht das Mittelland und die Alpen. Genau die richtige Etappe, um der Hektik zu entfliehen und die Gedanken schweifen zu lassen.

Auf den Weissenstein gelangen wir bequem per Seilbahn ab Oberdorf im Kanton Solothurn. Mit seinen 1280 Meter Höhe ist der

Jura-Höhenweg

Überquerung der Jurakette

Weissenstein der Solothurner Hausberg und sowohl im Sommer als auch im Winter nicht nur für Sportbegeisterte ein beliebtes Ausflugsziel. Zu entdecken gibt es in den warmen Monaten Wanderwege und Höhlen und in der kalten Jahreszeit Rodelpisten und Langlaufloipen. Wir sind aber hier, weil der Weissenstein Ausgangspunkt der sechsten Etappe des Jura-Höhenwegs ist. Unser Ziel ist das 24 Kilometer entfernte Frinvillier auf der anderen Seite der Schweizer Sprachgrenze. Wir beginnen also auf der deutschsprachigen Seite der Etappe und marschieren los. Wegweisend ist für uns stets die gelbe Markierung mit dem Jura-Höhenweg-Logo sowie auf dem ersten Drittel der Route die weiße Markierung des **Planetenwegs**. Den Weissenstein haben wir bald schon hinter uns gelassen und der Weg führt uns durch eine Allee zum Berggasthof Hinter-Weissenstein. Der familiengeführte Betrieb befindet sich direkt neben dem Bergbauernhof und bietet leckere Speisen und Getränke sowie eine Sonnenterrasse mit Fernsicht. Etwas hinter dem Berggasthof befindet sich das bis zu 400 Meter tiefe **Höhlensystem „Nidlenloch"**, für welches Höhlentouren gebucht werden können. Wir führen unsere Wanderung entlang der Naturschutzzone und freudig weidender Kühe fort.

Der Weg wird nun schmaler und steigt langsam etwas an. Kurz bevor es in den Wald hineingeht, sehen wir eine Infotafel des Planetenwegs. Nach dem Start bei Merkur, Venus und Erde rund um das Kurhaus Hotel Weissenstein sind wir hier bereits beim Planeten Uranus angelangt. Jeder zurückgelegte Kilometer auf diesem Weg entspricht einer Milliarde Kilometer im Sonnensystem – Wahnsinn! Unsere Route führt uns nun durch den Buchenwald, wo wir nach einigen zurückgelegten Höhenmetern die **Hasenmatt** erreichen. Mit ihren 1445 Metern bildet sie den Höhepunkt unserer Wanderung und zugleich auch den höchsten Punkt des Kantons Solothurn. Unterhalb der Hasenmatt erkennen wir die Aareschlaufen, die sich durch das Mittelland schlängeln und schließlich in den Bielersee münden. An der deutsch-französischen Sprachgrenze gelegen, ist er der achtgrößte See der Schweiz. Sein Markenzeichen ist die unverkennbare lang gezogene St. Petersinsel im Südwesten. Diese ist über eine Land-

INFO

Der gesamte Jura-Höhenweg erstreckt sich über 320 Kilometer von Zürich bis nach Genf und ist in 17 Etappen unterteilt. Er ist der längste Fernwanderweg der Schweiz.

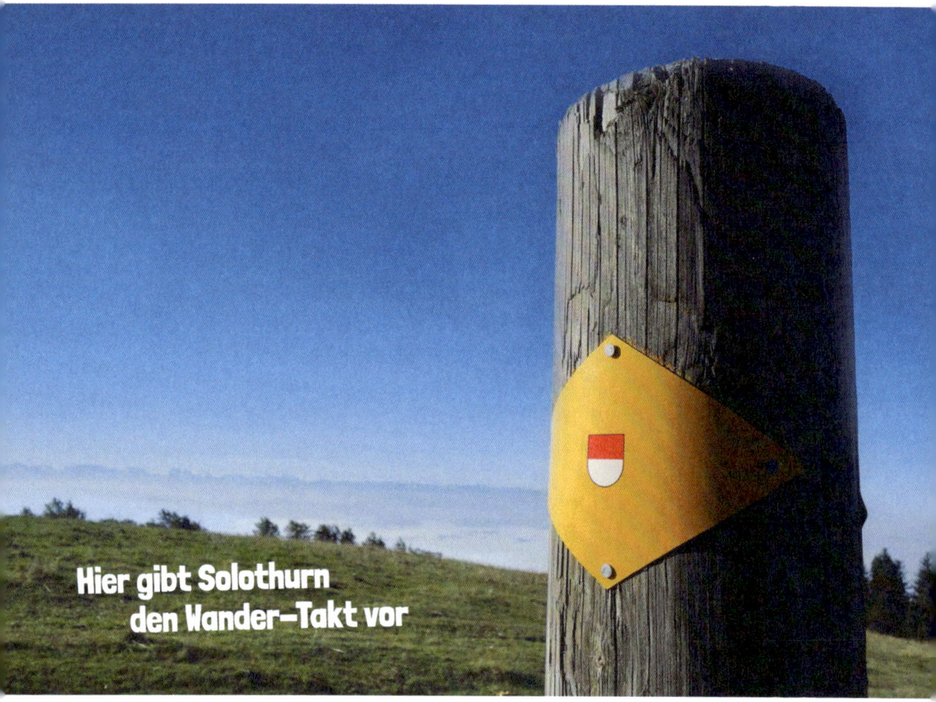

Hier gibt Solothurn den Wander-Takt vor

zunge mit dem Festland verbunden und gilt daher als Halbinsel. Nicht nur punktet sie durch die idyllische Lage, sondern bietet mit dem historischen Klosterhotel und eigenem Rebberg auch kulinarische Highlights. Bereits Jean-Jacques Rousseau war derart angetan von diesem paradiesischen Ort, dass er einige Tage auf der Halbinsel verbrachte. Zusammen mit dem Murtensee und dem Neuenburgersee bildet der Bielersee das sogenannte Drei-Seen-Land. Nun aber zurück zur Hasenmatt. Bei gutem Wetter gibt es von hier aus nämlich auch eine tolle **Fernsicht** über das Mittelland hinaus zu den Alpen zu bestaunen. Fern und doch nah erscheinen die zum Teil schneebedeckten Gipfel der Alpenkette, wenn sie nicht gerade durch den Dunst verschleiert sind. Die große besiedelte Ebene, welche uns von den Alpen trennt, ist nicht weniger eindrücklich.

Das macht die Tour einzigartig!

- Die wunderschöne Routenführung
- Die unberührte Natur
- Teilstück des Fernwanderwegs

Wir steigen von der Hasenmatt etwas ab und gleich wieder leicht hoch zum nächsten Aussichtspunkt der Tour. Die Stallflue bietet nochmals eine panoramareiche Aussicht und der Charakter der Region ist wunderbar ersichtlich. Die Route führt uns weiter über den Grad der Küferegg bis zur Wandflue. Die imposante, steil abfallende Felswand hat eine gewisse Ähnlichkeit mit dem Creux du Van, dem sogenannten Grand Canyon der Schweiz. Der Creux du Van wird auf der zehnten Etappe des Jura-Höhenwegs erwandert und bildet zugleich das Highlight ebendieser Etappe. Wir gehen weiter und erreichen bald schon den Obergrenchenberg und kurz danach den Untergrenchenberg, beide bieten sich als Einkehrmöglichkeit an. Die Gemeinde Grenchen, welche unterhalb des Grenchenbergs liegt, ist bis heute ein bedeutender Werkplatz der **Schweizer Uhrenindustrie**. Das ursprüngliche Bauerndorf hatte sich in der zweiten Hälfte des 19. Jahrhunderts der Uhrenindustrie verschrieben und wuchs immer mehr zu einem aufstrebenden Industrieort heran. Viele der heute renommierten Uhrenfirmen wurden in Grenchen gegründet. Dem Zusammenbruch der Uhrenindustrie

Der Sonne so nah

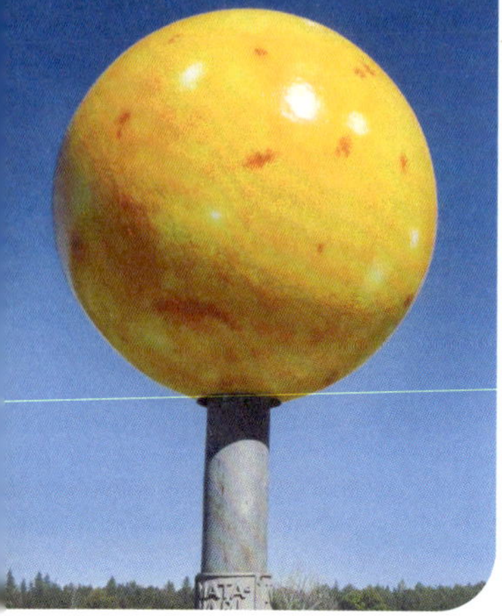

während der Wirtschaftskrise der 1970er-Jahre zum Trotz hat es diese unscheinbare Schweizer Gemeinde geschafft, ihre Standortvorteile für die Branche und das nötige Know-how bis heute zu erhalten.

Kurz nach Stierenberg fallen uns die **Grenzsteine** mit den Solothurner und Berner Kantonswappen auf. Von nun an befinden wir uns also im Kanton Bern, genauer im Berner Jura, und dic **Sprachgrenze zum französischsprachigen Teil der Schweiz** lässt nicht mehr lange auf sich warten. Der Weg verläuft jetzt im Wald und wenn wir anderen Wanderinnen und Wanderern begegnen, werden sie uns schon bald mit „Bonjour" begrüßen. Bei Montagne de Romont ist die Sprachgrenze erreicht und auch die Wanderschilder sind nun französisch beschriftet. Plagne ist schließlich das erste Dorf, welches wir nach der Sprachgrenze durchqueren. Mit seinen 361 Einwohnerinnen und Einwohnern ist es überschaubar. Von jetzt an führt der Weg nur noch bergab über Felder, die mit wunderschönen Bäumen versehen sind, zum Etappenziel Frinvillier. In Frinvillier erwartet uns ein Kulturschock, denn die unberührte Natur und ihre Ruhe werden hier durch den Kontrast der Moderne mit den gleich mehreren Autobahnsträngen eingetauscht. Direkt neben Frinvillier liegt die mystische Taubenlochschlucht. Ein kurzer Abstecher zur 2 Kilometer langen Schlucht, welche auf einem rund 35-minütigen Spaziergang erkundet werden kann, lohnt sich. Unsere Etappe des Jura-Höhenwegs endet zwar hier in Frinvillier, sie könnte aber beliebig erweitert werden. Als Beispiel bieten sich die nächsten beiden Etappen über den Chasseral bis nach Vue des Alpes zusammen mit der eben beschriebenen Etappe als empfehlenswerte dreitägige Wanderung an. Natürlich gibt es auf den rund 320 Kilometern des Jura-Höhenwegs x-beliebige andere Einstiegsmöglichkeiten. Auf dem ältesten, einheitlich markierten Weitwanderweg Europas warten schließlich nicht nur die Jurakette, sondern auch zwei Sprachregionen und mehrere Kantone darauf, entdeckt zu werden.

FAZIT

Die Etappe vom Weissenstein nach Frinvillier ist ein super Einstieg in den Jura-Höhenweg und belohnt bei guter Sicht mit Blicken auf die Alpen, den Schwarzwald und die Vogesen. Der Tour können weitere Etappen des Fernwanderwegs angehängt werden.

GUT ZU WISSEN

VON: Weissenstein
BIS: Frinvillier
LÄNGE: 24 Kilometer
HÖHENMETER: 720 hinauf, 1450 hinunter
ETAPPEN: 1
MARKIERUNG: gelb
HÖCHSTER PUNKT: Hasenmatt, 1445 Meter

DAS BRAUCHE ICH:

- genügend Ausdauer für die 24 Kilometer lange Etappe
- dem Wetter angepasste Kleidung
- Fotoapparat, um die Aussicht einzufangen

Abenteuer 2/5

Natur 4/5

Schwierigkeit 3/5

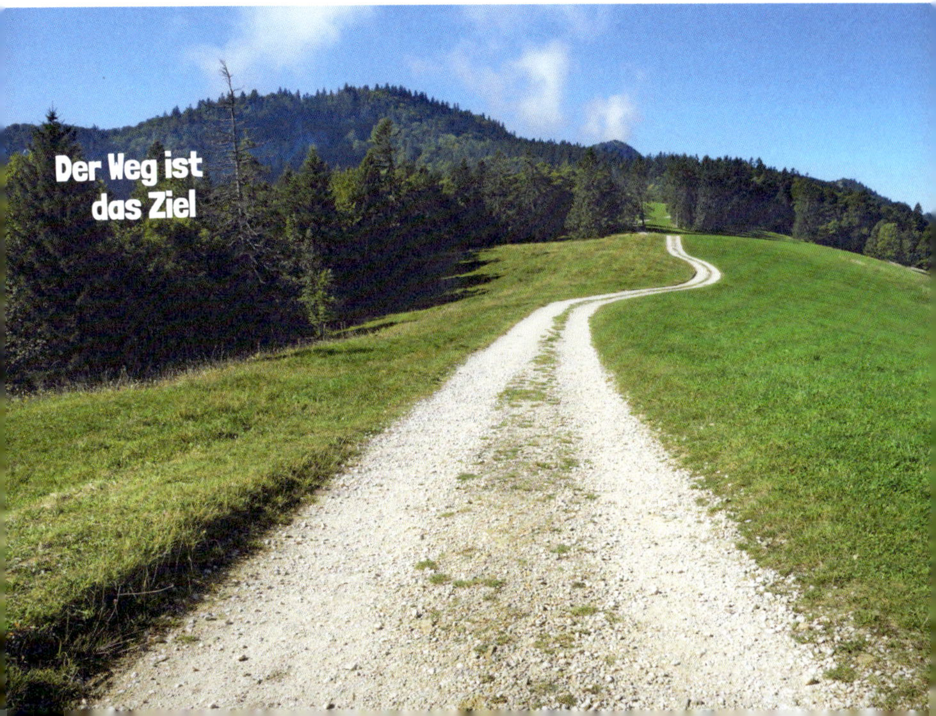

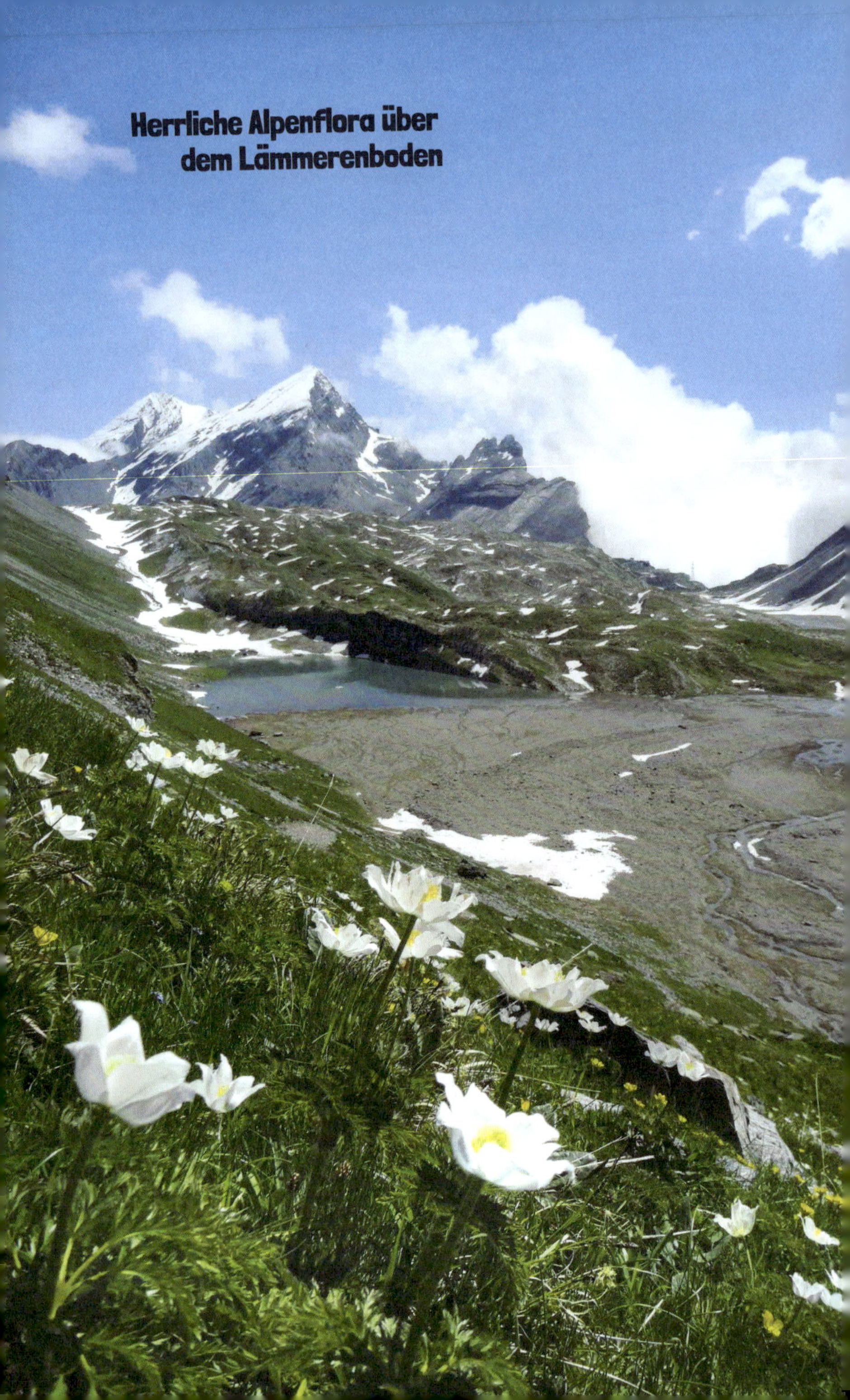

Herrliche Alpenflora über dem Lämmerenboden

Der Lämmerenboden ist eine einzigartige Landschaft! Geprägt von schwankenden Wasserständen sieht das Hochplateau stets anders aus. Auf dem Weg zur Lämmerenhütte haben wir genügend Zeit, diese wundervolle Landschaft zu erkunden und mehr über die Gletscherwelt zu erfahren. Mit etwas Glück begegnen wir auch noch Steinböcken – das typische Alpentier ist nämlich kein seltener Gast in dieser hochalpinen Gegend.

Unsere Route beginnt auf dem Gemmipass auf etwas mehr als 2000 Metern. Hierhin gelangen wir ab Leukerbad entweder zu

Aufstieg zur Lämmerenhütte

Über eine alpine Aue von nationaler Bedeutung

Fuß in rund 2 Stunden oder etwas gemütlicher per Luftseilbahn in rund 5 Minuten. Auf dem Gemmipass erwartet uns bei guter Sicht ein **spektakulärer Ausblick** zu den höchsten Walliser Bergen wie etwa dem Matterhorn oder zu den Berner Alpen. Sofort fällt die wunderbar renovierte Gemmi Lodge mit der Panoramaterrasse und dem Restaurant neben der Bergstation auf. Wer genau hinschaut, erkennt auch einen Teil des Klettersteigs, der hier unten an der schroffen Gemmiwand vorbeiführt. Das ist bestimmt nichts für schwache Nerven. Weniger waghalsig, aber nicht weniger schön sind die unterschiedlichen Wanderoptionen, die es auf dem Gemmipass gibt. Neben der Wanderung zur Lämmerenhütte und dem **Gletscherlehrpfad** kann auch der nahe gelegene Daubensee umrundet oder gar bis ins Berner Oberland nach Kandersteg marschiert werden. Aber auch im weiter unten liegenden Walliser Bergdorf Leukerbad bieten sich diverse Touren an. Besonders bekannt und natürlich absolut lohnenswert nach einer anstrengenden Wanderung sind die Thermen mitten im Dorf. Gleich drei Bäder stehen hier zur Auswahl und allesamt bieten wunderbare Entspannung im bis zu 51 Grad Celsius warmen heilenden Nass. Für die weniger hautnah am Heilwasser Interessierten – oder wenn das Wetter zu warm ist für die Auszeit im Thermalbad – bietet sich der Thermalquellen-Steg an: Auf einer imposanten Stahlkonstruktion schweift der Blick hinunter in die Dalaschlucht mit dem tosenden Thermalwasser. Dank einem kleinen Seilzug ist es sogar möglich, ein wenig von diesem natürlichen Thermalwasser hochzukurbeln. Die Strecke kann auf mehrere Arten verlängert werden. Wir wenden unseren Blick jetzt langsam, aber sicher wieder zurück und machen uns auf in Richtung Lämmerenboden. Dabei passieren wir die Gemmi Lodge sowie das ehemalige Hotel Wildstrubel gleich nebenan, die zu unserer Linken liegen. Wir nehmen den Südweg zur Lämmerenhütte. Einen Abschnitt lang könnten wir hier durch einen **begehbaren Bunkertunnel** gehen. Wer lieber im Tageslicht wandert, bleibt auf dem markierten Weg. Unterwegs begleiten uns die nummerierten Informationstafeln des Gletscherpfads Lämmeren. Der Themenpfad wurde vom Hüttenwart der Lämmerenhütte zusammen mit der Universität Bern erstellt und umfasst zehn Stationen, die dank Informationsbroschüre

INFO

Der Wildstrubelgletscher hatte einst eine Länge von mehreren Kilometern und ist mitverantwortlich für die heute bestehende alpine Aue und den mäandrierenden Fluss.

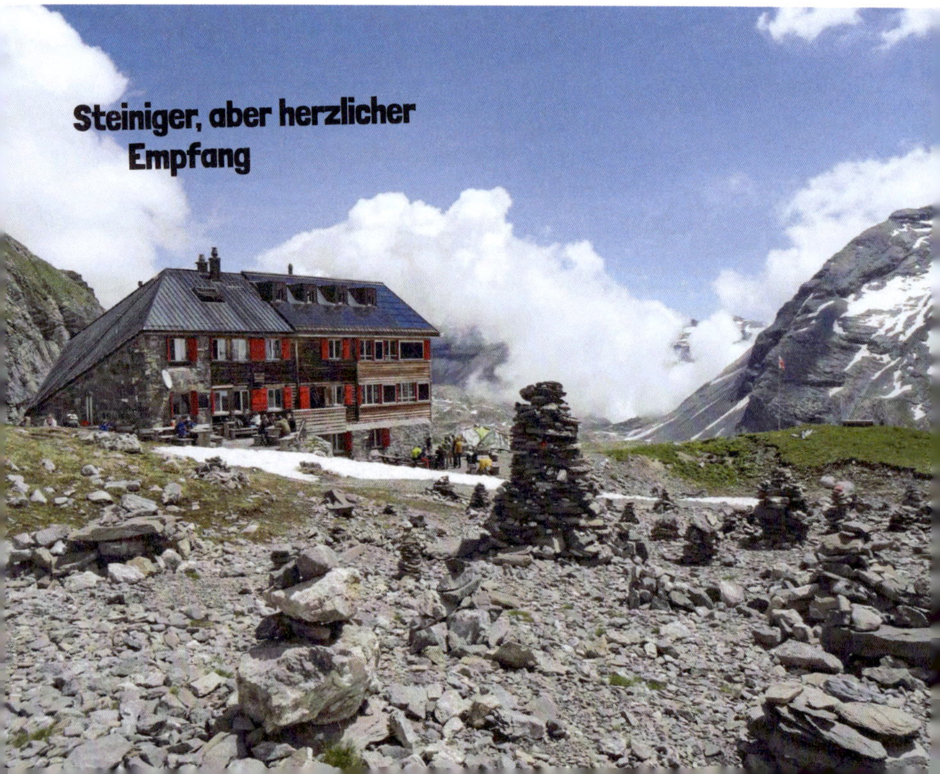

Steiniger, aber herzlicher Empfang

auf eigene Faust oder auf einer geführten Tour begangen werden können. Eine spannende Art des Wanderns ist es allemal!

Die **alpine Aue**, die sich in dieser wunderbaren Gebirgslandschaft befindet, ist von nationaler Bedeutung und somit besonders schützenswert. Wo sich einst der Wildstrubelgletscher erstreckte, wachsen heute schönste alpine Pflanzen und gedeihen unterschiedliche Lebewesen, die sich an diese harten Lebensbedingungen angepasst haben. **Murmeltiere und Steinböcke** sind zwei dieser Lebewesen, die sich in der Gegend des Lämmerenbodens und rund um die Lämmerenhütte wohlfühlen. Wer die typischen Alpenbewohner schon immer mal beobachten wollte, plant dafür am besten etwas Zeit ein. Mit spitzen Ohren und wachem Blick (ein Fernglas schadet dennoch nicht) lohnt es sich, etwas innezuhalten und den Blick schweifen zu lassen. Die Murmeltiere machen sich oft durch Pfeifen bemerkbar, sie alarmieren ihre Artgenossen so vor potenzieller Gefahr und verstecken sich dann schnell in ihren Erdlöchern. Beim steilen Anstieg zur **Lämmerenhütte** lohnen sich kurze Pausen mit Blick in die Gegend, denn nicht selten grasen die Steinböcke genau hier in der Nähe und können beobachtet werden. Nach dem kurzen, aber knackigen Aufstieg über 200 Höhenmeter erreichen wir unser Tagesziel: die Lämmerenhütte. Sie ist eine der über 150 offiziellen Hütten des Schweizer Alpen-Clubs und im Sommer sowie im Winter bewirtet (mit jeweils einer kurzen Zwischensaison, in welcher die Hütte geschlossen bleibt). Die Hütte ist eine beliebte Unterkunft unter Alpinistinnen und Alpinisten, wenn sie beispielsweise den nahe gelegenen Wildstrubel besteigen. Die Tour auf den Wildstrubel mit seinen 3243 Metern gilt als eine einfache Hochtour und kann in Begleitung eines erfahrenen Bergführers oder einer erfahrenen Bergführerin durchgeführt werden. Auf der Tour überquert man den **Wildstrubelgletscher**, um schließlich auf den Gipfel zu gelangen – er gilt als der schönste Aussichtsgipfel auf der Grenze zwischen Ber-

Das macht die Tour einzigartig!

- Querung einer alpinen Aue
- Aussicht auf die Walliser Alpen
- Flinke Steinböcke

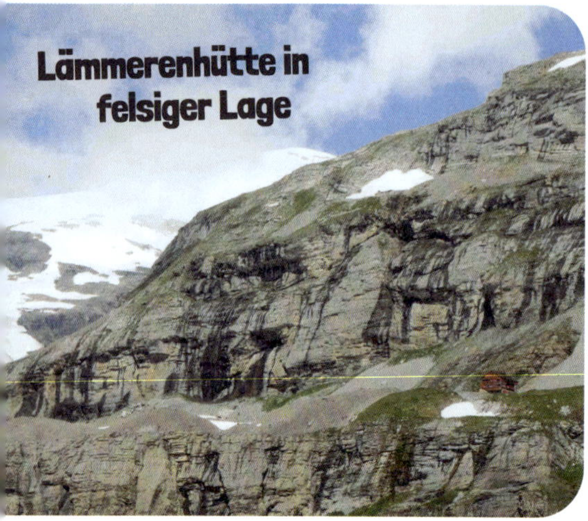

Lämmerenhütte in felsiger Lage

ner Oberland und Wallis. Bei Kaffee und Kuchen oder anderen Köstlichkeiten auf der Terrasse der Lämmerenhütte zeigen sich der Wildstrubel und die Überbleibsel des einst viel längeren gleichnamigen Talgletschers in voller Pracht.

Auf dem Rückweg führen wir die Tour auf der gegenüberliegenden Seite des Lämmerenbodens fort und gehen los in Richtung Lämmerensee. Er wird vom Lämmerenbach gespeist, welcher wiederum aus dem zuvor bestaunten Wildstrubelgletscher entspringt. Der imposante Lämmerengrat flankiert den kleinen See und wirft ein wunderbares Spiegelbild auf die glatte Wasseroberfläche. Hier oben auf über 2300 Metern schlagen sogar Anglerherzen höher, denn im Gletscherwasser leben Forellen, welche mit einem Spezialpatent und etwas Petri Heil gefischt werden können. Aus dem Lämmerensee fließt schließlich die Lämmerendalu in den weiter östlich gelegenen Daubensee.

Auf der linken Seite des Lämmerenbodens geht es weiter, bis wir kurz vor dem Gemmipass in Richtung **Daubensee** absteigen. Hier bietet sich in der Regel ab Juni, wenn das Gewässer schneefrei ist, eine Umrundung des Sees an. Wer im Juli hier hochkommt, könnte unzählige Schafe antreffen, denn alljährlich findet in diesem Sommermonat ein Schäferfest statt. Auch dann liegt für kurze Zeit wieder viel Weiß rund um den See. Zum Schluss kann eine Pendelbahn den Aufstieg zurück zum Gemmipass erleichtern. Alternativ führt der gut ausgeschilderte Wanderweg wieder hoch zu unserem Ausgangspunkt, dem Gemmipass. Nachdem wir nun auf einer einfachen Rundwanderung hochalpine Luft geschnuppert haben, planen wir bei grandioser Aussicht sicherlich bereits die nächste Tour.

FAZIT

Hochalpine Luft schnuppern, die höchsten Walliser Berge bestaunen, über eine alpine Aue von nationaler Bedeutung wandern, dabei so einiges über die Gletscherwelt erfahren, und das alles auf einer Rundtour? Die Wanderung zur Lämmerenhütte bietet all das!

GUT ZU WISSEN

5

VON: Gemmipass
BIS: Gemmipass
LÄNGE: 10 Kilometer
HÖHENMETER: 460 (hinauf und hinunter)
ETAPPEN: 1
MARKIERUNG: weiß-rot-weiß
HÖCHSTER PUNKT: Lämmerenhütte, 2502 Meter

DAS BRAUCHE ICH:

- Fernglas zur potenziellen Wildtierbeobachtung
- Sonnen- und Windschutz
- Begeisterungsfähigkeit für alpine Landschaften und Gletscherwelten

Abenteuer 3/5
Natur 4/5
Schwierigkeit 2/5

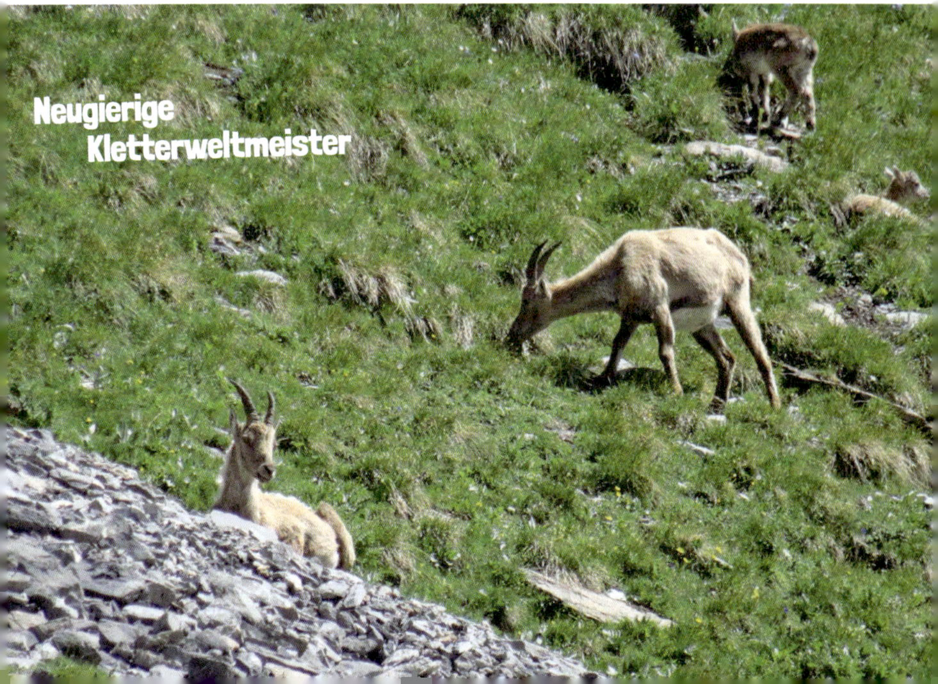

Neugierige Kletterweltmeister

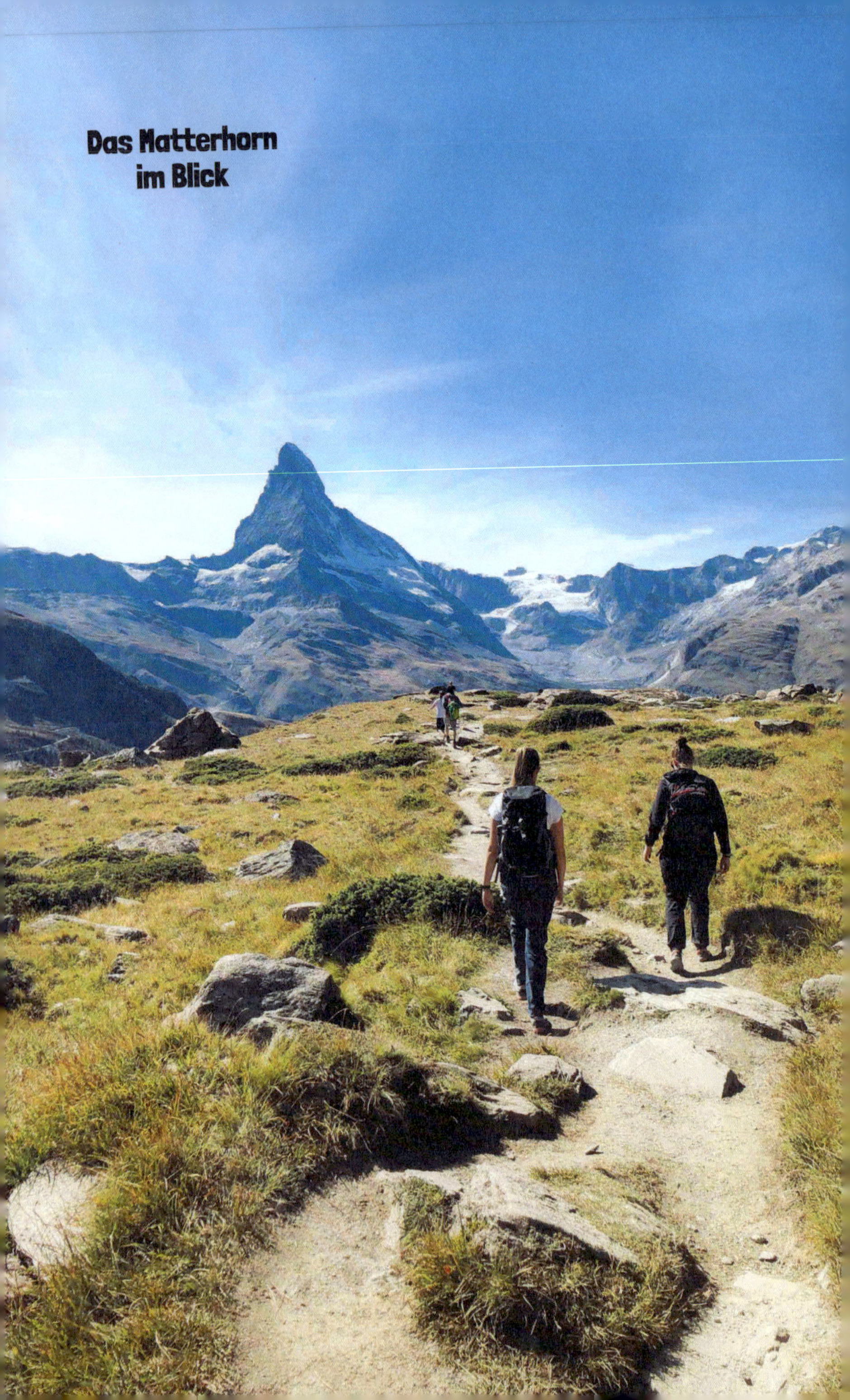

Das Matterhorn
im Blick

Der 5-Seenweg in Zermatt ist eine Wanderung der Extraklasse. Inmitten einer hochalpinen Landschaft wandern wir auf abwechslungsreichen Wegen von Bergsee zu Bergsee – mit dem weltberühmten Matterhorn stetig vor unseren Augen! Bei guten Wetterbedingungen spiegelt sich der markante Bergriese in drei der Bergseen. Und wer gut hinschaut, kann neben den vielen Murmeltieren mit etwas Glück auch ein seltenes Edelweiß entdecken.

Heute führt unser Weg in den bekannten Walliser Ort Zermatt. Schon auf dem Weg vom Bahnhof zu unserem Startpunkt, der

Seenweg Zermatt

Am Fuße des Matterhorns

Sunnegga-Bahn, können wir einen Blick auf ein weltberühmtes Motiv erhaschen: das **Matterhorn**! Jeder Schweizer und jede Schweizerin kennt diesen markanten Berg und dank der Toblerone-Schokolade ist der 4478 Meter hohe dreieckige Riese auch weltweit bekannt geworden. Das Matterhorn wird nicht selten auch als **„Toblerone-Berg"** bezeichnet. In Schokolade gehüllt werden wir das Matterhorn heute nicht erblicken, zuckersüß und attraktiv wird unsere Route trotzdem werden. Die Schönheit dieser Wanderung ist weithin bekannt, deshalb werden wir uns heute sicherlich nicht auf einsamen Pfaden befinden. Wer wählen kann, dem würde ich für diese Tour einen Tag unter der Woche oder, noch besser, einen Herbsttag empfehlen: Weniger Wandervolk als in der Hochsaison ist unterwegs und die Landschaft fasziniert in herbstlichem Gelb und Rot. Wir spazieren jedenfalls nun durch das theoretisch autofreie **Zermatt**. Aufpassen müssen wir aber, um nicht von den kaum hörbaren, ortstypischen Elektrofahrzeugen angefahren zu werden. Diese chauffieren umweltfreundlich die zahlreichen Koffer und müden Zermatt-Besuchenden durch den Ort. Bei der Talstation der Sunnegga-Bahn angekommen, lösen wir ein Ticket nach Blauherd. Dieses Ziel ist mittels Bahn nach Sunnegga und anschließender Gondelfahrt erreichbar. In nur knapp 5 Minuten werden wir nun in der Standseilbahn nach oben befördert. Einen Platz am Fenster müssen wir uns nicht erkämpfen, die Bahn fährt in einem Tunnel. Angekommen auf Sunnegga, eröffnet sich nun **das eindrucksvolle Bergpanorama**. Wir warten noch mit zu vielen „Ahhs" und „Oohs" und schweben zuerst mit der Achter-Gondel zu unserem endgültigen Ausgangspunkt der Wanderung hoch: der Station Blauherd. Nun können wir auf 2580 Metern eine hochalpine Kulisse par excellence bewundern. Haben wir Glück, zeigt sich das Matterhorn wolkenfrei in seiner vollen Pracht. Nicht selten versteckt sich das „Horu", wie es die Einheimischen nennen, leider aber hinter den Wolken. Dann heißt es abwarten und hoffen, dass Petrus gnädig sein wird mit uns.

INFO

Das Gebiet um Zermatt hat die höchstgelegene Waldgrenze der Schweiz auf 2300 Metern.

Wir starten unsere leichte und sehr familienfreundliche Wanderung und orientieren uns heute an der guten Markierung „5-Seenweg". Dieser führt uns schon bald zum größten unserer heutigen Bergseen, dem Stellisee. Hier bietet sich ein **perfektes Postkartenmotiv mit dem sich auf der Wasseroberfläche spie-**

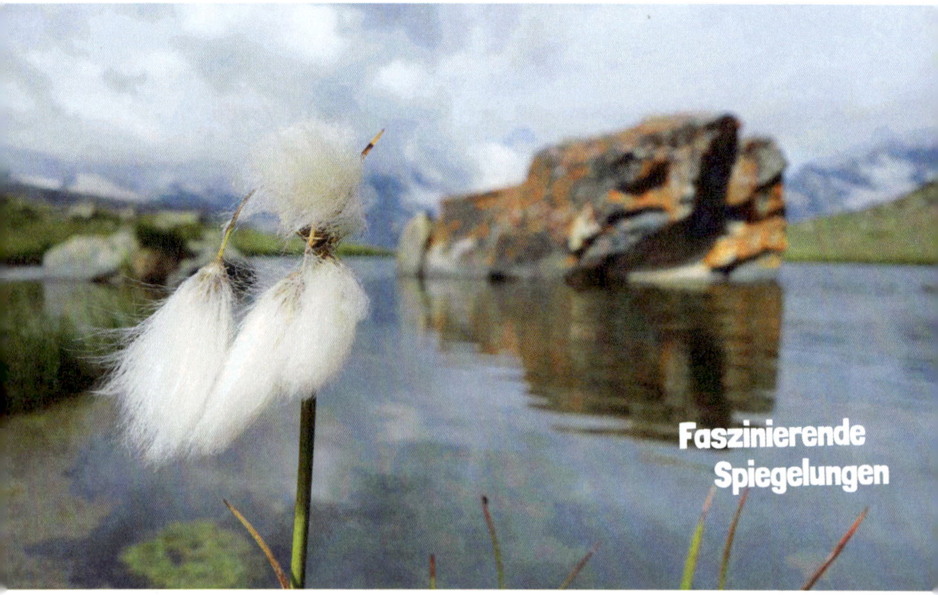

Faszinierende Spiegelungen

gelnden Matterhorn (nur bei windstillen Bedingungen). Gut zu wissen: Bei jedem der fünf Bergseen befindet sich eine Informationstafel, welche neben Eigenheiten der Seen auch die beste Position angibt, von wo aus das Matterhorn zu fotografieren ist. Nicht nur die Spiegelung fasziniert uns, auch der Anblick des Findelgletschers, der hohen Monte-Rosa-Bergspitze und die speziellen Wollgräser, welche das Ufer säumen, begeistern. Haben wir Glück, begegnen wir den für diese Region **typischen Schwarznasenschafen**, welche den Trubel ignorierend hier gemütlich grasen. Bei so vielen Fotomotiven müssen wir aufpassen, nicht schon jetzt die Akkus der Kameras zu strapazieren, es werden ja noch vier Seen folgen.

Das macht die Tour einzigartig!

- Sicht aufs Matterhorn
- Fünf malerische Bergseen
- Prächtige Alpenflora

Der nächste ist der Grindjisee, welchen wir schon von weit oben erblicken. Wir wandern gemächlich bergab und sehen das Schimmern des dunkelgrünen Gewässers immer näher kommen. Mitwanderer erzählen stolz, dass sie ein Edelweiß entdeckt hätten; wir halten auch Ausschau, sind aber heute glücklos, diese seltene und spezielle Alpenblume zu erspähen. Dies trübt unsere Freude nur kurz, denn das Gebiet ist für viele weitere **prachtvolle Alpenblumen** bekannt, welche hier vom Frühsommer bis in den Herbst blühen. Wir setzen unseren Weg deshalb mit vielen Blümchen-Pausen fort und stehen nach einem aussichtsreichen Abstieg via leichten Bogen im Tällinen-Hang vor dem Grindjisee auf 2324 Metern. Die Baumgrenze haben wir nun hinter uns gelassen, die Landschaft ändert sich dementsprechend, einzelne Lärchen säumen idyllisch das Seelein und die reiche **Hochmoor-Flora** begeistert. Wir legen hier einen gemütlichen Halt ein. Nur das Plätschern des Bergbaches und die Pfiffe der Murmeltiere sind zu hören und bestimmt werden wir das eine oder andere der putzigen Tiere später noch erblicken. Nach unserer Stärkung wandern wir weiter **im ehemaligen Gletschergebiet**, vorbei an den mächtigen Moränen des Findelgletschers zum malerischen Grünsee – das Matterhorn ist dabei steter Begleiter. Die erwartungsgemäß

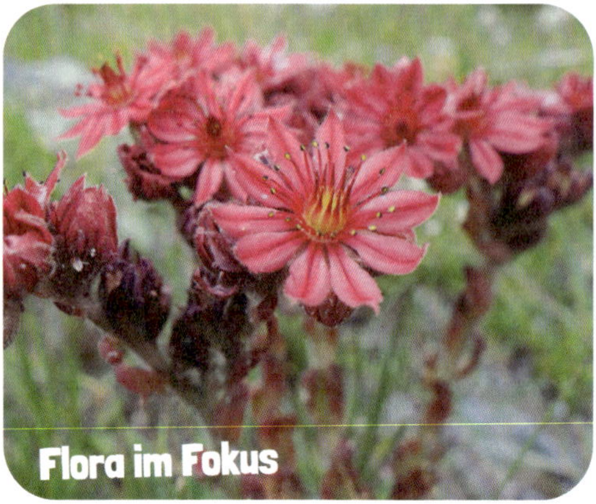

Flora im Fokus

grünliche Farbe des Gewässers bietet einen schönen Kontrast zur Bergwelt im Hintergrund. Wir genießen in Ruhe den Ausblick, denn mit dem Stellisee, Grindjisee und Grünsee lassen wir die schönsten der fünf Bergseen nun hinter uns; die noch vor uns liegenden Moosjisee und Leisee können nicht ganz mithalten, doch der Weg dorthin bleibt traumhaft schön.

Wir wandern durch einen lichten Wald leicht bergab und zwischen den robusten Arven hindurch erblicken wir bereits den **türkis schimmernden Moosjisee**. Bald stehen wir an dessen Ufer und bestaunen die spezielle Farbe dieses Speichersees. Dieser wird von Gletscherwasser gespeist, weshalb er eine leicht milchige türkisblaue Farbe aufweist. Das Wasser wird zur Stromerzeugung und Pistenbeschneiung im Winter verwendet. Nachdem wir das Seelein zurückgelassen haben, müssen wir einen leichten Anstieg zum Leisee in Angriff nehmen. Aufgrund der Höhe und damit dünnen Luft fühlt sich jedoch hier oben jeder Höhenmeter aufwärts ziemlich anstrengend an. Die farbenprächtige Flora um uns herum lenkt uns jedenfalls von der erhöhten Atmung ab und so stehen wir auch schon bald am Ufer des letzten Sees unserer Etappe: dem Leisee. Dieser ist vor allem für Familien ein wahres Paradies dank der spannend gestalteten Spielplätze, Badeoasen und Picknickstellen. Wir halten diesen kleinen See noch mit der Kamera und den Augen fest, bevor wir die letzten Meter zur Sunnegga zurücklegen. Mit einer merkwürdig aussehenden Schrägseilbahn könnten wir die letzten Höhenmeter zur Bergstation im Rahmen eines Shuttleservices zurücklegen, doch beflügelt von dieser unglaublich schönen Wanderung schaffen wir diese kleine Anstrengung leichtfüßig aus eigener Kraft. Wir genießen ein letztes Mal die fantastische Aussicht, bevor wir durch den Tunnel der Sunnegga-Bahn wieder nach Zermatt abtauchen.

FAZIT

Fünf Bergseen mit fünf unterschiedlichen Farben, Umgebungen und Aussichten. Die Konstante dabei ist das weltberühmte Matterhorn als steter Begleiter auf dieser leichten Wanderung in hochalpiner Gegend oberhalb vom mondänen Zermatt.

GUT ZU WISSEN

VON: Bergstation Seilbahn Blauherd
BIS: Bergstation Sunnegga
LÄNGE: 10 Kilometer
HÖHENMETER: 165 hoch, 455 hinunter
ETAPPEN: 1
MARKIERUNG: weiß-rot-weiß
HÖCHSTER PUNKT: Blauherd, 2580 Meter

DAS BRAUCHE ICH:

- gute Wetterbedingungen, um das Matterhorn auch wirklich zu sehen
- Zeit, sich zu akklimatisieren aufgrund der Höhe über 2500 Meter
- Kamera, um die Spiegelungen der Bergseen festzuhalten

Abenteuer
Natur
Schwierigkeit

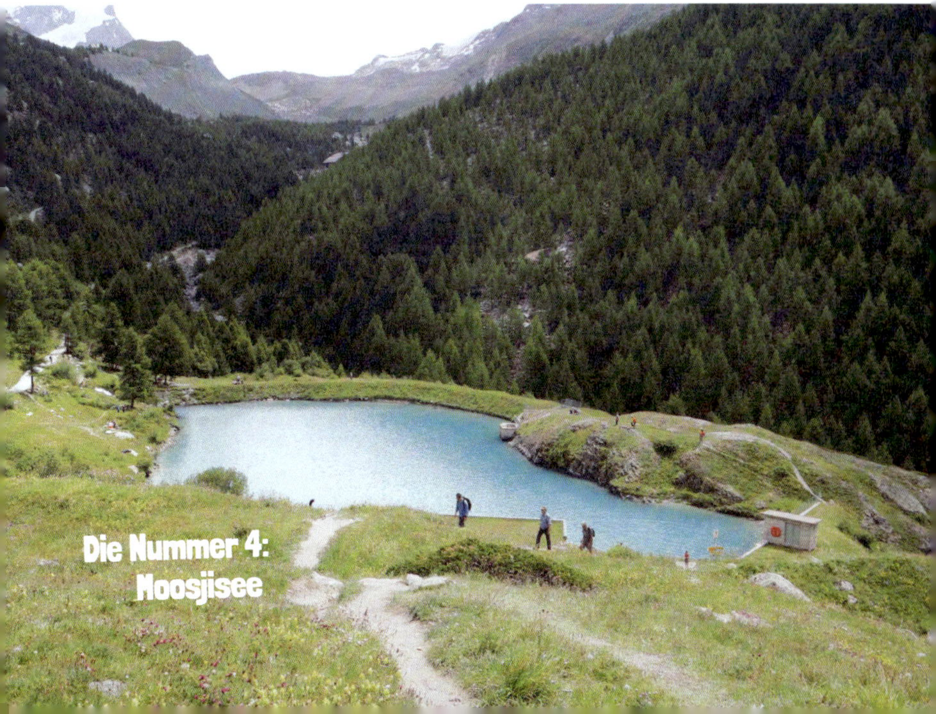

Die Nummer 4: Moosjisee

Unterwegs auf der Lötschberger Südrampe

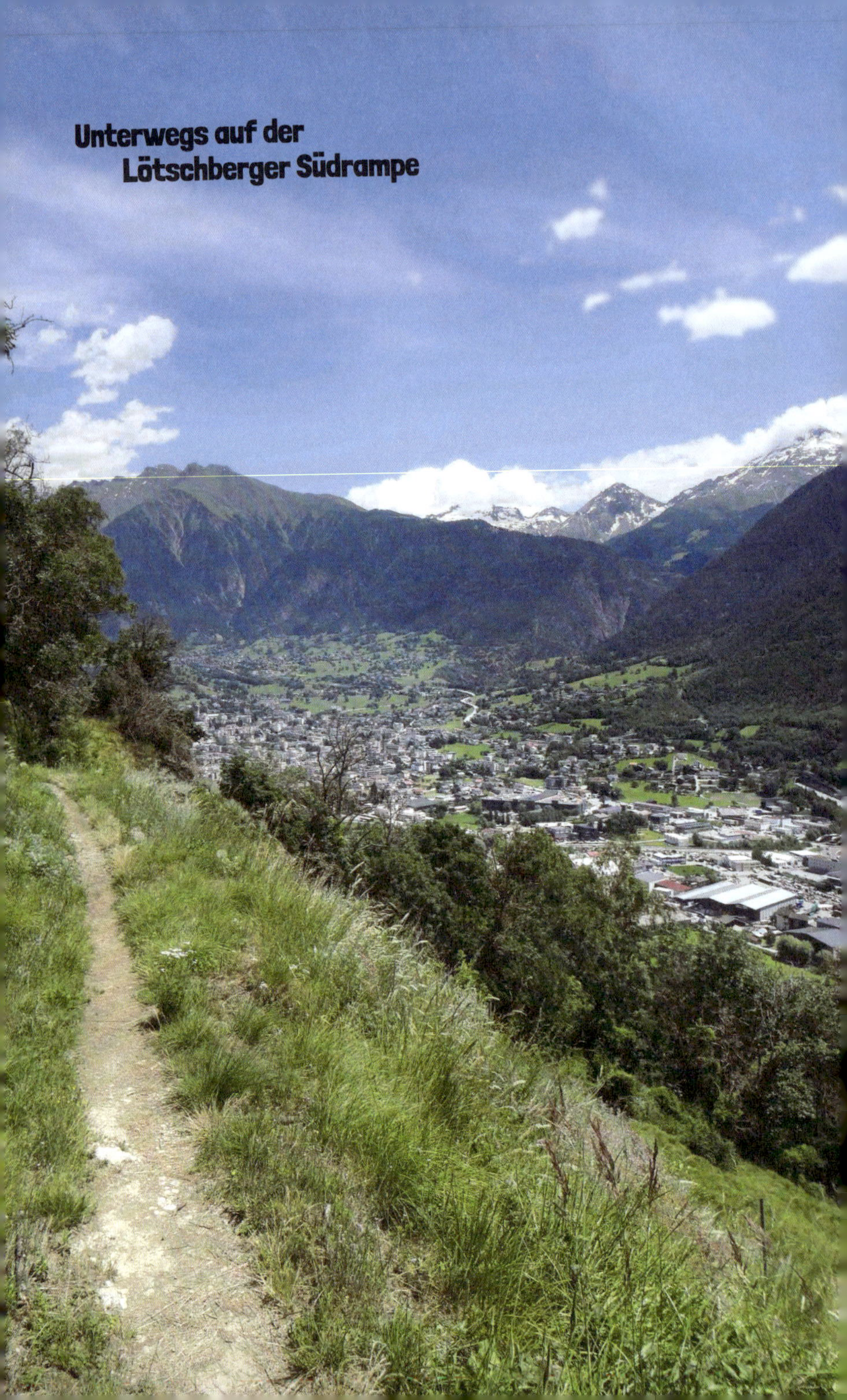

Auf dieser Höhenwanderung entlang der über 100-jährigen Lötschberg-Eisenbahnlinie gibt es viel zu entdecken! Die geschichts- und kulturreiche Etappe von Eggerberg nach Brig bietet Ausblicke ins Rhonetal, eine sich abwechselnde alpine und mediterrane Flora sowie die Durchquerung eines Schutzwaldes. Auf Informationstafeln wird viel Wissen rund um die Bahngeschichte, die Landschaft und die Kultur des sonnigen Kanton Wallis vermittelt.

Die gesamte Lötschberger Südrampe – wie die Höhenwanderung liebevoll genannt wird und im ganzen Land bekannt ist –

Lötschberger Südrampe

Wanderklassiker im Wallis

führt von Hohtenn über rund 26 Kilometer bis nach Brig. Entlang der alten Lötschberg-Eisenbahnlinie schlängelt sich der Weg mal über Brücken, mal durch Wälder und mal vorbei an historischen Wasserleitungen, besser bekannt als **Suonen**. Die Lötschberger Südrampe kann gut auf mehrere Etappen aufgeteilt werden, da es in den einzelnen Ortschaften Bahnstationen gibt. Wir haben uns für den Abschnitt von Eggerberg nach Brig entschieden. Unterwegs gibt es nicht nur vieles zu bestaunen, sondern es finden sich auch allerlei Hintergrundinformationen zur Gegend, so etwa zum Schutzwald der BLS (Bern-Lötschberg-Simplon-Bahn), zum großen Waldbrand von Visp oder zur Thermalquelle von Brigerbad.

Die Route beginnt am Bahnhof von Eggerberg und folgt erst kurz der Teerstraße durch das liebliche Dorf mit bereits bester Sicht nach Visp und Stalden, wo sich das Matter- und das Saastal öffnen. Am Ausgang des Dorfs passieren wir einen traditionellen Stall mit wahrhaftig braun gebrannter Holzfassade. Spätestens jetzt merken wir, dass wir uns auf der Südrampe und somit auf der sonnigen Seite des Rhonetals befinden. Das **Rhonetal** ist das Haupttal des Wallis und beschreibt das Gebiet zwischen

INFO

Die Lötschberger Südrampe ist insgesamt 26 Kilometer lang und führt von Hohtenn nach Brig. Die aussichts- und lehrreiche Wanderung verläuft entlang der Sonnenseite des Wallis.

Brig und Saint-Maurice, welches durch den Fluss Rhone geprägt ist und vor Jahren durch den Rhonegletscher geformt wurde. Die Rhone entspringt beim Rhonegletscher im Obergoms und führt ihr klares Wasser über 800 Kilometer durch die Schweiz und Frankreich, bis sie schließlich im Mittelmeer mündet. Ende des 19. Jahrhunderts wurde die Rhone im Wallis begradigt, damit die flachen Grundstücke für Landwirtschaft und Verkehr genutzt werden konnten. Zwischenzeitlich wurde diese Korrektur abschnittsweise wieder rückgängig gemacht. Die Laldneri-Suone taucht bald schon am linken Wegrand auf. Einfach nur faszinierend, wenn man sich überlegt, dass diese Suone bereits seit 1312 besteht! Sie ist rund 4,8 Kilometer lang und wird uns auf unserem Weg Richtung Brig eine Zeit lang begleiten. Diese Art von Wasserleitung ist bekannt für das Wallis und wurde früher vielerorts zum Wassertransport eingesetzt. Später werden wir auch noch auf Tuchfühlung mit der Driestneri-Suone

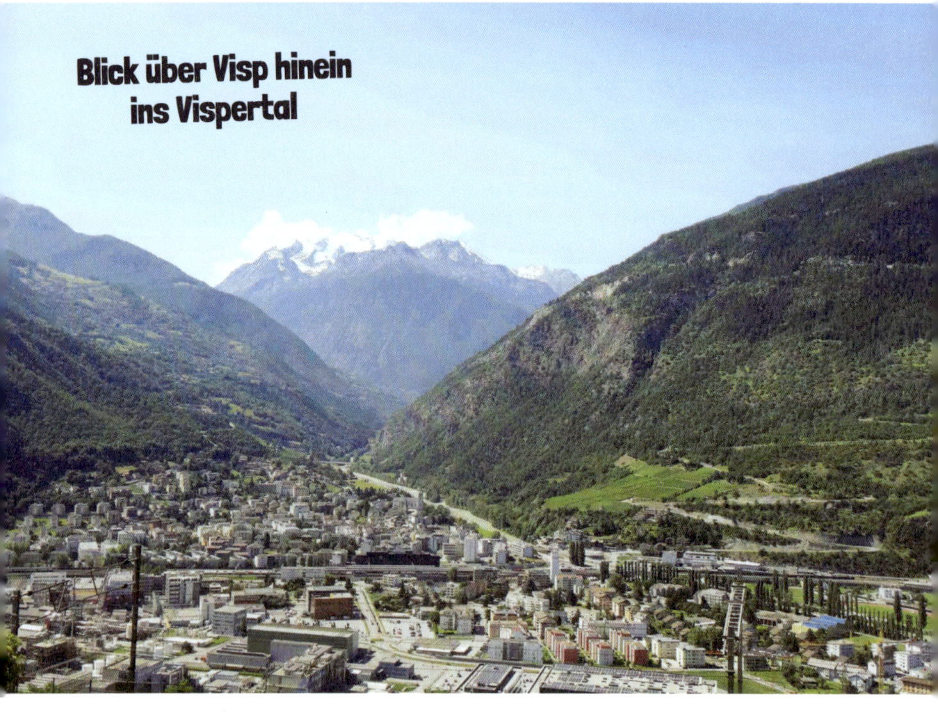

Blick über Visp hinein ins Vispertal

kommen – da sind wir allenfalls froh um einen Regenschutz! Aber jetzt erst mal Schritt für Schritt.

Neben **Weinreben** (das Wallis ist bekannt für seine guten Weine – unbedingt bei Gelegenheit probieren!) geht unsere Route stets mit tollen Ausblicken hinunter ins Tal und auf die Bahnlinie weiter. Mit etwas Geduld und gutem Timing gelingt hier bestimmt auch ein Schnappschuss mit einem vorbeifahrenden grünen BLS-Zug. Der liebevoll genannte „Lötschberger" verkehrt auf der historischen Bergstrecke zwischen der Schweizer Hauptstadt Bern und der Walliser Ortschaft Brig. Die aussichtsreiche 60 Kilometer lange Bahnstrecke ist ein Meisterwerk der Ingenieurskunst und gilt als eines der kühnsten Bahnprojekte der Schweiz. Bereits im frühen 20. Jahrhundert gelang den Mineuren der Durchstich des Lötschbergtunnels und 1913 – gerade mal zwei Jahre später – rollte bereits der erste Zug auf der Verbindungsstrecke zwischen der Deutschschweiz und dem Wallis. Auf der Panoramastrecke warten neben dem 14 Kilometer langen unterirdischen Herzstück wahre Spektakel auf Eisenbahnliebende. Dank Doppelschleifen und imponierenden Bauten wie etwa das Luogelkin-Viadukt schlägt jedes Eisenbahnherz höher und die Zugfahrt vergeht wie im Flug. Trotzdem war die Reisezeit entscheidend, als der neue Lötschberg-Basistunnel erbaut wurde. Seit 2007 dauert die Fahrt zwischen Bern und Brig eine knappe halbe Stunde weniger lang – verloren hat die Strecke aber nicht nur an Zeit, sondern auch an Aussicht. So ist sie dank eingesparter Reisezeit zwar komfortabler, jedoch weniger abenteuerlich. Der Lötschberger teilt sich die Bergstrecke heute nur noch mit Güterzügen, welche keine eigene Trasse im Basistunnel erhalten haben.

Das macht die Tour einzigartig!

- **Alpine und südliche Flora**
- **Der Walliser Wanderklassiker**
- **Historische Bahnstrecke**

Die folgenden schattigen Abschnitte im Wald bieten bei heißem Wetter eine kurze Verschnauf- und Abkühlungspause. Auf den sonnigen Abschnitten begegnen wir hingegen bunten Schmetterlingen und der **Walliser Sonnenanbeterin: der Eidechse**.

Schnell und flink versteckt sie sich in engsten Steinritzen, aber wenn wir ganz ruhig stehen bleiben, dann stehen die Chancen gut, einen Blick zu erhaschen. Nach etwa einem Drittel der Strecke stehen wir oberhalb von Brigerbad. Schon die Römer kannten diesen Ort, denn hier gibt es eine **Thermalquelle** mit wunderbar warmem Wasser. Heute befindet sich hier eine moderne Thermalanlage mit einem Grottenschwimmbad, dem weltersten Thermalflussbad, mit Wellnessbereich und Außenbecken. In der Grotte ist das Wasser 40 bis 42 Grad Celsius warm – vielleicht nicht die beste Abkühlung an einem Sommertag, aber dank dem vielfältigen Angebot ist das Brigerbad dennoch einen Abstecher wert.

Weiter geht die Wanderung unterhalb des Dorfes Mund. Hier wird heute noch nach jahrhundertealter Tradition **Safran** angepflanzt – eine echte Spezialität. Wer sich für die Geschichte und Herstellung des Safrans interessiert, kann auf einem 45-minütigen Abstecher von der Lötschberger Südrampe nach Mund hochwandern oder später per Bus in das berühmte Dorf gelangen. Klein, aber fein produziert die Munder Safranzunft pro Jahr zwischen einem und vier Kilogramm des gefragten Gewürzes. Und das in Handarbeit. Die Erntezeit ist üblicherweise von Mitte Oktober bis Anfang November. Die Fortsetzung unserer Route führt uns nun durch den BLS-Schutzwald. Dieser Waldabschnitt wurde von der BLS AG, der Betreiberin der Bahnstrecke, gekauft und aufgeforstet, um die darunterliegende Strecke zu schützen. Damit der Wald nicht abstirbt und die Brandgefahr am sonnigen Südhang so gering wie möglich gehalten werden kann, führt eine Berieselungsanlage Wasser aus der Driestneri-Suone durch den Schutzwald. Die Anlage läuft nur zu gewissen Zeiten, dann aber für 24 Stunden, damit das Wasser bis zu den Baumwurzeln gelangen kann. Je nachdem ist jetzt also unser Regenschutz von Vorteil. Nach dem Schutzwald führt die Route stetig auf und ab und schließlich an einer **ehemaligen unterirdischen Festung** oberhalb von Brig vorbei, worin sich ein Museum zur militärischen Vergangenheit der Festung und ein Museum zur Schweizer Garde im Vatikan befinden. Wir überqueren eine Hängebrücke, ehe wir nach Naters gelangen, dort durch den urigen Dorfkern marschieren und schließlich entlang der Straße die **Alpenstadt Brig** erreichen.

FAZIT

Der Walliser Wanderklassiker führt uns entlang der über 100-jährigen Lötschberg-Eisenbahnlinie und bietet neben Ausblicken ins Rhonetal viele spannende Einblicke in die Geschichte der Walliser Wasserwege.

GUT ZU WISSEN

VON: Eggerberg
BIS: Brig
LÄNGE: 10 Kilometer
HÖHENMETER: 460 hinauf, 650 hinunter
ETAPPEN: 1
MARKIERUNG: gelb
HÖCHSTER PUNKT: Eggerberg, 868 Meter

DAS BRAUCHE ICH:

- festes Schuhwerk
- Sonnen- und Regenschutz (für die Durchquerung des Schutzwaldes mit Bewässerungsanlage)
- genügend Wasser und Proviant

Abenteuer 2 von 5
Natur 4 von 5
Schwierigkeit 3 von 5

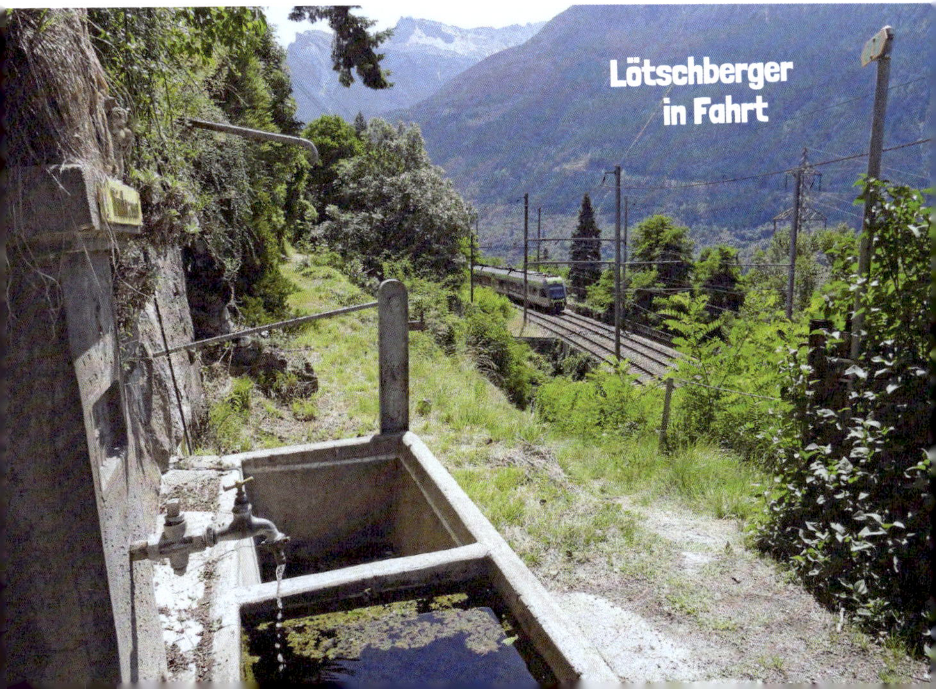

Lötschberger in Fahrt

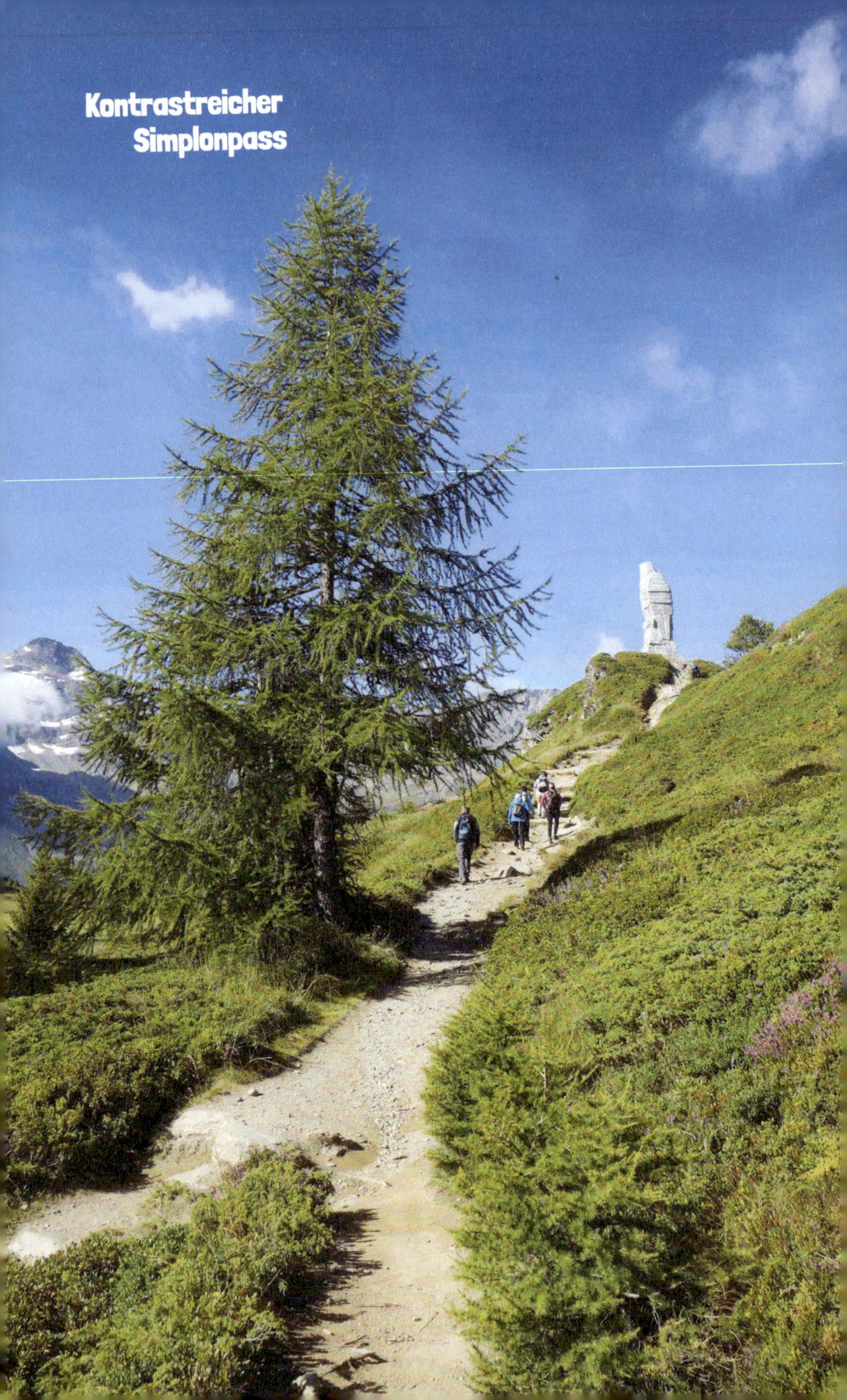
Kontrastreicher
Simplonpass

Eine Wanderung voller Kontraste: Historische Säumerpfade neben der neuzeitlichen Passstraße, kühle Temperaturen am Startort versus mediterranes Klima am Zielpunkt, eine robuste Steinbrücke aus der Ära Napoleons entgegen der Ganterbrücke aus Beton und temperamentvolle Eringerkühe neben gutmütigem Braunvieh. Diese spannenden Kontraste begleiten uns auf dem Stockalperweg vom Simplonpass in den Ort Simplon Dorf.

Auf der Autoroute vom Kanton Wallis nach Italien ist der Simplon ein beliebter Passübergang. Die gut ausgebaute Passtraße in

Stockalperweg

Auf Säumers Spuren am Simplonpass

Kombination mit der sehr abwechslungsreichen Landschaft macht die Fahrt in den Süden kurzweilig. Dem Pass selbst hingegen wird meist nur ein kurzer Halt gewidmet. Dies ist den tiefen Temperaturen und dem kühlen Wind auf der Passhöhe geschuldet. Deshalb beschränken sich (meine) Besuche auf solch hoch gelegenen Pässen meist auf wenige Minuten – bevor ich wieder ins warme Auto einsteige und die Fahrt fortsetze. Heute nehmen wir uns dafür umso mehr Zeit, die Umgebung rund um den **Simplonpass** zu erkunden. Für die heutige Wanderung empfehle ich die Fahrt mit dem öffentlichen Nahverkehr von Brig aus. In sanften Kurven fährt uns das gelbe Postauto vorbei an **lichten Lärchen- und Föhrenwäldern** in Richtung Simplonpass. Unterwegs passieren wir mit der spektakulären Ganter-Brücke ein regionales Kulturgut. Diese weist mit 174 Metern eine der längsten Spannweiten der Schweizer Brücken auf und sorgt aufgrund der imposanten Höhe für leichten Nervenkitzel bei der Überfahrt. Danach lassen wir die Baumgrenze hinter uns und eine karge, aber dennoch eindrucksvolle Landschaft eröffnet sich uns.

Wir steigen bei der Haltestelle „Simplon Pass, Simplonblick“ aus. Ein kalter Wind bläst uns entgegen und wir sind dankbar für unsere mitgebrachten Windjacken. Somit können wir entspannt die ersten Impressionen auf rund 2000 Metern genießen. Diese Eindrücke sind geprägt von einem offenen Panorama **mit Blick auf majestätische Drei- und Viertausender**. Beispielsweise erblicken wir die Walliser Fiescherhörner, das Massiv des Fletschhorns und die markante Kette der Berner Alpen in der Ferne. Doch eigentlich stiehlt ein **riesiger Steinadler** auf einer Anhöhe dem herrlichen Panorama die Schau. Stolz thront das 9 Meter hohe Wahrzeichen des Simplons über dem Pass und zieht uns magisch an. Wir schließen uns der Schar Touristinnen und Touristen an, welche den kleinen Weg hoch zu diesem Monument wählen. Dieses soll an die Gebirgsbrigaden erinnern, welche während des Zweiten Weltkrieges hier oben wachten. Wir umrunden fasziniert den gut modellierten Raubvogel und erblicken von der Anhöhe aus den kleinen Rotelsee sowie ein massives Gebäude. Dabei handelt es sich um das **größte Hospiz der Alpen**. Es wurde von keinem Geringeren als **Napoleon Bonaparte** in Auftrag gegeben. Es ist heutzutage ganzjährig geöffnet und dient als Beherbergungs- und Begegnungsstätte. Wir folgen

INFO

Das Postauto fährt von Simplon Dorf mehrmals am Tag über die Grenze nach Domodossola.

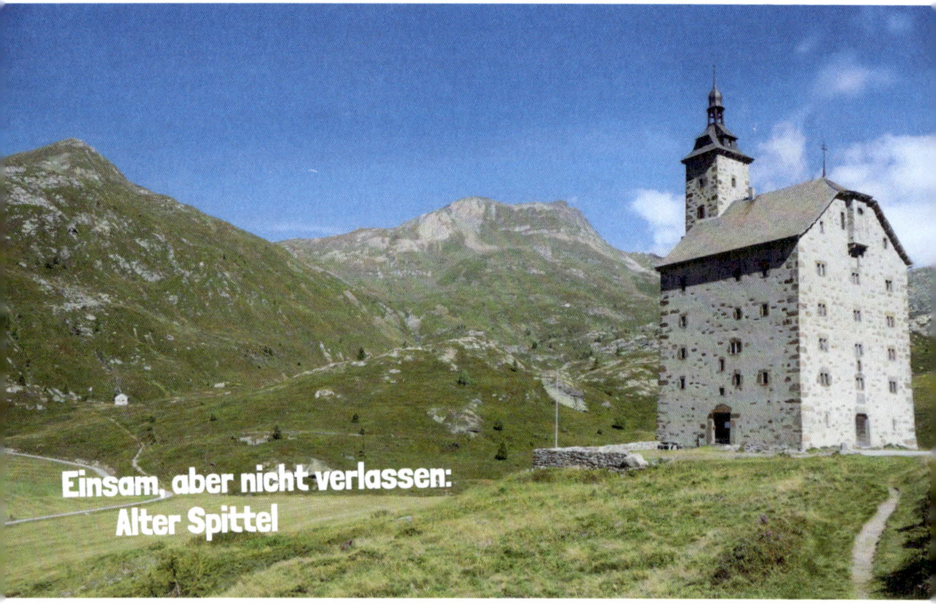

Einsam, aber nicht verlassen: Alter Spittel

von der Statue aus dem Saumpfad „Stockalperweg“, welcher parallel zur Passstraße nach Simplon Dorf führt. Der Namenspate dieses Kulturwanderweges ist **Kaspar Stockalper** – eine schillernde Persönlichkeit des Kantons Wallis des 17. Jahrhunderts. Der gewiefte Geschäftsmann und Politiker baute sich nicht nur einen sehenswerten Palast in Brig, sondern ließ auch einen Maultierpfad über den Simplonpass errichten. Damit etablierte er **neue Handelsrouten nach Italien**. Dieser Weg von Brig nach Gondo an der schweizerisch-italienischen Grenze wurde 1991 zu neuem Leben erweckt und führt Interessierte in drei Etappen über den Simplonpass.

Das macht die Tour einzigartig!

- Historischer Saumpfad
- Auf Napoleons Spuren
- Eindrucksvolle Gebirgslandschaft

Wir folgen dem stets gut markierten Weg und wandern auf einem angenehmen Pfad talwärts. Wem bei der kurvigen Anreise nicht der Appetit vergangen ist, kann sich im Spätsommer bei den zahlreichen Heidelbeerstauden an den zuckersüßen Beeren gerne und oft bedienen. Ansonsten freuen wir uns über die **vielfältige Flora** inmitten dieser rauen Gebirgslandschaft. Auf den ersten Blick mag diese unwirtlich wirken, doch wir kommen schnell ins Schwärmen aufgrund der abwechslungsreichen Vegetation.

Der Weg führt weiter sanft bergab. Nach dem Wegweiser bei Niwa sehen wir von Weitem ein markantes Gebäude am Rande der Gampisch-Ebene: das alte Hospiz, oder **„Alter Spittel"**, wie das Gebäude genannt wird. Der fünfstöckige, fast turmähnliche Mauerbau aus Granit steht schon seit rund 400 Jahren treu und stolz in dieser Ebene. Beim Bauherrn handelte es sich – nicht ganz überraschend – um den schon erwähnten Herrn Stockalper. Der Spittel diente als Schutzhaus für Handelsleute und Reisende. Vorbei sind diese Zeiten, heute dient das Gebäude dem Militär als Truppenunterkunft.

Wir lösen uns von der Vergangenheit und wandern weiter in die Neuzeit. Nun folgt ein idyllischer Abschnitt nach Chluismatte. Die vorher benötigte Windjacke kann wieder im Rucksack verstaut werden, wir wandern nun in fast schon mediterra-

Wachsames Auge

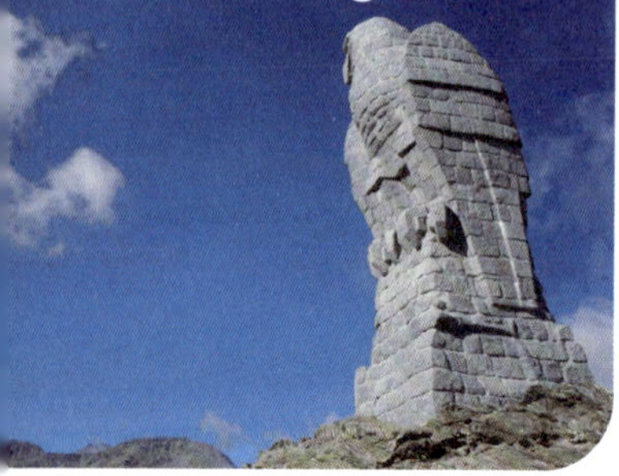

nem Gefilde. Neben den sich ändernden klimatischen Bedingungen bestaunen wir auch die weiterhin vielfältige Landschaft, welche vor über 20.000 Jahren **von Gletschern geformt und geschliffen** wurde. Hochalpine Moorlandschaften, Lärchen- und Föhren-Bestände sowie kultivierte Alpenweiden wechseln sich hier im Akkord ab. Auf einer der Weiden stehen Walliser Ikonen: das dunkelbraune **Eringervieh**. Diese Tiere haben nicht nur den guten Ruf als robuste Rinderrasse, sondern sind auch bekannt als Kampfkühe. Die traditionellen Kuhkämpfe im Wallis ziehen viel Volk an und die Siegerin darf sich für kurze Zeit kantonaler Berühmtheit erfreuen. Wir wollen lieber nicht in einen für uns chancenlosen Kampf involviert werden und marschieren weiter. Der sprudelnde Chrummbach, kleine Wasserfälle, perfekt aufgeschichtete Steinmauern aus alten Zeiten und idyllische Picknickplätze begeistern und laden zu einem verdienten Halt ein. Nach unserer Stärkung nähert sich unser Weg der Passstraße – der vorbeibrausende Verkehr vermag uns aber nicht groß zu stören. Wir kommen nun auf einen Abschnitt des noch ursprünglichen Saumpfads, welcher ca. 1 Meter breit und mit flachen Steinplatten belegt ist. Wir passieren weitere historische Gebäude wie das Schutzhaus Engeloch mit seinem typischen Schieferdach (heute ein Restaurant), eine gut erhaltene Sust (alter Güterumschlagplatz) oder die **alte Brücke** Ägerbrigga bei Maschihuis, welche von Napoleon im frühen 19. Jahrhundert in Auftrag gegeben worden war. Gesehen hat er die fertige Brücke nie, wir aber schreiten fasziniert darüber und weiter bis zum hübschen Weiler Egga. Bald danach erreichen wir unser Endziel. Das Bergdorf Simplon Dorf besticht durch seine Bauweise, welche von Italien beeinflusst wurde. Wir lassen uns an der „Piazza" in einem der gemütlichen Restaurants mit typischen Spezialitäten wie beispielsweise einem „Walliser Plättli" oder einem Raclette verwöhnen. Apropos verwöhnen: Nachdem wir den Bus zurück nach Brig genommen haben, können wir zum Abschluss des Tages in der Therme Brigerbad eintauchen – und die guten alten Zeiten Revue passieren lassen.

FAZIT

Eine kontrastreiche und kurzweilige Wanderung, welche die Geschichte vom Simplon inmitten einer einmaligen Gebirgslandschaft auf spannende Art und Weise aufzeigt.

GUT ZU WISSEN

8

VON: Simplon Kulm
BIS: Simplon Dorf
LÄNGE: 10 Kilometer
HÖHENMETER: 90 hinauf, 600 hinunter
ETAPPEN: 1
MARKIERUNG: gelb
HÖCHSTER PUNKT: Simplonpass, 2006 Meter

DAS BRAUCHE ICH:

- Windjacke, um auf dem Simplonpass nicht zu frieren
- Picknick, um unterwegs an idyllischen Stellen flexibel zu pausieren
- Platz im Magen für ein Raclette am Zielort Simplon Dorf

Abenteuer 2/5

Natur 3/5

Schwierigkeit 2/5

Blick über die Hochebene

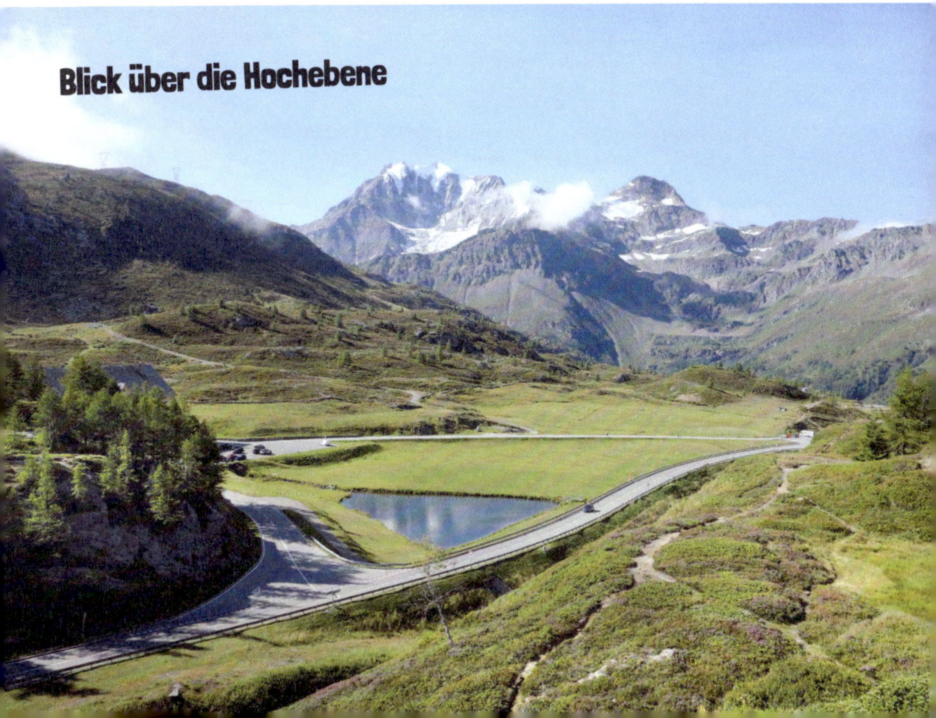

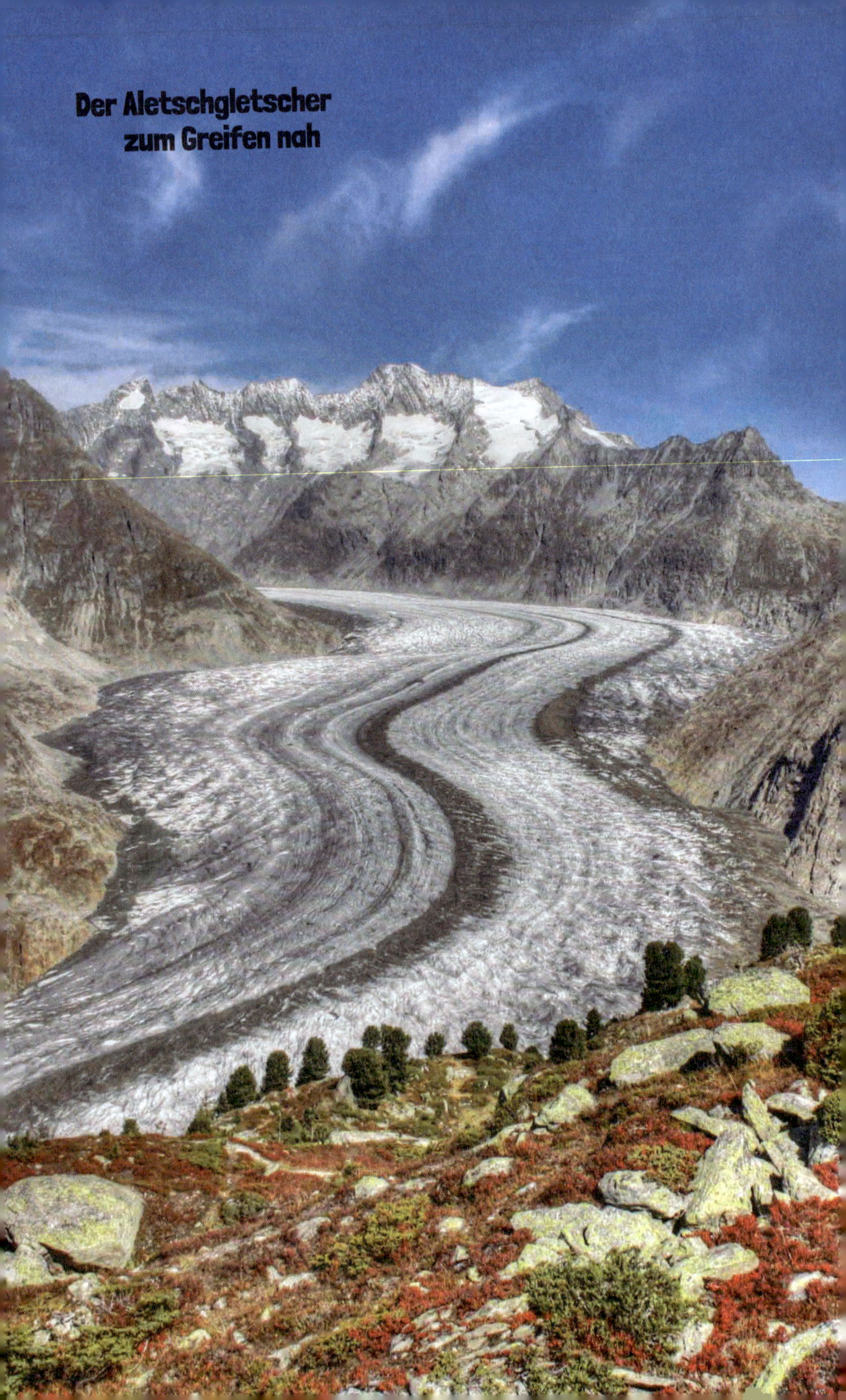
Der Aletschgletscher
zum Greifen nah

Auf dieser unvergesslichen Panoramawanderung liegt uns der bekannteste Gletscher der Schweiz zu Füßen. Oberhalb eines einzigartigen Naturschutzgebiets wandern wir durch den alpinen Lärchen-Arvenwald vorbei an blühenden Alpenrosen zum Aussichtspunkt Hohfluh. Hier erwarten uns umwerfende Ausblicke auf den Aletschgletscher und die umliegenden Berge, welche Teil des UNESCO-Welterbes Swiss Alps Jungfrau-Aletsch sind.

Im östlichen Zipfel des Rhonetals, unweit von Brig, liegt Mörel. Das für seine herbstliche Kastanienpracht bekannte Dorf ist

Höhenweg Aletschgletscher

Über einen Kamm oberhalb des Eisstroms

unser Eingangstor in die vielversprechende Aletscharena. Heute liegt unser Fokus jedoch nicht auf dem Bestaunen der exquisiten Nussfrucht, sondern auf dem namhaften Aletschgletscher. Aus diesem Grund besteigen wir in Mörel die Gondelbahn hoch zur Riederalp, von wo aus wir Richtung Riederfurka aufbrechen und bald schon die letzten Häuser des Dorfes hinter uns lassen. Sobald wir die Riederfurka erreichen, staunen wir nicht schlecht ob der schlossähnlichen Villa, die sich hier befindet. Die Gäste der **historischen Villa Cassel** erwartet ein abwechslungsreiches und lehrreiches Programm, denn hier liegt das Pro Natura Zentrum Aletsch. Das wunderschöne Gebäude liegt spektakulär inmitten des Aletschgebietes und könnte direkt aus einem Märchen stammen. Erbaut wurde die Villa im viktorianischen Stil im Auftrag des deutsch-englischen Bankiers Ernest Cassel, welchem sogar ein eigener Wanderweg gewidmet wurde. Ursprünglich war die Villa Cassel die Sommerresidenz von Herrn Cassel und zog viel Prominenz – darunter auch Winston Churchill – an. Nach dem Tod von Sir Ernest Cassel wurde die Villa bis 1969 als Hotel weitergenutzt. Acht Jahre später eröffnete in den altehrwürdigen Räumen das erste alpine Umweltschutzzentrum der Schweiz.

HÖHENWEG ALETSCHGLETSCHER

Wir kehren der geschichtsträchtigen Villa den Rücken zu und durchstreifen den Rand des eindrucksvollen Aletschwaldes. Der **Aletschwald** wurde früher intensiv genutzt, weil sowohl die Arve als auch die Lärche sehr wertvolles Holz bieten. Heute ist der Wald geschützt und wird seit 1933 vollumfänglich der Natur überlassen. So soll mit der Zeit ein Urwald entstehen, der vielen Lebewesen ein Zuhause bietet. Je nach Jahreszeit begegnen wir auf der heutigen Route den wunderschön **blühenden Alpenrosen**. Die Arve, welche charakteristisch ist für den Aletschwald, ist eine sehr widerstandsfähige Baumart. Sie ist den harschen Bedingungen der Berge perfekt angepasst und trotzt Wind und Wetter. –40 bis +40 Grad Celsius hält die Arve ohne Weiteres aus. Eine wichtige Komponente für ihr Fortbestehen ist der Tannenhäher, welcher jährlich die Samen des Baums verbreitet. Neben diesem Singvogel sind auch Birkhühner, Steinadler, Gämsen und Rothirsche im Aletschwald anzutreffen. Mit etwas Glück und Geduld

INFO

Der Aletschgletscher setzt sich aus drei mächtigen Firnströmen zusammen und ist der flächenmäßig größte Gletscher der Alpen.

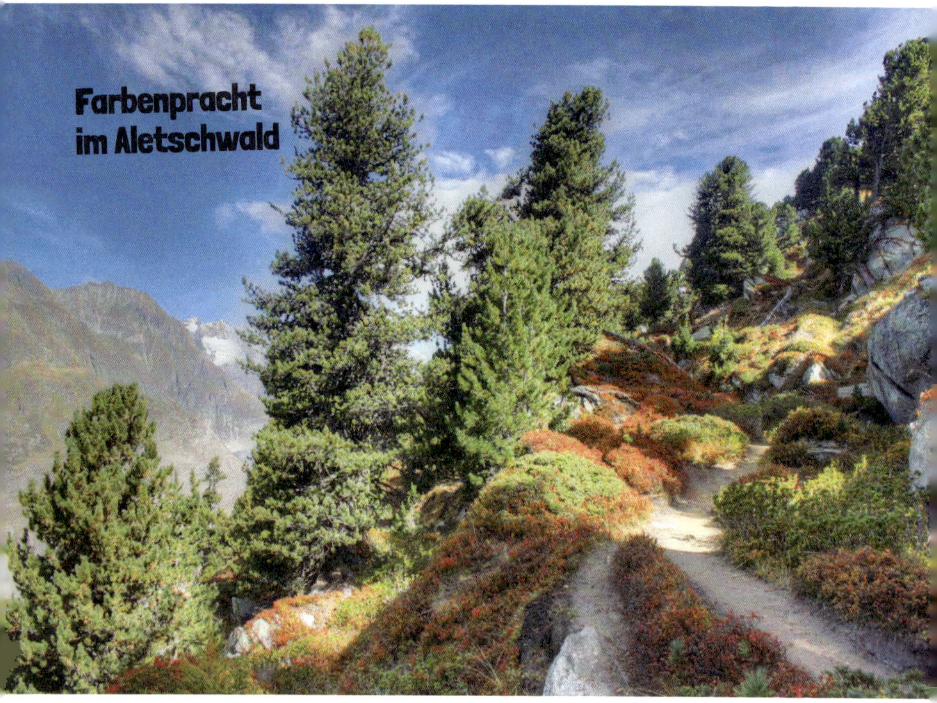

Farbenpracht im Aletschwald

erhaschen wir vielleicht einen Blick auf diese typischen Alpenbewohner. Im Herbst, während der Hirschbrunft (Paarungszeit), kann hier sogar dem **Röhren der Hirsche** gelauscht werden.

Wir starten nun zum panoramareichen Teil der Tour. Durch den lichten Waldabschnitt kommen wir bald auf die baumlose Krete, den Kamm, und nähern uns langsam, aber stetig dem **Aussichtspunkt Hohfluh**. Blicke auf den Aletschgletscher konnten wir bereits einige werfen. Seiner ganzen Mächtigkeit und Schönheit wird aber erst beim Aussichtspunkt zum ersten Mal so richtig Rechnung getragen. Majestätisch schlängeln sich die **beiden dunklen Mittelmoränen** mitsamt dem Gletscher durch die Landschaft. Einfach gigantisch, wie sich das ewige Eis des Aletschgletschers präsentiert! Wir fühlen uns ganz klein vor dieser mächtigen Kulisse. Dank dem vielleicht mitgetragenen Fernglas können wir von der Aussichtsplattform aus die Details des Gletschers besser erkennen. So etwa die Spalten oder die beiden dunklen Streifen auf dem Gletscher: die Mittelmoränen. Nur wenige Gletscher haben gleich zwei davon. Sie zeigen die Stellen, wo mehrere Firne aufeinandertreffen. Der Aletschgletscher wird von drei größeren Firnen gespeist, welche am Konkordiaplatz zusammenkommen und dort den Gletscher formen: dem Grossen Aletschfirn, dem Jungfraufirn und dem Ewigschneefäld. Ausschlaggebend für die Benennung des mächtigen Konkordiaplatzes soll ein Engländer gewesen sein, der beim Anblick der riesigen Eisfläche direkt an den Place de la Concorde in Paris denken musste! Mit einem Bergführer kann der gesamte Aletschgletscher begangen werden. Ausgangspunkt für die meist zweitägige Tour ist das Jungfraujoch. Auf 3454 Metern – auch „Top of Europe“ genannt – liegt die höchste Bahnstation Europas. Die Touristenattraktion lockt jährlich über eine Million Gäste an – nur wenige davon mit dem Ziel, den langen Aletschgletscher zu überqueren. Diejenigen, die dies aber vorhaben, marschieren am ersten Tag bis zur Konkordiahütte,

Das macht die Tour einzigartig!

- **Arven und Lärchen im Aletschwald**
- **Der mächtige Aletschgletscher**
- **Viewpoint Hohfluh**

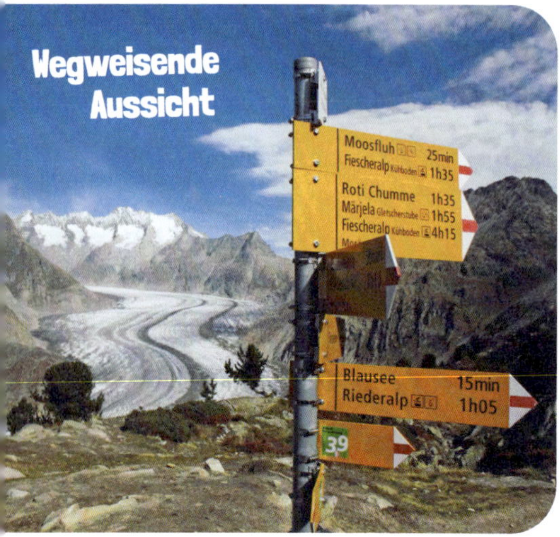

welche imposant oberhalb des Konkordiaplatzes thront. Am nächsten Tag folgt dann der zweite Teil des Aletschgletschers mit Ziel Märjelensee. Eine einmalige Erfahrung!

Unter uns liegt unser Ausgangspunkt, die Riederalp, und mit etwas Glück sehen wir sogar das **Matterhorn**. Der wohl bekannteste und markanteste Gipfel der Schweiz, welcher übrigens auch die berühmte Schokolade Toblerone ziert, ragt deutlich zwischen den anderen Bergen hervor. Etwas weiter links von der Riederalp liegen der Bettmersee und die Bettmeralp, welche wir heute erreichen wollen. Zuerst liegt aber der nächste äußerst lohnenswerte Abschnitt vor uns: der Härdernagrat. Wir wandern los über den lieblichen Grat, der uns mit weiteren malerischen Blicken auf den uns zu Füßen liegenden mächtigen Eisstrom belohnt. Beim Breitebode, kurz bevor der Weg abzweigt, bietet sich uns eine letzte spektakuläre Foto-Gelegenheit. Es gilt also, die letzten Blicke auf den Aletschgletscher zu genießen und für immer vor dem geistigen Auge abzuspeichern. Weiter geht es stets bergab via Blausee zum Bettmersee. Beide **Bergseen** sind ursprünglich ausgeschliffene Mulden von früher, als der Gletscher noch größer war und auch diese Gegend bedeckte. Das Schmelzwasser konnte sich später hier ansammeln und bildete die beiden Seen. Die Mutigen wagen sich ins kalte Nass des über 2000 Meter hoch gelegenen Bettmersees – was für eine wohltuende Erfrischung! Nachdem wir uns wieder etwas aufgewärmt haben, legen wir auch noch die letzten Meter bis zur Bettmeralp zurück. Die autofreie Gemeinde liegt auf einer Terrasse und bietet prachtvolle Aussichten auf die höchsten Walliser Gipfel. Bei einem traditionellen Walliser Teller und einem guten Glas lokalen Wein lassen wir die Wanderung Revue passieren.

FAZIT

Der Aletschgletscher ist der bekannteste Schweizer Gletscher und gehört auf jede Bucket List! Der eindrucksvolle Lärchen-Arvenwald, der aussichtsreiche Grat sowie die alpine Flora runden diese Panoramaroute ab.

GUT ZU WISSEN

VON: Riederalp
BIS: Bettmeralp
LÄNGE: 8 Kilometer
HÖHENMETER: 420 hinauf, 435 hinunter
ETAPPEN: 1
MARKIERUNG: weiß-rot-weiß
HÖCHSTER PUNKT: 485 Meter, am Buschberg

DAS BRAUCHE ICH:
- etwas Proviant für unterwegs
- Badesachen für den Sprung in den Bettmersee
- Fernglas zur Vogel- und Gletscherbeobachtung

Abenteuer
Natur
Schwierigkeit

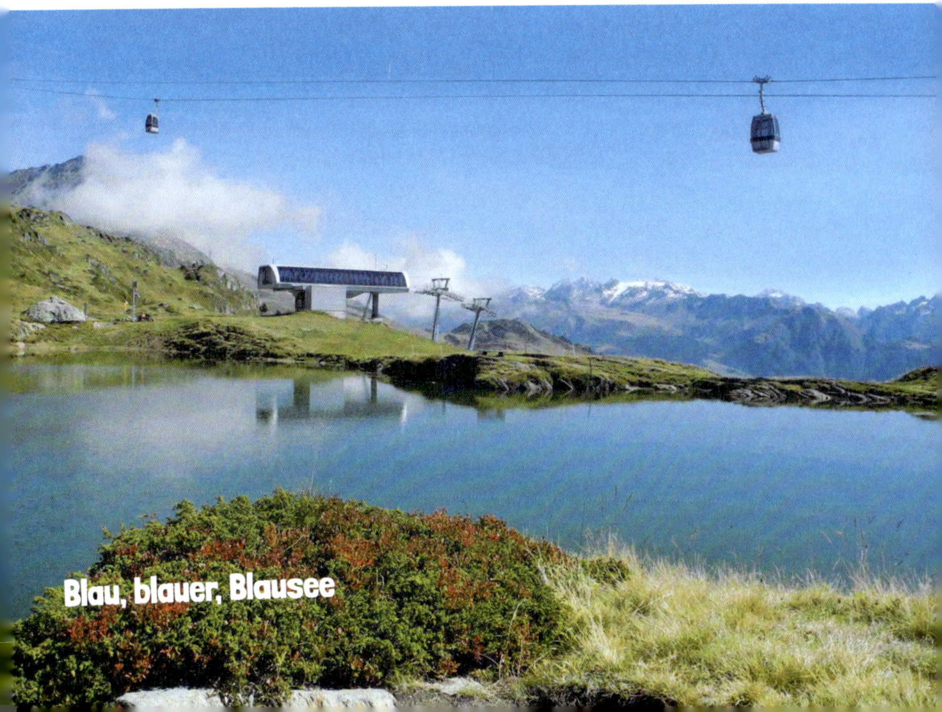

Blau, blauer, Blausee

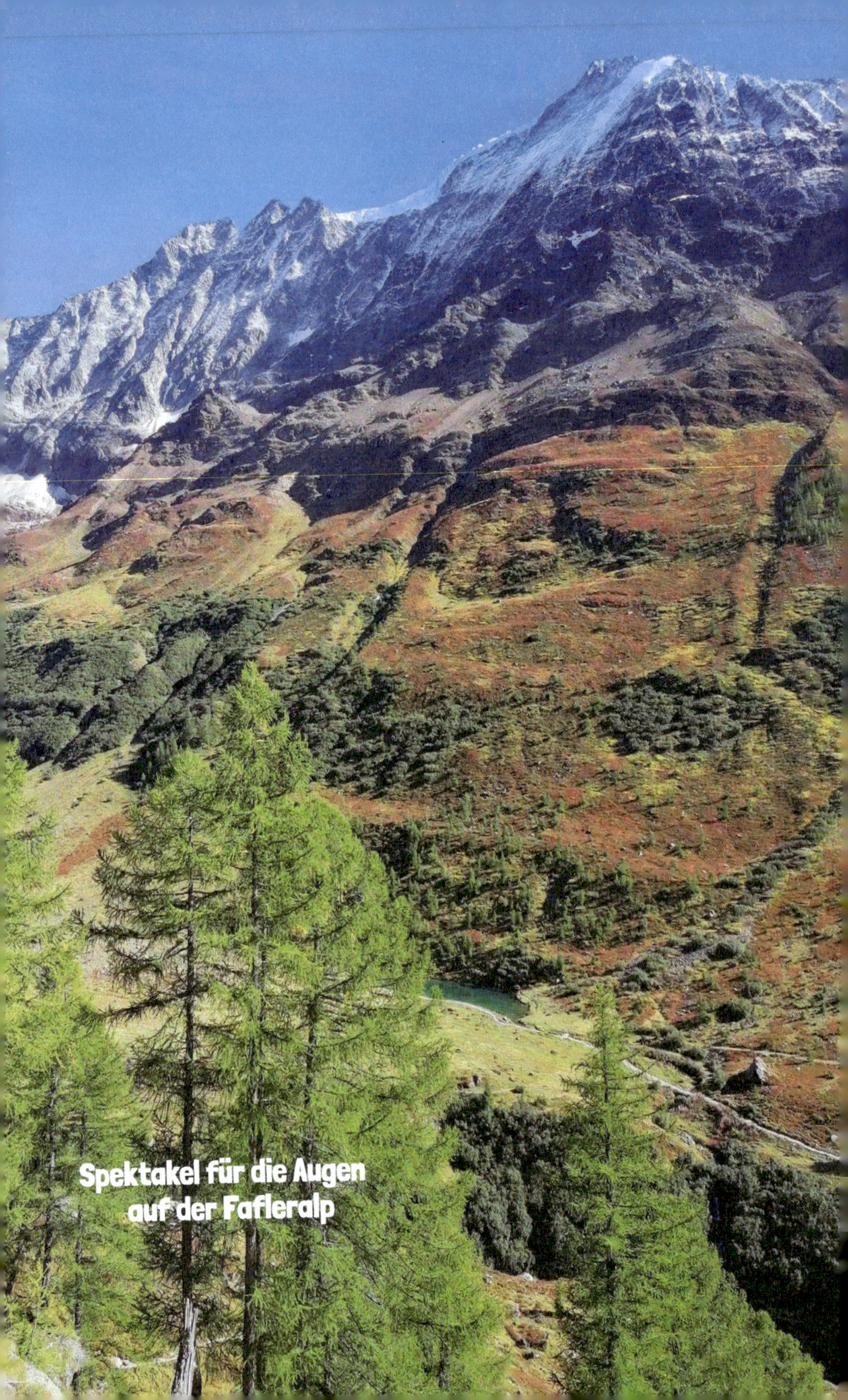
Spektakel für die Augen
auf der Fafleralp

Die Rundwanderung von der Fafleralp hoch zur Anenhütte ist eine meiner Lieblingswanderungen im Herbst. Eine vielseitige und farbenreiche Vegetation, Bergseen mit glasklarem Wasser, Gletscherausblicke und ein beeindruckendes Bergpanorama zeichnen das urtümliche Walliser Lötschental aus. Beidseits davon liegen in den Höhen schützenswerte Landschaften, weite Teile davon gehören zum UNESCO-Weltnaturerbe Jungfrau-Aletsch.

Die Wanderung startet auf der 1766 Meter hoch gelegenen Fafleralp. Wichtig: Aufgrund eines verheerenden Bergsturzes im

Rundweg Fafleralp

Farbenprächtige Route hoch zur Anenhütte

Jahr 2025 in Blatten ist die Zufahrt zur Fafleralp zeitweise eingeschränkt bzw. gesperrt. Es wird dringend empfohlen, sich vor der Tour beim Lötschental Tourismus über die aktuelle Situation zu informieren. Als (wanderbare) Alternative bietet sich der Lötschentaler Höhenweg von der Lauchernalp zur Fafleralp an. Für diese Option braucht es Ausdauer, belohnt wird man mit einem eindrücklichen Panorama.

Verschneite Bergspitzen, goldgelbe Lärchenwälder und rauschende Bäche erwarten uns an einem herbstlichen Tag auf der Anfahrt. „Ist das eine typische Schweizer Alp?“, mag einer sich vielleicht fragen. Ein großer Besucherparkplatz, ein kleines Bistro und ein naturnaher Campingplatz sind unsere ersten Eindrücke. Ein paar Schritte weg vom Parkplatz entfaltet sich bereits die Schönheit der Gegend. Traditionelle braune Walliser Holzhäuser kontrastieren mit der bunten Landschaft. Bis vor wenigen Jahrzehnten verlegten die Bergbauern ihren Winterwohnsitz von den Lötschentaler Dörfern im Sommer jeweils hierhin. Heute dienen die Häuser hauptsächlich als Ferienunterkünfte.

Die Wanderschuhe sind geschnürt und zu Beginn sind wir warm eingepackt, denn das Lötschental liegt im Übergangsgebiet zwischen dem gemäßigten mitteleuropäischen und dem wechselhaften mediterranen Klima. So weist das von Westen nach Osten ausgerichtete und daher extrem sonnige Tal hohe Temperaturschwankungen im Tages- und Jahresverlauf auf. Zudem lugt die Sonne erst sehr spät hinter den hohen Bergspitzen hervor. Das heißt für uns, dass es im Herbst am Morgen empfindlich kühl ist und wir automatisch zügig auf dem gut ausgeschilderten Wanderweg in Richtung **Grundsee** vorwärtsschreiten. Unser Weg führt entlang des **Gletscherlehrpfades** „sehen & verstehen". So können wir an vielen Haltepunkten spannende Hintergrundinformationen zur Entwicklungsgeschichte der imposanten Hochgebirgslandschaft, zu den Gletschern sowie zum hiesigen Klima erfahren (weiterführende Informationen sind jeweils via QR-Code zugänglich oder im praktischen Flyer, welcher beim Campingplatz ausliegen sollte). Vorbei an den Tafeln und **gelben Lärchen** führt der Weg bereits nach kurzer Zeit zum ersten Highlight der Wanderung, zum oberhalb des Ausgangspunkts

INFO

Mehrere vom Gletschereis stromlinienförmig umgestaltete Gesteinsbrocken (sogenannte Rundhöcker) sind zu entdecken.

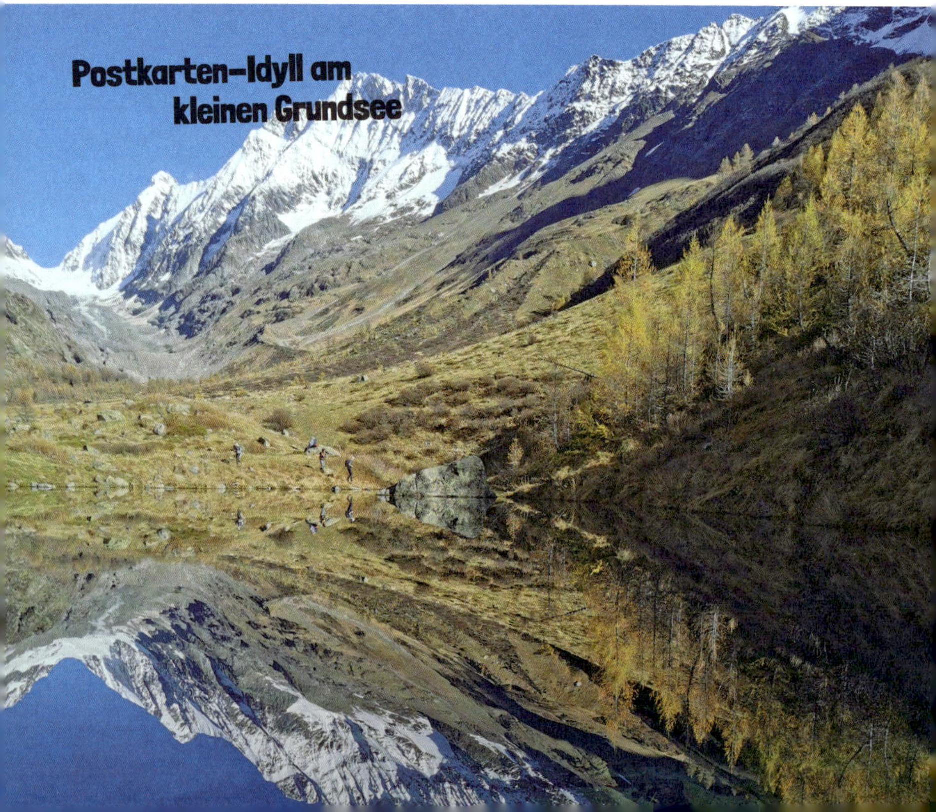

Postkarten-Idyll am kleinen Grundsee

gelegenen und von Schmelzwasser gespeisten schmalen und lang gezogenen Grundsee. Auch wenn dieser Bergsee aufgrund der geringen Fläche eher Grundseeli lauten müsste: Der leicht versteckte Abstecher dorthin lohnt sich. Wenn es windstill ist, spiegeln sich die Berge darin und erzeugen eine perfekte **Postkarten-Idylle**. Wer die Rundwanderung in umgekehrter Richtung macht, dem sei ein erfrischendes Bad in dem extrem klaren türkisfarbenen Gewässer empfohlen. Aber Achtung: Aufgrund des Gletscherwassers wird das Seelein auch im Hochsommer selten wärmer als 12 Grad Celsius – und im Herbst sind es meist nicht mehr als 5 Grad. Von dieser Kulisse lösen wir uns schweren Herzens, doch die Wanderung bietet noch mehrere landschaftliche Höhepunkte. An der rechten Talflanke und an der rauschenden Lonza entlang führt der Weg durch die Auenlandschaft am Rande des **UNESCO-Weltnaturerbe-Gebiets**.

Das macht die Tour einzigartig!

- Ungestümer Langgletscher
- Goldgelbe Lärchen im Herbst
- Türkisfarbener Grundsee

Kurz nach der Lonzabrücke beginnt der anstrengendere Teil der Wanderung mit dem stetigen Anstieg zu der auf 2358 Meter gelegenen **Anenhütte**. Hinsichtlich Aussicht empfiehlt es sich, beim Wegweiser den blau-weiß markierten Alpinwanderweg Richtung Gletschertor/Anenhütte zu nehmen. Nur selten hat man die Möglichkeit, so nahe an ein Gletschervorfeld zu gelangen wie hier. An der eindrucksvollen Moräne oberhalb des Langgletschers entlang führt uns der Pfad über mächtige Gneisplatten. Der Alpinweg ist teilweise technisch anspruchsvoll. Gefährlich wird es jedoch bei trockenen Bedingungen nicht. Bei Regen oder nassen Verhältnissen sollte man diesen Alpinwanderweg meiden und besser dem rot-weißen Wanderweg folgen. Kurze Pausen einzulegen lohnt sich auf beiden Wegvarianten, um herrliche Ausblicke zu genießen: Rechts von uns staunen wir über die vom Gletscher geprägte Moränenlandschaft samt dem beeindruckenden Gletschertor des Langgletschers, vor uns liegt eine hochalpine Bergwelt und hinter uns das wildromantische Tal. Vorsicht ist geboten im Bereich des **Gletschertors**, hier können größere Eis- oder Gesteinsmassen unvermittelt herunterbrechen.

RUNDWEG FAFLERALP

Langsam wandern wir die letzten Höhenmeter hoch – langsam schon aufgrund der dünneren Luft oberhalb von 2000 Metern. Unseren Wendepunkt der Wanderung, die Anenhütte, erblicken wir nun freudig und steuern zielgerichtet auf sie zu. Die 2008 gebaute, moderne Berghütte liegt inmitten einer fantastischen **Hochalpinlandschaft** und funktioniert hinsichtlich Elektrizität und Trinkwasser selbstversorgend. Zudem bietet sie viel ungewohnten Luxus und gilt somit als eine der exklusivsten Berghütten der Alpen.

Der kleine Anusee gleich neben der Hütte ist durchaus einen kurzen Abstecher wert, kann jedoch nicht mit dem zuvor besuchten Grundsee mithalten. Dies soll unsere Laune nicht trüben, denn beim Abstieg wird nochmals ein schöner kleiner See folgen. Bevor es so weit ist, schenken wir der **Walliser Alpenwelt** nochmals genügend Aufmerksamkeit: Nicht nur Berge, so weit das Auge reicht, auch die zerklüfteten Eismassen des Langgletschers lassen unser alpines Herz höherschlagen. Hoffen wir, dass er seinen Namen noch lange zu Recht trägt, denn auch er wird infolge der Klimaerwärmung immer kürzer. Weit hinten sehen wir bei klarer Sicht die bekannte Lötschenlücke. Sie ist ein stark vergletscherter Gebirgspass auf 3170 Metern. Und wer genau hinsieht, entdeckt auf dem Vorsprung des Anugrats die Hollandiahütte des Schweizer Alpenclub (SAC).

Gestärkt wandern wir nun wieder talwärts, bis wir an eine Verzweigung kommen. An dieser biegen wir Richtung Gugginalp ab. Unsere Schritte führen uns durch vielfältige Vegetationsstufen auf die andere Talseite der Lonza. Durch die lichten Lärchenwälder der Gugginalp nähern wir uns dem **kleinen Guggisee**. Hier lässt es sich sehr gut rasten und die herbstliche Stimmung genießen, bevor wir anschließend auf einem idyllischen Weg zurück zur Fafleralp wandern. Am Ausgangs- und Zielpunkt wartet auf das leicht erschöpfte, aber glückliche Wandervolk entweder bereits der Bus zurück nach Goppenstein oder eine verdiente Erfrischung im sympathischen Bistro. Beim Verlassen des Lötschentals wenden wir unsere Blicke letztmals auf die goldgelben Lärchen, bevor sie wegen der untergehenden Sonne langsam ihre Leuchtkraft verlieren.

FAZIT

Insbesondere im Herbst eine unglaublich schöne Wanderung. Aus dem Staunen kommt man kaum heraus, so viele Farben beglücken das Wanderherz. Diese Tour ist auch in umgekehrter Richtung empfehlenswert – und selbstverständlich auch im Sommer.

GUT ZU WISSEN

10

VON: Fafleralp
BIS: Fafleralp
LÄNGE: 13 Kilometer
HÖHENMETER: 770 (hinauf und hinunter)
ETAPPEN: 1
MARKIERUNG: weiß-rot-weiß mit kurzem Abschnitt auf Alpinweg
HÖCHSTER PUNKT: Anusee, 2364 Meter

DAS BRAUCHE ICH:

- warme Kleidung in den Morgen- und Abendstunden
- Badesachen (optional) für das Bad im Grundsee
- viel Speicherplatz und einen vollen Akku für die vielen Bilder

Abenteuer
Natur
Schwierigkeit

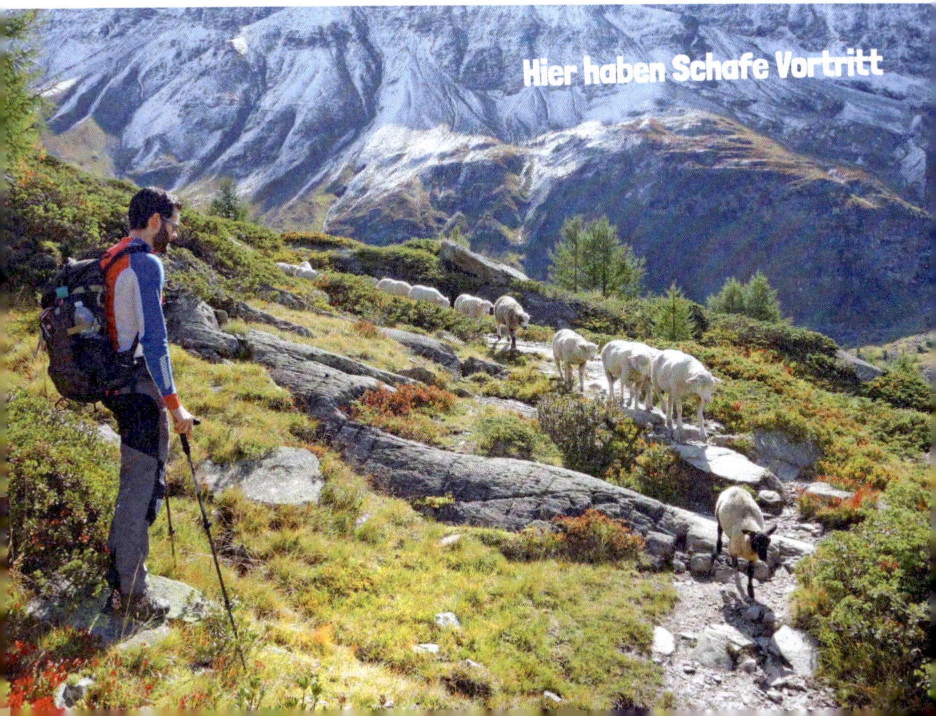

Hier haben Schafe Vortritt

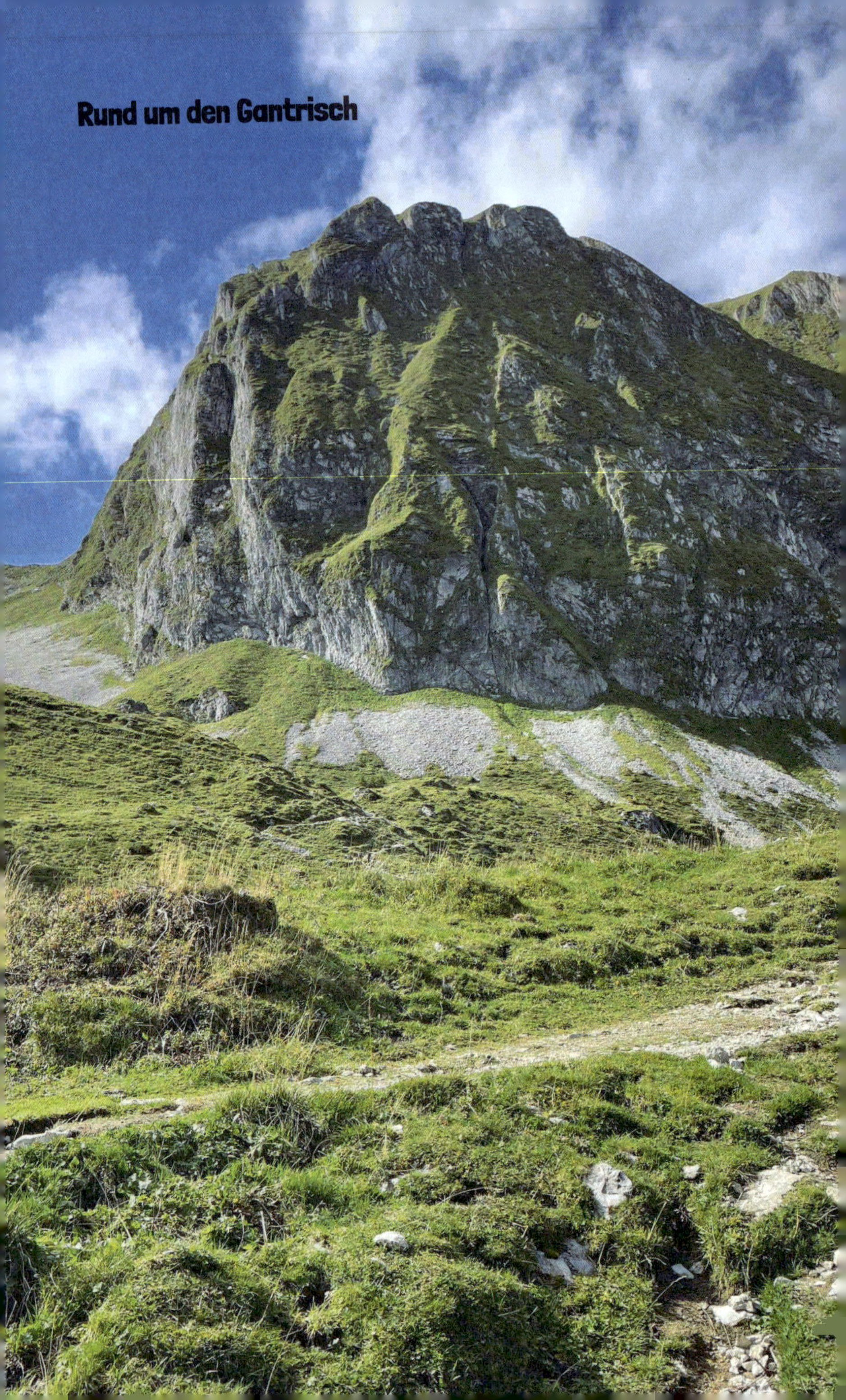
Rund um den Gantrisch

Unweit der Schweizer Hauptstadt erwarten uns saftig grüne Wiesen, weidende Kühe, Alphütten und tolle Ausblicke im regionalen Naturpark Gantrisch. Auf dem abwechslungsreichen Wanderweg rund um den gleichnamigen Berg zeigt sich die Weitläufigkeit des Berner Voralpengebiets mit jedem Schritt etwas mehr. Nachdem wir zwei Pässe bezwungen und unzählige Kühe gezählt haben, befinden wir uns wieder am Ausgangspunkt.

Direkt vor uns stehen sie imposant und gleichzeitig beruhigend: die Nünenenflue links und der Gantrisch rechts. Betrachtet man

Rundweg Gantrisch

Passwanderung am Rand der Berner Voralpen

die beiden von Norden her, ergeben sie die typische Silhouette der Gantrischkette. Die Nünenenflue bleibt Klettererbegeisterten vorenthalten und auch der Aufstieg zum Gantrisch ist eine schwierige Route, welche nur trittsicheren und geübten Wandervögeln zu empfehlen ist.

Der Rundweg via Leiterepass und Morgetepass führt uns zwar nicht auf den Gantrisch, die Aussichten sind aber allemal wunderbar und eindrucksvoll. Wir beginnen unsere Wanderung in Richtung Alp Obernünenen, wo uns bereits die erste Einkehrmöglichkeit erwartet. Die Bauernfamilie, die hier oben im Sommer die Kühe betreut, bietet nämlich auf einer gemütlichen Terrasse Speis und Trank an. Und die spezielle Schweizerfahne mit Caquelon (typischer Topf zur Zubereitung von Käsefondue) lässt Feines erahnen. Die urige Alphütte (schweizerdeutsch für Almhütte) ist sehr typisch mit großen Kuhglocken an der Wand geschmückt. Wahnsinn, wenn man sich überlegt, dass die Kühe diese Glocken tragen! Direkt hinter der Alphütte befindet sich der Stall und je nach Jahres- und Tageszeit sehen wir die Kühe neugierig herausschauen. Und wenn die Kühe nicht gerade im Stall sind, dann weilen sie auf den angrenzenden Weiden und

INFO

Das 400 Quadratkilometer große Gebiet rund um den Gantrisch erhielt 2012 das Zertifikat zum Regionalen Naturpark. Die Bewahrung und Aufwertung der Natur in dieser schönen Ecke der Schweiz ist somit gewährleistet.

fressen gemächlich, während wir vorbeiwandern. Groß stören tun wir sie nicht, sie scheinen sich bereits an das Wandervolk gewöhnt zu haben. Das gemütliche Beizli wird doch relativ stark frequentiert.

Bei der Abzweigung kurz nach der Alp Obernünenen nehmen wir den Weg Richtung Leiterepass, der rechts abbiegt. Es gäbe auch linker Hand eine Variante. Bei dieser wird jedoch zusätzlich die Nünenenflue umrundet. Vorbei an farbenprächtigen Bergblumen steigt der Weg nun kontinuierlich an und wir nähern uns im Zickzack immer mehr der **imposanten Felswand** des Gantrischs. Je näher wir kommen, desto besser können wir nun auch erkennen, was sich in dieser Felswand noch versteckt: Ein sehr anspruchsvoller Klettersteig führt hier steil, senkrecht und teils überhängend direkt auf den Gantrisch hoch. Er richtet sich ausschließlich an geübte Klettersteig-Gängerinnen und -Gänger. Für alle anderen bietet sich der Seilpark des Naturparks

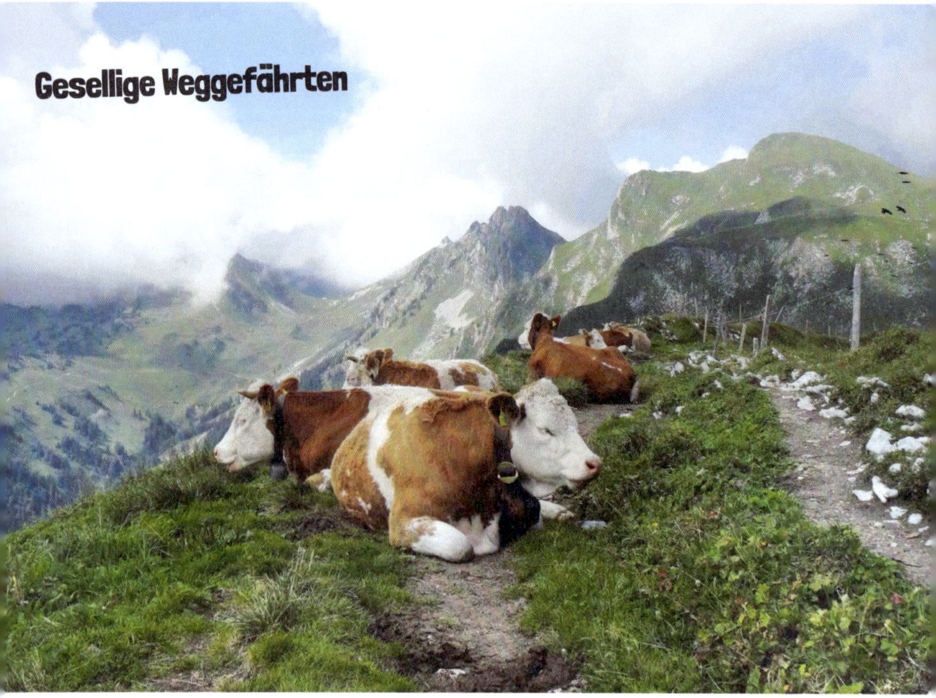
Gesellige Weggefährten

Gantrisch an. Langsam nähern wir uns dem Leiterepass, der eingebettet zwischen der Nünenenflue und dem Gantrisch auf 1905 Metern liegt. Oben angekommen, erwartet uns eine wunderbare **Weitsicht ins Simmental**. Hinter uns liegt die Alp Obernünenen und die Region rund um Thun mit dem Thunersee. Vor uns eröffnen sich die nächsten Weiden mit Alphütten sowie die schier unzähligen weiteren Gipfel der Stockhornkette. Diese Weitsicht mit den eng aneinandergereihten Gipfeln und ihren klaren und endlos scheinenden Konturen fasziniert mich jedes Mal aufs Neue! Der **Leiterepass** ist ein rege genutzter Übergang vom Gurnigel ins Simmental. Nebst unserem Rundweg führen viele weitere Routen hier vorbei: so etwa der Wanderweg, der bis zum Stockhorn, dem vordersten Gipfel der Bergkette vorne am Thunersee, führt. Bei einer kurzen Trinkpause lassen wir die vielen Eindrücke auf uns wirken, bevor wir dem Schild zum „Chäshüttli" folgen. Einige Kurven unter uns steht nämlich ein winzig kleines Häuschen aus Holz, wo wir uns mit feinstem Alpkäse und Eistee eindecken können. Bezahlen ist Ehrensache – es steht eine kleine Kasse bereit. Wir queren wiederum saftig grüne Wiesen mit blühenden Blumen und weidenden Kühen und freuen uns bereits auf den Verzehr des herrlich duftenden Alpkäses, den wir behutsam in unserem Rucksack mit uns tragen. Der Weg verläuft hier fast genau auf einer Höhenlinie, wodurch wir weiterhin in aller Ruhe die Aussicht genießen können, bevor dann noch die letzten Höhenmeter hinauf zum Schibespitz auf uns warten.

Das macht die Tour einzigartig!

- Die urigen Alphütten mit Einkehrmöglichkei
- Überquerung von zwei Pässen
- Umrundung des Gantrischs

Dort oben bei der Anhöhe, wo sich ein verlassener militärischer Bunker aus früheren Zeiten versteckt, wollen wir hin. Also bezwingen wir diesen kurzen Anstieg und werden ein weiteres Mal mit einem Ausblick belohnt, der sich sehen lässt: dieses Mal hinunter zum Gantrischseeli. Rechter Hand zweigt ein Wanderweg zum Gantrisch ab. Wer den besteigen will, sollte dies nur bei stabilen Wetterbedingungen und genügend Trittsicherheit

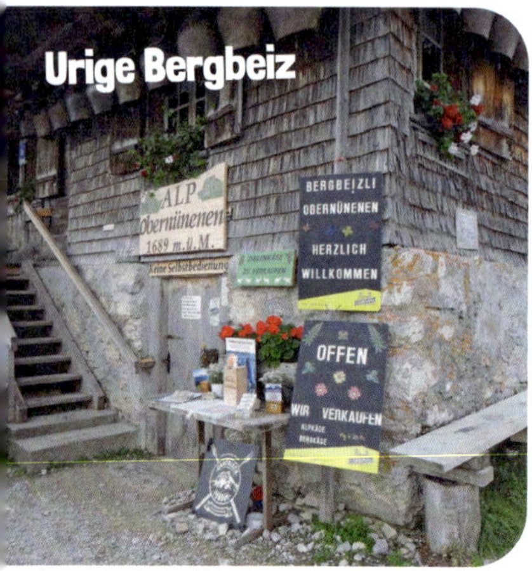

tun, denn der Weg gilt als schwierig. Imposant wirken der Gantrisch und auch die Nünenenflue im Hintergrund auch von hier aus allemal. Wir gehen links weiter, vorbei am gut getarnten Bunker zum Schibespitz, dem mit 2060 Metern höchsten Punkt unseres Rundwegs. Das **360-Grad-Panorama mit Bergen und Alphütten**, so weit das Auge reicht, ist atemberaubend und würdigt die zurückgeleg ten Höhenmeter. Jetzt geht es gemütlich auf einem breiten, ungefährlichen Weg über den Grat sanft bis zum Morgetepass hinunter. Die Kühe, die hier auf dem Weg Pause machen, grüßen wir freundlich beim Vorbeigehen. Kleiner Tipp: Sie sind auch supergeduldige Foto-Modelle.

Beim Morgetepass treffen wir auf die „Via Casea" ein Alpkultur-Weg, der von Weissenstein im Simmental über die Alp Morgeten und den Morgetepass in den Naturpark Gantrisch führt. Uns steht jetzt der Abstieg bevor und so geht es nun nach rechts durch den Bergkessel Gantrischchummli stetig hinunter, bis wir in der Ebene die Chummlihütte mit dem wunderschönen Chummlispitz im Hintergrund erreichen. Jetzt wird die Gegend wieder etwas offener und die von Felsen und Gestein geprägte Landschaft wechselt zu mit Bäumen gespickten Weiden und Wäldchen. Bei der Oberi Gantrischhütte lohnt sich ein kurzer Abstecher zum **Gantrischseeli**, welches eingebettet in einem genau solchen Tannenwäldchen ruht. Ein magischer Ort! Weiter führt der Weg immer mal wieder durch kurze Waldabschnitte unserem Ziel entgegen. Kurz vorher bietet sich jedoch noch die Unteri Gantrischhütte an der Hauptstraße als Durstlöscherin oder Hungerstillerin an. Der Wanderweg schlängelt sich oberhalb der an Wochenenden gut befahrenen Straße nochmals kurz etwas hoch, bis wir uns schließlich wieder an unserem Ausgangspunkt bei der Bushaltestelle Gurnigel, Wasserscheide befinden. Mit all den tollen Eindrücken und hoffentlich vielen Erinnerungsfotos machen wir uns auf den kurvigen Rückweg via Gurnigelpass zurück in flachere Gefilde.

FAZIT

Einmal rund um den 2176 Meter hohen Namensgeber-Berg des Naturparks Gantrisch, dabei zwei Pässe überqueren und die weidenden Kühe beobachten: eine herrliche Rundwanderung im Städtedreieck Bern, Thun und Freiburg.

GUT ZU WISSEN

VON: Gurnigel, Wasserscheide
BIS: Gurnigel, Wasserscheide
LÄNGE: 9 Kilometer
HÖHENMETER: 590 (hinauf und hinunter)
ETAPPEN: 1
MARKIERUNG: weiß-rot-weiß
HÖCHSTER PUNKT: Schibespitz, 2060 Meter

DAS BRAUCHE ICH:

- Kleingeld, um ein Stück Käse direkt von der Alp zu kaufen
- winddichte Kleidung
- einen Fotoapparat für die tollen Aussichten

Abenteuer
Natur
Schwierigkeit

Wo sich Fuchs und Hase gute Nacht sagen

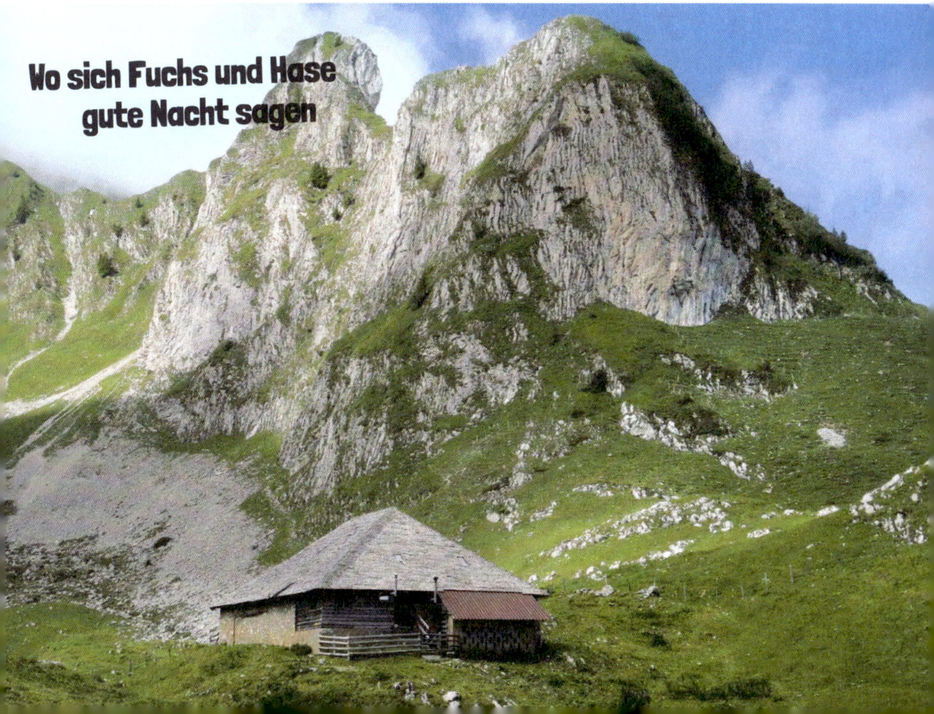

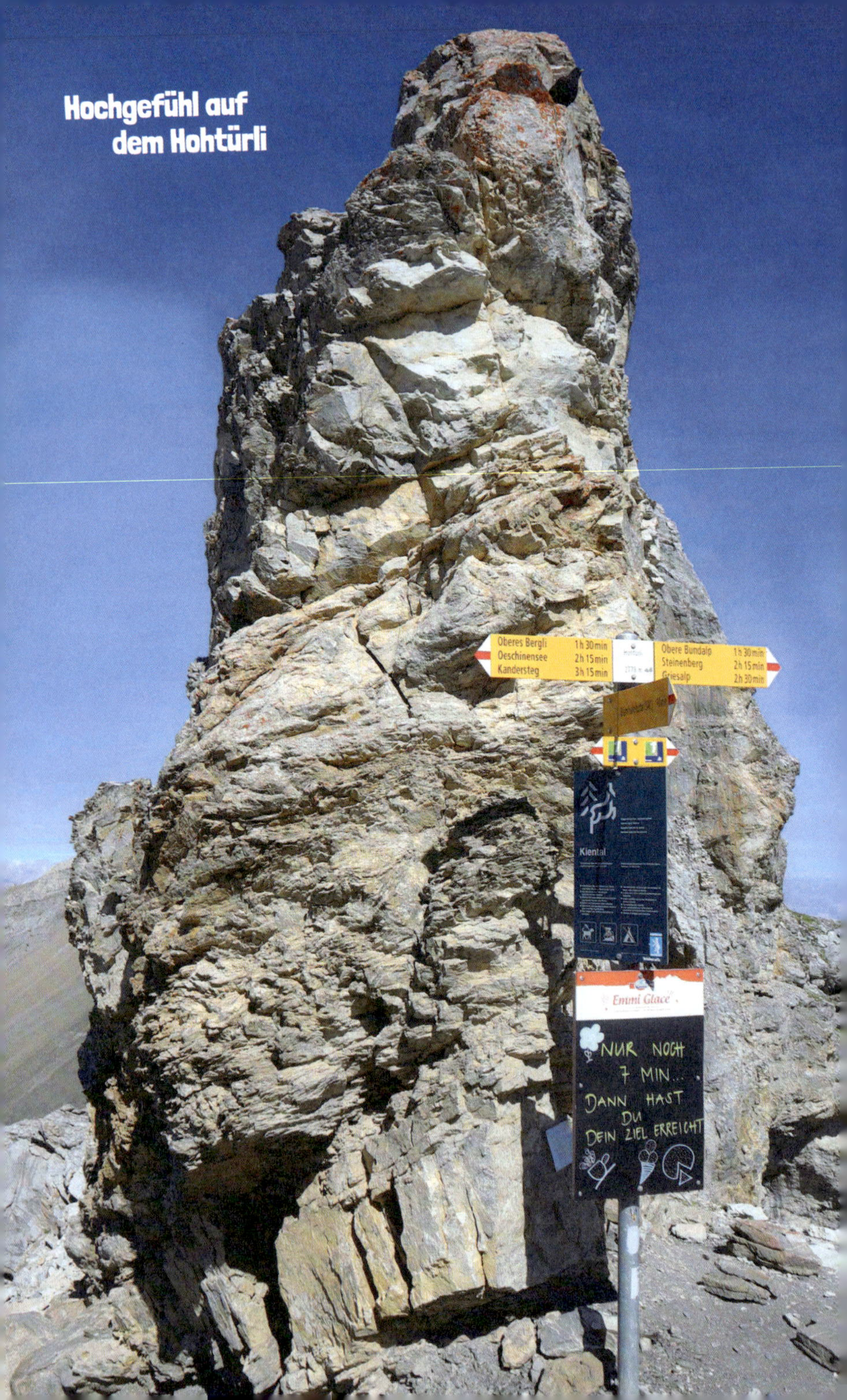

Hochgefühl auf dem Hohtürli

Ein wahrer Wanderklassiker im Berner Oberland: Von der Griesalp im Kiental wandern wir auf einem spektakulären und anstrengenden Weg hoch zum Pass Hohtürli, übernachten in der legendären Blüemlisalphütte und legen am zweiten Tag viele Höhenmeter talwärts zurück. Dabei kommen wir am tiefblauen Oeschinensee vorbei. Gletscherausblicke, eine „Himmelsleiter" und ein Bad im kühlen Bergsee gehören zu dieser abwechslungsreichen Wanderung.

Normalerweise verliere ich zu den Anfahrten wenig Worte, nicht aber bei unserer heutigen Wanderung. Hier wäre allein die An-

Passweg Hohtürli

Auf der Königsetappe der Via Alpina

reise mit dem Postauto von Reichenbach hoch zur Griesalp einen Ausflug wert. Mit einer Steigung von 28 Prozent gilt die Route Kiental–Griesalp als **steilste Postauto-Linie Europas**. Die Fahrt mit dem gelben Postauto führt am hübschen Dorf Kiental vorbei, hinauf zur Auenlandschaft Tschingelsee und ab hier zentimetergenau durch enge Haarnadelkurven hoch zur Griesalp. Mit etwas Glück werden kurze Stopps eingelegt, um die tosenden Wasserfälle bestaunen und fotografieren zu können. Vor den engen und unübersichtlichen Serpentinen ertönt das Postauto-typische Hupen **„Tütatoo"**. Dieser Dreiklang weckt bei Schweizern und Schweizerinnen und sicherlich einigen Touristen und Touristinnen wohl Kindheitserinnerungen an frühere Ferienausflüge. Alle anderen sind nun jedenfalls aufgrund des markanten Horns hellwach.

Auf der Griesalp angekommen, sammeln wir uns (und unseren Magen) nach der kurvigen Fahrt und suchen auf den gelben Wegweisern unser Ziel „Hohtürli". Dies ist ein Pass auf 2778 Metern und wir befinden uns momentan auf der Griesalp auf 1408 Meter – viele Höhenmeter werden folglich heute auf uns zukommen. Diese legen wir auf der Teilstrecke Nummer 13 des bekannten **Weitwanderwegs „Via Alpina"** zurück. Der 17 Kilometer lange Abschnitt wird auch als **Königsetappe** betitelt und ist aufgrund der Länge und Höhenmeter eine konditionell anstrengende Tour. Wir werden die Etappe deshalb auf zwei Tage verteilen mit einer Übernachtung in der **Blüemlisalphütte**.

INFO

Der Oeschinensee gehört seit 2007 zum UNESCO-Welterbe Swiss Alps Jungfrau-Aletsch.

Zuerst folgen wir nun dem Wegweiser in Richtung Obere Bundalp. Vorbei an einem idyllischen Bergwald mit vielen Rottannen wärmen wir uns für die kommenden Höhenmeter auf. Bei der Oberen Bundalp gönnen wir uns die erste Pause und bestaunen die alpine Kulisse, welche sich uns eröffnet. Weiter wandern wir über saftige Wiesen und genießen die liebliche Landschaft. Ab und zu schaut uns eine Kuh neugierig an – „Was machen diese Städter und Städterinnen bloß hier oben in unseren Bergen?“, mag sich wohl die eine oder andere fragen. Dies werden wir uns bald selber fragen aufgrund des bevorstehenden steilen Anstiegs. Die Wiederkäuer verlieren bald das Interesse an uns, wir jedoch nicht an ihnen und fotografieren dementsprechend gerne dieses **typisch schweizerische Alpenmotiv**. Die grünen Alpenwiesen werden bald von grauen Geröllhalden abgelöst. Konzentriert und mit einer erhöhten Atemfrequenz steigen wir

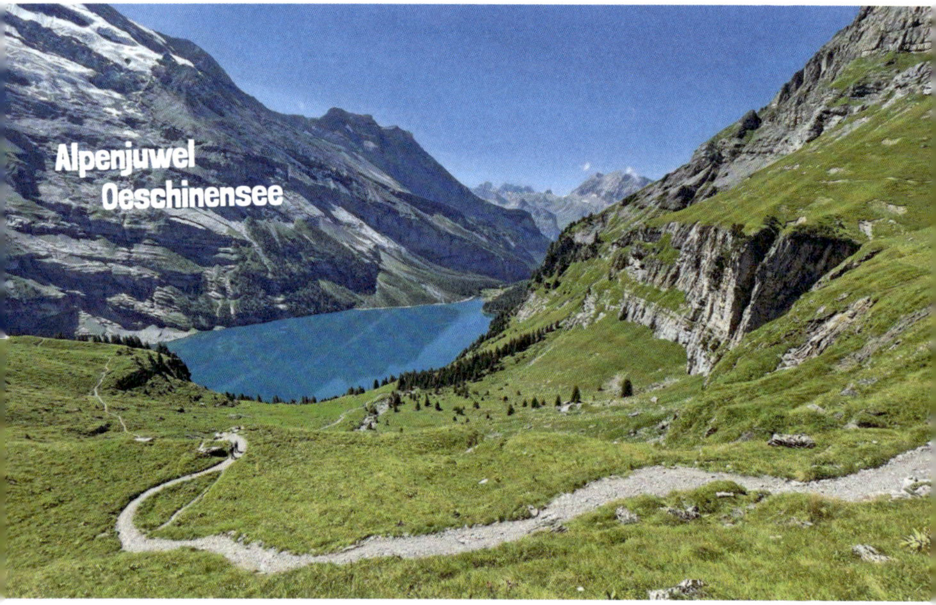

Alpenjuwel Oeschinensee

Meter für Meter unserem Ziel entgegen. Der Aufstieg zehrt an den Kräften, doch die umliegende Aussicht entschädigt für die verlorenen Schweißtropfen. Wenn wir uns fragen: „Geht es denn überhaupt noch steiler?", lautet die Antwort: Ja! Kurz vor Ende des mehrstündigen Aufstiegs folgt die letzte Hürde: die **„Himmelsleiter"**. Diese ist eine ca. 300 Meter lange Passage mit einer steilen, schier endlosen Holztreppe mit 400 Tritten! Sobald wir diese Hürde gemeistert haben, stehen wir auf dem Hohtürli. Dieses ist der Pass-Übergang zwischen dem Kiental und dem Kandertal. **Der Ausblick ist phänomenal**: Von den markanten Berner Oberländer Gipfeln Blüemlisalphorn, Wyssi Frau und Morgenhorn erstreckt sich das Panorama bis Les Diablerets. Der Blick auf den tief liegenden blau glitzernden Thunersee lässt die Anstrengung schnell vergessen. Glücklich bestaunen wir die prachtvolle Aussicht und klopfen uns stolz auf die Schultern. Nach einem längeren und berechtigten Fotohalt machen wir uns auf zur Blüemlisalphütte, welche im UNESCO-Welterbe Swiss Alps Jungfrau-Aletsch liegt. Die Hütte des Schweizerischen Alpenclubs (SAC) thront wenige Höhenmeter über dem Hohtürli, bietet einfache Speisen und Getränke und in unserem Fall auch Übernachtungsmöglichkeiten an. Ein unvergesslicher Sonnenuntergang ist fast garantiert und auch den **traumhaften Sternenhimmel** werden wir kaum so schnell vergessen.

Das macht die Tour einzigartig!

- Abenteuerliche Himmelsleiter
- Blüemlisalpgletscher
- Tiefblauer Oeschinensee

Der nächste Tag beginnt mit einem Abstecher zum Blüemlisalpgletscher. Von der Hütte aus folgen wir wenige Minuten lang einer markierten Wegspur und stehen schon bald an den Flanken des eindrucksvollen **Blüemlisalpgletschers**. Dieser hat sich, wie auch andere seiner Artgenossen, aufgrund der Klimaerwärmung stark zurückgezogen. Nichtsdestotrotz strahlt er immer noch eine unglaubliche Kraft aus und lädt uns ein, ehrfürchtig innezuhalten.

Nachdem wir uns von der Eismasse gelöst haben, machen wir uns bereit für den Abstieg. Zu Beginn sehr steil und über die lang gezogenen Seitenmoränen des Gletschers führend, steigen wir im

Zickzack Höhenmeter um Höhenmeter talwärts. Bei Nässe ist Vorsicht geboten aufgrund des losen Untergrundes der Geröllhalde. Ein regelmäßiger Blick zurück lohnt sich, denn der Blüemlisalpgletscher zeigt sich nun aus einem anderen Winkel. Nach den Blicken zurück sind wir nun voller Vorfreude auf unser nächstes Zwischenziel: den **Oeschinensee**. Bereits ab dem Berghaus Oberbärgli ist das Alpen-Juwel sichtbar. Die tiefblaue bis türkis schimmernde Farbe des Sees, kombiniert mit den steilen Felswänden, bringt mich immer wieder zum Staunen. Von der Farbe und Form her gleicht er einem Kratersee, so steil brechen die Flanken am Ostufer in den See. Vor ungefähr 8000 Jahren ist das Gewässer aufgrund mehrerer massiver Bergstürze entstanden. Dabei haben die am Doldenhorn und Fründenhorn abgebrochenen Schuttmassen einen natürlichen Staudamm gebildet. Das lockere Material ist wasserdurchlässig, weshalb der Oeschinensee unterirdisch entwässert wird. Gespeist wird er als einer der größten Schweizer Bergseen durch die Bäche der umliegenden Gletscher.

Dieses Hintergrundwissen finden wir selbstverständlich spannend, doch ehrlich gesagt möchten wir uns nun lieber ein Bad im klaren Bergsee gönnen. Nach den vielen geleisteten Höhenmetern haben wir diese Erfrischung redlich verdient. Mutig springen wir beim idyllischen Kiesstrand am West- oder Südufer in das kühle Nass, jauchzen freudig und fühlen uns nach dem Bad wie neugeboren. Mit neu gesammelter Energie betrachten wir noch eine Weile die Szenerie mit den vielen Bergseegästen und den vereinzelten Anglern und Anglerinnen, welche ihr Glück im 56 Meter tiefen See auf der Jagd nach Regenbogen- und Kanadischen Seeforellen versuchen.

Wir lassen den See nun hinter uns und nehmen den letzten Abschnitt nach Kandersteg in Angriff. Für Gondelbahn-Begeisterte oder Erschöpfte unter uns empfehle ich die Fahrt von der Oeschinensee Bergstation hinunter nach Kandersteg. Wir aber wandern noch den letzten Teilabschnitt zu Fuß und gelangen langsam hinunter in Richtung unseres Endziels. Freudig, stolz und ein wenig erschöpft erreichen wir das Dorf Kandersteg und werfen hier nochmals einen Blick zurück Richtung Blüemlisalpgletscher. Dabei staunen wir einmal mehr, was wir zu Fuß erreicht haben.

FAZIT

Die Königsetappe der Via Alpina wird ihrem Ruf gerecht dank der langen Distanz und dem sportlichen Aufstieg. Das eindrucksvolle Alpen-Panorama, die Gletscherausblicke und das Bergjuwel Oeschinensee entschädigen aber für alle Strapazen.

GUT ZU WISSEN

VON: Griesalp
BIS: Kandersteg
LÄNGE: 17 Kilometer
HÖHENMETER: 1450 hinauf, 1700 hinunter
ETAPPEN: 2
MARKIERUNG: weiß-rot-weiß
HÖCHSTER PUNKT: Blüemlisalphütte, 2840 Meter

DAS BRAUCHE ICH:
- Hüttenschlafsack für die Übernachtung in der Hütte
- genug Zwischenverpflegung
- Badesachen für die Erfrischung im Oeschinensee

Abenteuer
Natur
Schwierigkeit

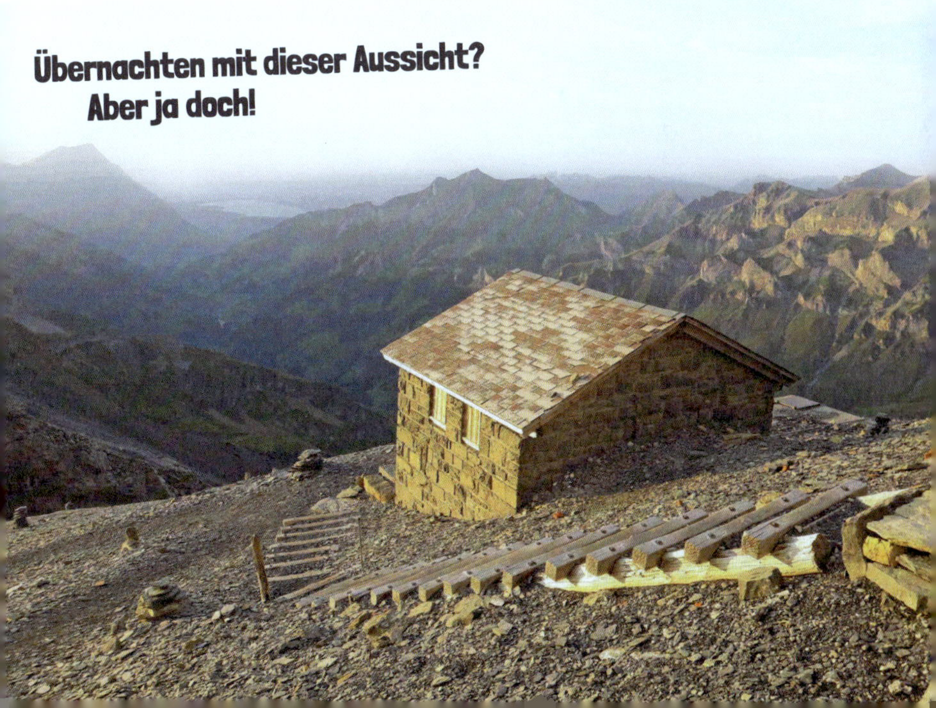

Übernachten mit dieser Aussicht?
Aber ja doch!

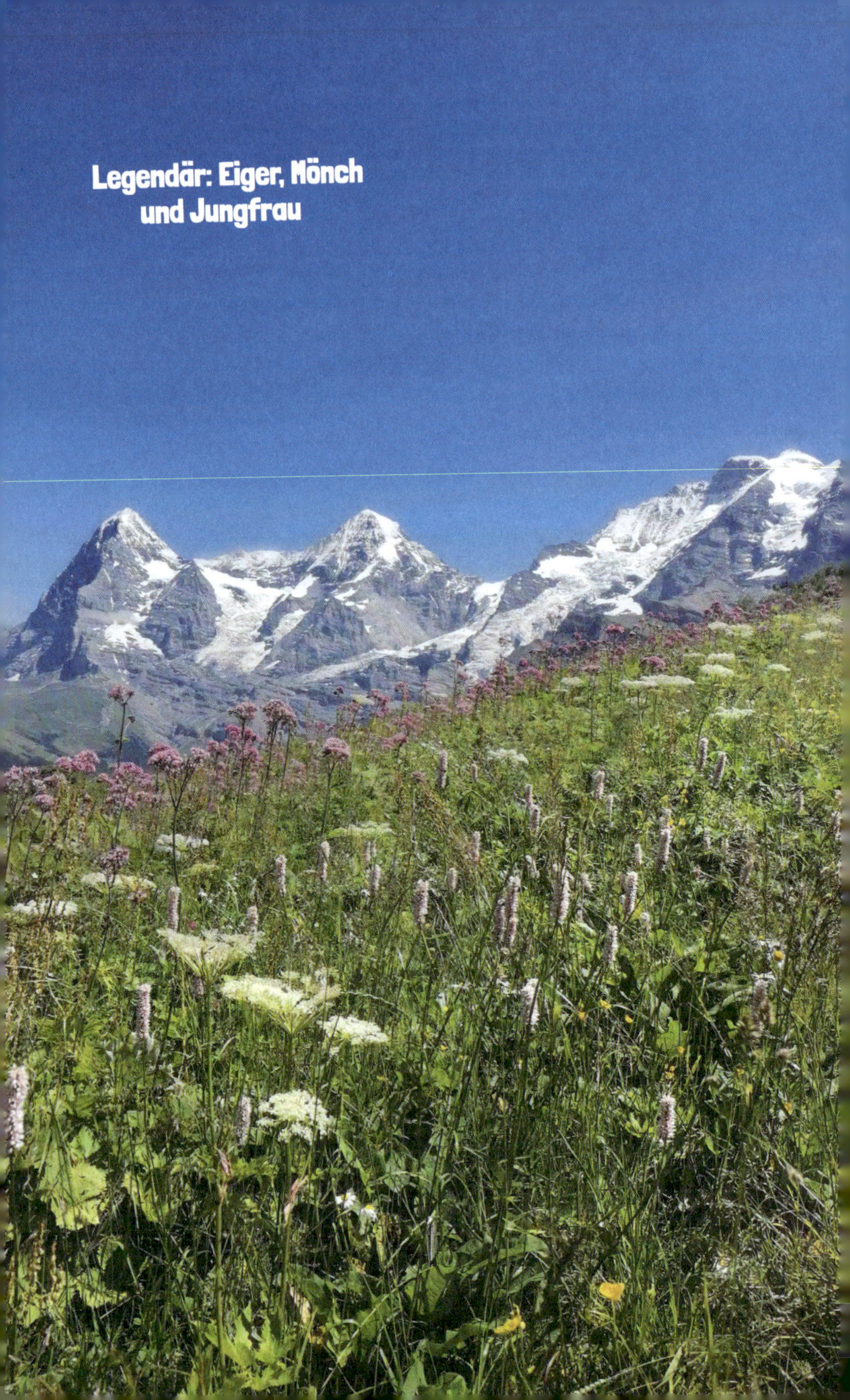

Legendär: Eiger, Mönch und Jungfrau

Das Berner Oberländer Dreigestirn Eiger, Mönch und Jungfrau ist in der ganzen Welt bekannt und steht auf so mancher Bucket List. Um den schneebedeckten Gipfeln von Angesicht zu Angesicht zu begegnen, bieten sich auf dem Höhenweg von der Grütschalp nach Mürren unzählige Möglichkeiten. Unberührte Natur, farbenprächtige Alpenflora und Tiefblicke ins Lauterbrunnental runden das Erlebnis in der Jungfrau-Region ab.

Höhenweg Mürren

Eiger, Mönch und Jungfrau als stete Begleiter

Unser Ausflug startet im Tal der 72 Wasserfälle, genauer gesagt in Lauterbrunnen. Bevor wir aber die aussichtsreiche Tour starten können, gilt es noch, einige Höhenmeter hoch zur Grütschalp zurückzulegen. Natürlich könnten wir das per pedes machen – heute entscheiden wir uns jedoch für die gemütlichere und luftigere Variante. Wo früher eine Standseilbahn die steilen 685 Meter Höhendifferenz zurücklegte, schwebt seit 2006 eine Luftseilbahn gemütlich hoch. Unterwegs erhaschen wir einen wunderschönen Blick auf den bekannten **Staubbachfall**, der auf spektakuläre Art und Weise 297 Meter in die Tiefe des Lauterbrunnentals stürzt. Ich empfehle daher, beim Einstieg in die Luftseilbahn geduldig zu sein und erst am Schluss einzusteigen. Dort, wo sich die Schiebetüren schließen, eröffnen sich nämlich wenige Augenblicke nach Abfahrt die schönsten Aussichten. Nach rund 4 Minuten ist der Ausgangspunkt der Wanderung, die Grütschalp, bereits erreicht. Ehe es losgeht, staunen wir aber nicht schlecht, wie einfach hier auf der Umladestation die Koffer der Reisenden schnurstracks von der Gondel auf die Schmalspurbahn gehievt werden. Wir lassen die Schmalspurbahn ihren Weg nach Mürren unter die Räder nehmen und überqueren nach der Abfahrt die Gleise außerhalb des kleinen Bahnhofs, um die eigentliche Höhenwanderung zu beginnen. Über einige

Wurzeln geht es kurzzeitig ziemlich steil hoch und es gilt, einen Waldabschnitt zu passieren, bevor wir mit den versprochenen Aussichten des „Mountain View Trails“ belohnt werden. Die ersten Blicke gehören dem kleinen autofreien Dorf Wengen, welches sich uns exakt auf der gegenüberliegenden Talseite präsentiert. Das auf einer windgeschützten Sonnenterrasse rund 400 Meter über dem Talboden gelegene Alpendorf ist nicht nur für seine urigen Holzchalets und illustren Jugendstilhotels, sondern auch für den einmaligen Ausblick hinunter ins **Lauterbrunnental mit seinen 72 Wasserfällen** bekannt.

INFO

Die Panoramawanderung mit fantastischer Aussicht auf Eiger, Mönch und Jungfrau ist auch als Mountain View Trail bekannt.

Mindestens zweimal im Jahr steppt der Bär im sonst äußerst ruhigen Wengen. Einerseits im Herbst, wenn 4000 Laufbegeisterte den Jungfrau-Marathon unter die Füße nehmen und begleitet von Guggenmusik und tosendem Applaus durchs Dorf rennen, andererseits im Winter, wenn bei den Internationalen Lauberhornrennen die Schnellsten des Weltcups mit bis zu 160

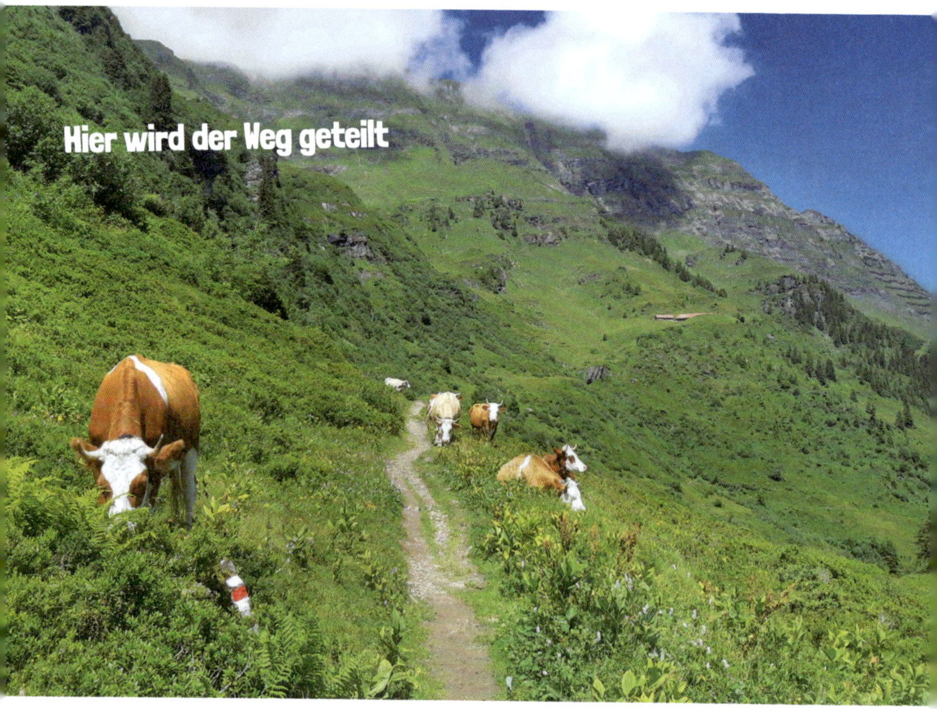

Hier wird der Weg geteilt

Sachen die längste Abfahrtsstrecke im alpinen Skirennsport runterbrettern. In der Hoffnung, auf der heutigen Wanderung keinem Bären zu begegnen, schreiten wir voran. Vor lauter Aussicht wollen wir schließlich nicht vergessen, etwas vorwärtszukommen. Über prächtige Weiden setzt sich der Weg gemütlich auf immer etwa gleichbleibender Höhe fort. Unter uns verläuft die Bahnstrecke nach Mürren und noch weiter unter uns fallen die Felswände und nicht selten auch Basejumper steil ins Lauterbrunnental ab. Nebst unserem Sehsinn kommt bald auch der Riechsinn nicht zu kurz: Der blumige Duft der rot blühenden Alpenrosen, der pure Duft der Bergblumen und nicht zu vergessen der süße Duft der Heidelbeeren erreichen unsere Nasen. Dank den Beeren kommen auch die Schleckmäuler auf ihre Kosten! Unterwegs bieten sich viele lauschige Plätzchen an, um zu verweilen und die Beeren und das Panorama zu genießen. Eine perfekte Gelegenheit, die gegenüberliegende imposante Bergkette näher zu betrachten. Da stehen sie nun also in voller Pracht: **Eiger, Mönch und Jungfrau**. Jeder dieser Berge ist im Einzelnen speziell und als Ganzes unverkennbar. Dass jedes einheimische Kind die Reihenfolge des berühmten Dreigestirns ohne Zweifel in- und auswendig kennt, erstaunt nicht.

Das macht die Tour einzigartig!

- Atemberaubendes Panorama
- Eiger, Mönch und Jungfrau zum Greifen nah
- Vielerlei Alpenblumen

Ich fühle mich immer wieder aufs Neue wie durch einen Magnet angezogen von dieser Gebirgskette. Ob es mit meiner persönlichen Beziehung zum Eiger – mein Großvater war Teil der fünften und damals jüngsten Seilschaft, die den Eiger bestiegen hat – zusammenhängt oder nicht, bleibt offen. Klar ist, dass sowohl meine Großeltern als auch meine Eltern ihren beträchtlichen Teil zu meiner Faszination gegenüber der Bergwelt beigesteuert haben. Und diese drei Eisriesen haben es mir besonders angetan. Umgeben von schneebedeckten Gipfeln wandern wir weiter durch die **unberührte Natur**. Nur die vereinzelten Masten der Skilifte stören die landschaftliche Idylle minimal. Sie sind aber Indiz für das, was hier im Winter läuft. Die Region rund

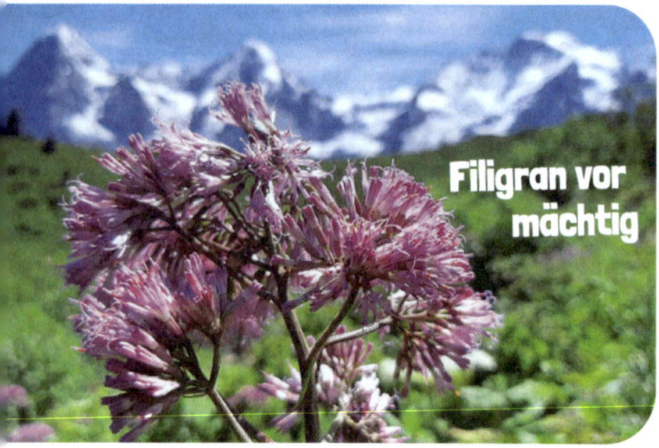

um Mürren – insbesondere das Schilthorn mit seinem Drehrestaurant – ist eine beliebte Skidestination. Das auch als „Piz Gloria" bekannte Drehrestaurant ist dank George Lazenby weltberühmt. Bei dem Namen klingelt es nicht? Wie sieht es aus, wenn ich Folgendes verrate: **Mein Name ist Bond, James Bond**? Zwischen Oktober 1968 und Mai 1969 wurde auf und neben dem Schilthorn der James-Bond-Film „Im Geheimdienst Ihrer Majestät" gedreht. Halsbrecherische Skifahrten, eine überlebte Lawine und eine Jagd in Skibobs: James Bond erlebte hier so einiges. Heute erinnern die interaktive Ausstellung und der James-Bond-Brunch in der Menükarte des Drehrestaurants an die glanzvollen Jahre, welche die ganze Region geprägt haben.

Wir erreichen schon bald die Weggabelung kurz vor dem Allmendhubel. Hier brettern im Winter gerne mal Waghalsige durchs sogenannte Kanonenrohr hinunter, wenn es beim Internationalen Inferno-Rennen gilt, die fast 15 Kilometer lange Strecke vom Schilthorn hinunter ins Tal möglichst schnell zurückzulegen. Wer hier nicht schnell wie ein Schuss aus dem Kanonenrohr rauskommt, der hat Mühe beim Gegenanstieg Richtung Maulerhubel. Zum Glück hatten wir es bei dieser Passage in umgekehrter Richtung und in Wanderschuhen etwas entspannter. Gemütlich geht es jetzt auch noch die letzten Meter der Wanderung hoch zum Allmendhubel, wo wir auf dem alpinen Blumenweg alle bisher nicht zuzuordnenden Alpenblumen entdecken, bevor wir mit der Standseilbahn oder zu Fuß nach Mürren absteigen. In Mürren angelangt, genießen wir noch einmal die frische Bergluft und die Aussicht auf die königlichen Giganten Eiger, Mönch und Jungfrau, wenn wir durchs Dorf zur Bahnstation schlendern. Von hier bringt uns die Schmalspurbahn zurück zur Grütschalp.

FAZIT

Auf wen die imposanten Berge eine Faszination ausüben, sollte sich diese Wanderung nicht entgehen lassen. Auf einer wunderbaren Strecke durch Wald und über Weiden kommen wir dem Berner Dreigestirn Eiger, Mönch und Jungfrau zum Greifen nah!

GUT ZU WISSEN

VON: Grütschalp
BIS: Allmendhubel
LÄNGE: 5 Kilometer
HÖHENMETER: 490 hinauf, 70 hinunter
ETAPPEN: 1
MARKIERUNG: weiß-rot-weiß
HÖCHSTER PUNKT: Allmendhubel, 1907 Meter

DAS BRAUCHE ICH:
- ausreichend Zeit, um das Bergpanorama zu genießen
- Sonnenschutz und Sonnenbrille
- genügend Speicherplatz für die Fotos

Abenteuer 3/5
Natur 5/5
Schwierigkeit 2/5

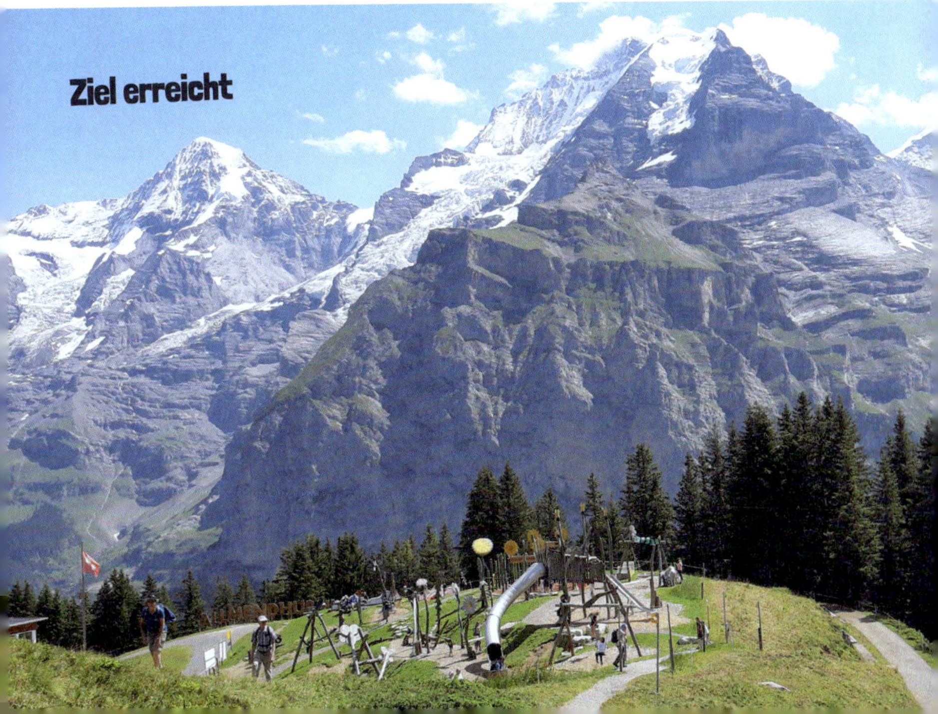

Ziel erreicht

Wilde Lobhörner

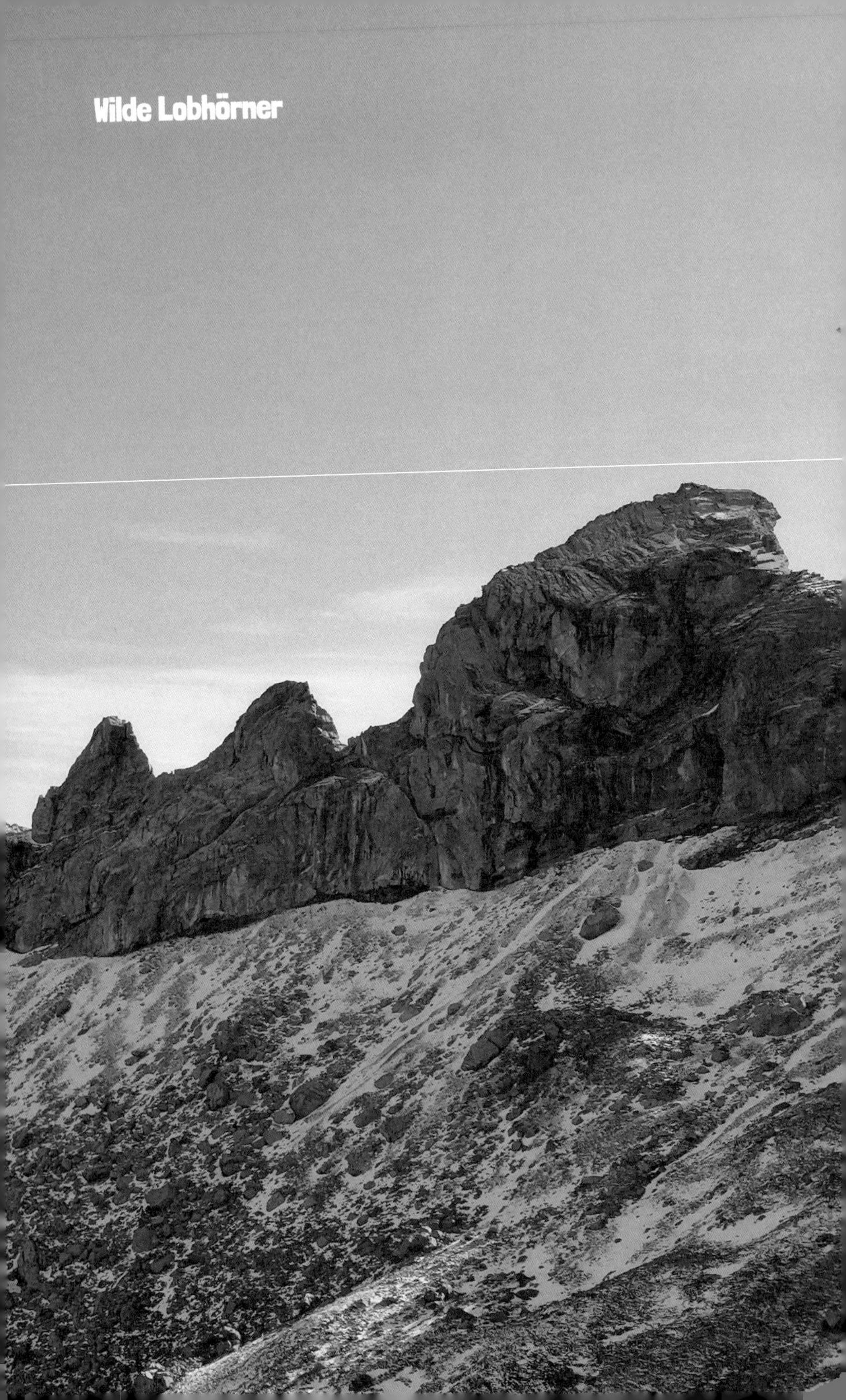

In Reih und Glied stehen die imposanten fünf Felszacken mitten auf dem Grat. Die Gipfelgruppe der Lobhörner ist auch bekannt als die Dolomiten der Schweiz und wer sie einmal gesehen hat, weiß warum. Die Wanderung zu dieser einzigartigen Bergformation umgeben von einer herrlichen Landschaft und mit den besten Aussichten auf die umliegenden Viertausender des Berner Oberlands sollte man sich nicht entgehen lassen!

Die Anreise führt uns an den Anfang des wunderschönen Lauterbrunnentals. Das magische Tal mit seinen 72 Wasserfällen

Rundweg Lobhörner

Die Dolomiten der Schweiz

war Inspirationsquelle von J.R.R. Tolkiens Herr der Ringe. Die steilen Felswände, die das Tal umrahmen, und das endlos scheinende Wasser, das überall in die Tiefe stürzt – kein Wunder, dass es jährlich viele Gäste hierherzieht. Prägend für das Dorfbild von Lauterbrunnen ist der Staubbachfall. Er ist aufgrund seiner Höhe von 300 Metern der wohl bekannteste Wasserfall des Tals und der dritthöchste der Schweiz. Bei genügend Zeit lohnt sich ein Abstecher in das schmucke Tal und ein Besuch der Trümmelbachfälle – die einzigen unterirdisch zugänglichen Gletscherwasserfälle der Welt – oder der beiden etwas höher gelegenen autofreien Dörfer Wengen und Mürren.

Wir fahren heute in den kleinen Ort Isenfluh, wohin eine kurvige und enge Straße vor Lauterbrunnen hochführt. Ab hier nehmen wir eine der wohl kleinsten Gondelbahnen (die offizielle Beladung der Gondelbahn lautet „8 Personen oder eine Kuh“) hoch nach Sulwald, wo wir die Wanderschuhe schnüren und losmarschieren. Der gut markierte Wanderweg führt uns zuerst über viele Wurzeln durch einen schönen, lichten Wald. Er erinnert an einen Märchenwald und so fallen auch die Höhenmeter, die wir kontinuierlich zurücklegen, fast nicht auf. Bald schon lassen wir den Wald hinter uns und hören das Plätschern des Sulsbachs. Entlang ebendiesem wandern wir bis zur Alp Suls. In der Ferne sehen wir bereits die markanten Lobhörner und erahnen, dass diese Wanderung vor allem aufgrund der langen Distanz anstrengend sein wird. Da bringt die Sage zu den Lobhörnern etwas Ablenkung: Wenn der Wind in der Nacht die Türen zuknallen lässt oder schlechtes Wetter von den Lobhörnern herkommt, dann liegt es daran, dass der sogenannte Alte Sulser von den Lobhörnern herabsteigt. So zumindest sagt man sich das in der Region. Und tatsächlich: Wenn die Lobhörner im richtigen Sonnenlicht stehen, so kann man im Grossen Lobhorn ein böses Gesicht erkennen. Etwas weiter rechts im flachen Felszacken folgt dann noch das Abbild eines Hundes. Hierbei handelt es sich um den Alten Sulser und seinen Hund, die vor vielen Jahren die Alp Suls bewohnten. Der Sage nach wurden die beiden versteinert, weil sich der Alte Sulser gegen die Verbindung seiner Tochter mit ihrem Liebsten wehrte.

INFO

Die Lobhörner sind aufgrund ihrer Felszacken und exponierten Lage auch als die Dolomiten der Schweiz bekannt.

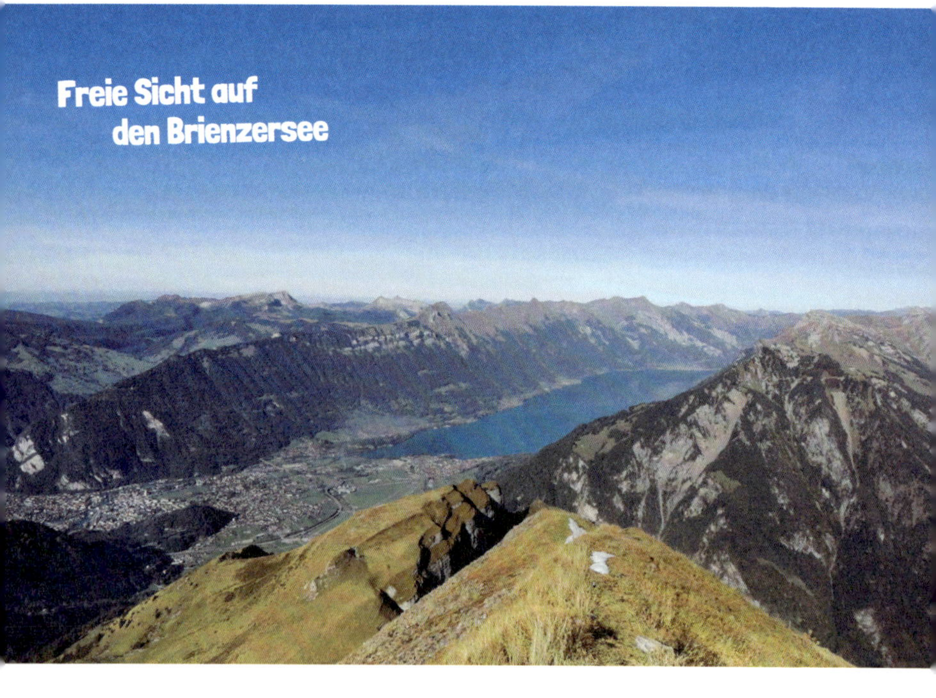

Freie Sicht auf den Brienzersee

Wir nähern uns mit großen Schritten den Lobhörnern, passieren die Sousegg und genießen den Ausblick auf das **berühmte Berner Oberländer Dreigestirn Eiger, Mönch und Jungfrau**. Die Wegweiser führen uns direkt zu den noch vor Kurzem weit entfernt scheinenden Felszacken. Und plötzlich ragen sie vor uns in den Himmel empor. Eine mächtige Erscheinung, wenn wir so direkt davorstehen. Die Lobhörner sind eine Gruppe von fünf Felszähnen, die eindrücklich auf dem Grat stehen. Etwas daneben befindet sich das Klein Lobhorn. Der höchste Punkt der Lobhörner ist 2566 Meter hoch und wird gerne auch erklettert. Über Klein und Gross Lobhorn führt nämlich eine Kletterroute. Mit etwas Glück und einem Fernglas können wir hier die eine oder andere Seilschaft beobachten. Unser Weg führt südlich hinter den Lobhörnern vorbei. Hier ist etwas Schwindelfreiheit und vor allem Trittsicherheit gefragt, denn das Gelände ist steil und teils steinig. Die Aussichten und die **Tuchfühlung mit den steil abfallenden Felswänden** der Lobhörner sind es aber wert! Auf dem Joch zwischen Klein und Gross Lobhorn bietet sich eine kurze Rast an, die sich umgeben von den Lobhörnern und mit Aussicht zu den in der Ferne liegenden Berner Gipfeln gut genießen lässt.

Das macht die Tour einzigartig!

- Imposante Felszacken
- Blick auf Thuner- und Brienzersee
- Direkte Sicht auf Eiger, Mönch und Jungfrau

Wohlgenährt und hoffentlich leicht ausgeruht machen wir uns auf, um den nächsten schwierigen Abschnitt zu meistern. Jetzt ist wiederum Trittsicherheit gefragt, denn es gilt, ein kurzes Geröllfeld direkt nach dem Joch zu überqueren. Haben wir diese Herausforderung geschafft, so befinden wir uns bereits am Kamm der Sulegg. Der Abschnitt durchs Geröllfeld und auch der Abschnitt auf dem bevorstehenden Grat der Sulegg sind teilweise keine offiziellen Routen und daher auch nicht auf der Wanderkarte zu finden. Im Sommer und bei guter Sicht sind die Wege aber dennoch gut erkennbar, da sie oft begangen werden. Etwas Orientierung und eine gute Wanderkarte helfen bei der Wegwahl. Der **Gratweg**, der uns zuerst über die Nideri Sulegg (niedere Sulegg) und dann weiter zur Höji Sulegg (hohe Sulegg) führt, ist einfach atemberaubend! Neben uns eröffnen sich Blicke auf den Thunersee und hinunter ins urige Saxettal. Hinter uns zeigen sich die Lobhörner von einer neuen, nicht weniger spektakulären Seite. Unverkennbar zeigt sich auch das berühmte schneebedeckte Dreigestirn Eiger, Mönch und Jungfrau wieder. Je mehr wir uns der Höij Sulegg nähern, desto mehr erscheint auch vom **türkisgrünen Brienzersee** mit seinen steilen Ufern. Wir kommen aus dem Staunen fast nicht mehr heraus und halten ganz vorne auf der Höij Sulegg inne. Unter uns ist jetzt auch die bekannte Feriendestination Interlaken mit den umliegenden Dörfern zu erkennen. Eingebettet zwischen den beiden Seen lässt sich vermuten, wie Interlaken zu seinem Namen kam. Tatsächlich leitet sich der Name vom lateinischen Begriff „inter lacūs" ab, was so viel wie „zwischen den Seen" bedeutet. Zusammen mit den umliegenden Dörfern nennt man die bewohnte Fläche zwischen Thuner- und Brienzersee auch liebevoll „Bödeli" (kleiner Boden).

Direkt über dem Brienzersee erstreckt sich der Hardergrat entlang der ganzen Länge des Sees. Der Harder – Hausberg von Interlaken – und der dazugehörige Grat sind ebenfalls beliebte Wanderziele der Jungfrau-Region. Auch am Harder gibt es übrigens ein versteinertes Gesicht – das sogenannte Hardermannli – zu entdecken. Unser Weg führt uns nun steil hinunter über den Grashang (auch hier kein offizieller Weg) Richtung Schärihubel und dann zur Lobhornhütte, welche wir bereits erkennen können. Die **Lobhornhütte** ist für mich eine der am schönsten gelegenen SAC-Hütten! Hier ist meine Lieblingsbergkette Eiger, Mönch und Jungfrau zum Greifen nah und dieses unvergleichliche Panorama lässt sich bei einem guten Stück hausgemachtem Kuchen bestens genießen. Und nein, es war kein Märchen, darüber können wir uns sicher sein, wenn wir vollgepackt mit wunderbaren Eindrücken den Abstieg durch den Märchenwald zurück nach Sulwald unter die Füße nehmen. Diese Tour sollte aufgrund ihrer Länge früh gestartet werden. Eine gute Tagesplanung ist wichtig, da das Wetter in den Bergen schnell wechseln kann. Unbedingt auch die letzte Talfahrt der Luftseilbahn sowie den Anschluss an den öffentlichen Nahverkehr für die Rückfahrt beachten!

FAZIT

Eine lange und anspruchsvolle Tour, die Orientierung und Trittsicherheit verlangt. Die unvergleichlichen Ausblicke auf die Lobhörner, die umliegenden Berner Alpen sowie Thuner- und Brienzersee sind die Highlights dieser Wanderung.

GUT ZU WISSEN

14

VON: Sulwald
BIS: Sulwald
LÄNGE: 13 Kilometer
HÖHENMETER: 1075 (hinauf und hinunter)
ETAPPEN: 1
MARKIERUNG: weiß-rot-weiß
HÖCHSTER PUNKT: Punkt: Sattel zwischen Klein und Gross Lobhorn, 2475 Meter

DAS BRAUCHE ICH:

- ausreichend Zeit und eine gute Planung (ÖPNV-Anschluss)
- gutes Schuhwerk, Schwindelfreiheit und Trittsicherheit
- genügend Proviant und Wasser

Abenteuer 4/5
Natur 3/5
Schwierigkeit 5/5

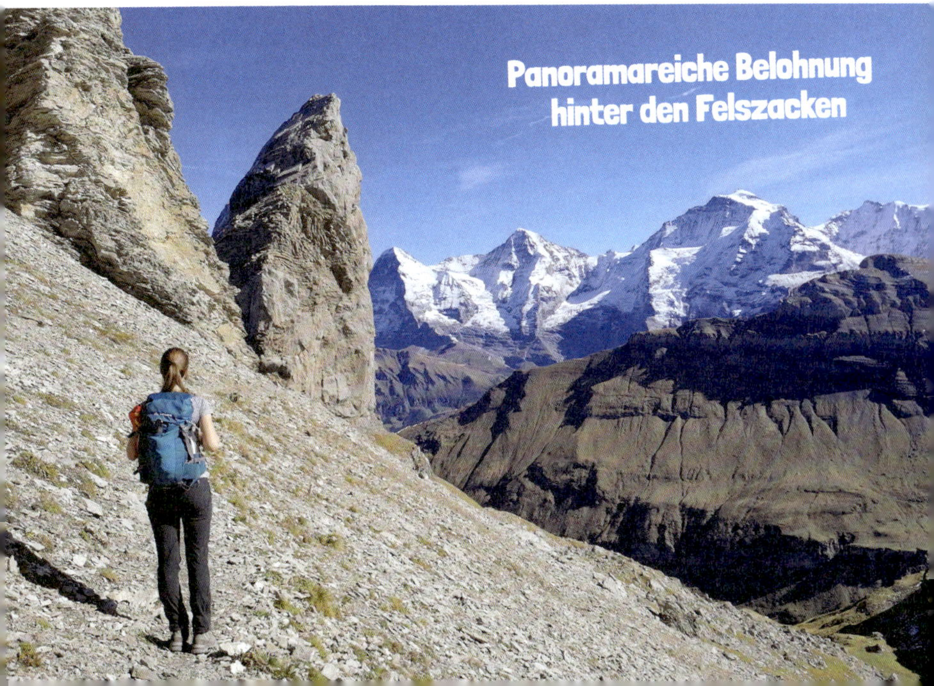

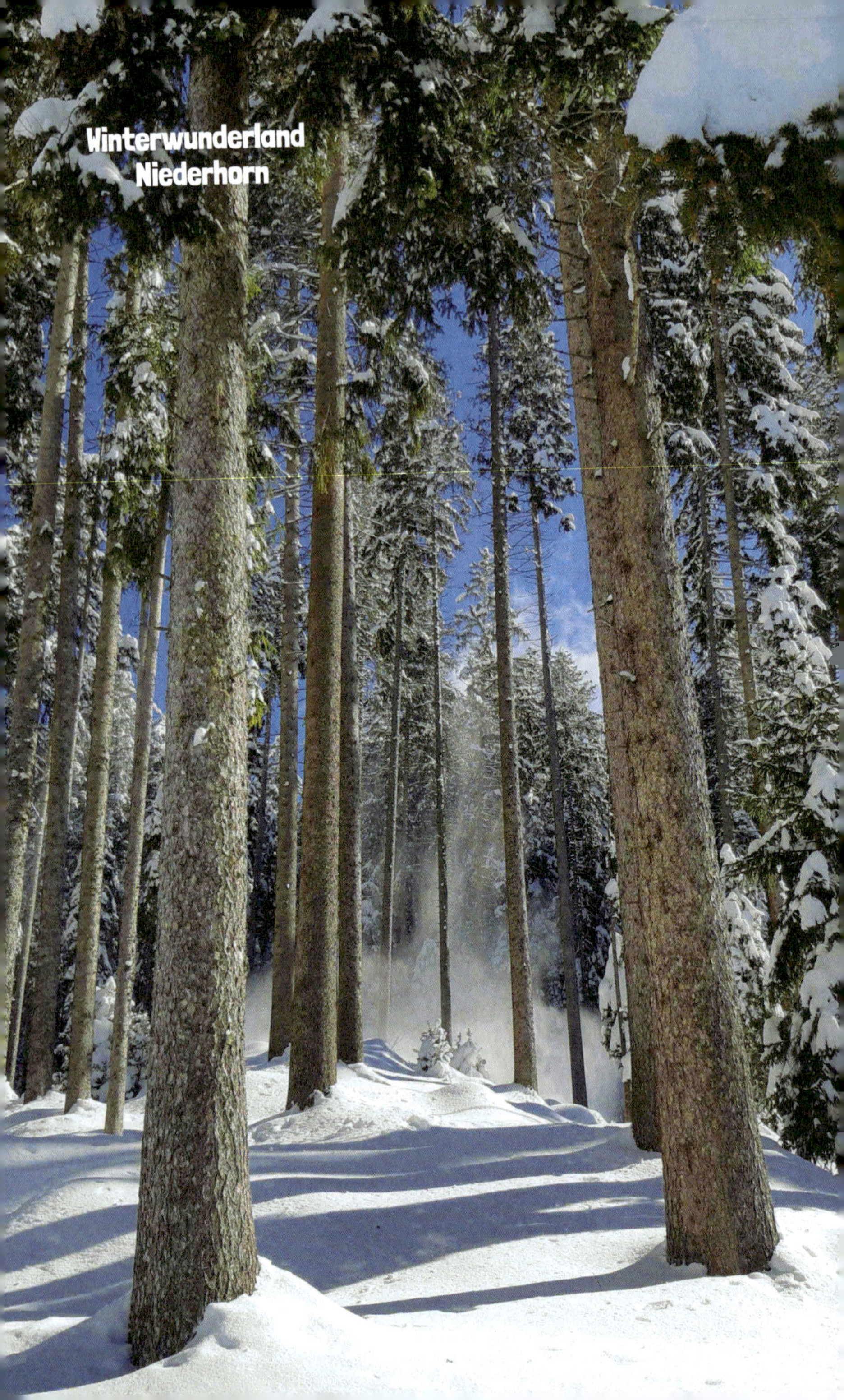
Winterwunderland
Niederhorn

Das alte Sprichwort „Viele Wege führen nach Rom“ wandle ich jeweils gerne zu „Viele Wege führen auf das Niederhorn“ um. Im Winter entschädigt nicht nur die glitzernde Winterlandschaft für den anstrengenden Anstieg, sondern auch die grandiose Aussicht auf dem Gipfel des Niederhorns: das weltbekannte Berner Oberländer Dreigestirn Eiger, Mönch und Jungfrau im Kontrast zum blau schimmernden Thunersee.

Der Aufstieg zum 1963 Meter hohen Niederhorn zählt ganzjährig zu einer meiner Lieblingswanderungen. Viele Varianten bie-

Aufstieg zum Niederhorn

Schneeschuhtour oberhalb des Thunersees

ten sich an, um den Ausflugsberg im Berner Oberland zu besteigen. Das Bergmassiv oberhalb des Dorfes Beatenberg ist markant mit steilen und schroffen Felswänden an der Nordwestflanke und sanft abfallenden Alpwiesen und Wäldern als lieblicher Kontrast im Südosten.

Unsere Winterwanderung startet in Beatenberg-Waldegg, wohin uns das Postauto bequem ab dem Bahnhof Interlaken-West chauffiert hat. Die **Schneeschuhe** haben wir auf dem Rucksack angeschnallt, sodass diese bei viel Neuschnee im Verlauf der Wanderung montiert werden können. Haben schon viele Wanderbegeisterte im Vorfeld die Route begangen und liegt nicht zu viel Schnee, sind die Schneeschuhe entbehrlich, Wander- oder Winterschuhe mit gutem Profil reichen aus. Das Niederhorn bietet zudem viele Kombinationsmöglichkeiten; so muss zum Beispiel nach Erreichen des Ziels nicht unbedingt, wie hier angegeben, die Gondel ins Tal genommen werden. Wer noch fit ist, kann den Abstieg mit den Schneeschuhen in Angriff nehmen. Deshalb empfehle ich, diese immer mitzunehmen, auch wenn sie nur auf dem Rücken statt an den Füßen getragen und nicht eingesetzt werden.

AUFSTIEG ZUM NIEDERHORN

INFO

Die Steinbock-Kolonie am Niederhorn umfasst rund 100 Tiere.

Zu Beginn gehen wir auf einem breiten Winterwanderweg durch ein idyllisches Wäldchen, vorbei an einer einladenden Langlaufloipe und nähern uns dem kleinen Skilift Hohwald. Dieser Abschnitt auf dem breiten Weg ist sicherlich nicht unbedingt das Highlight der Wanderung, doch wir kommen dafür zügig voran. Wir orientieren uns an den pinkfarbenen Wegweisern Richtung Niederhorn, die schon früh angeschrieben sind mit großzügig bemessenen 4 Stunden Wanderzeit. Zu Beginn ist die Wegführung leider nicht immer 100 Prozent eindeutig, doch wenn wir uns Richtung Hohwald halten, kann nichts schiefgehen. Nachdem wir den Skilift hinter uns gelassen haben, wird der Weg stetig idyllischer. Die Schneekristalle glitzern mit der Sonne um die Wette, der (Neu-)Schnee auf den Tannen sieht aus wie gezuckert, zahlreiche **interessante Tierspuren** sind zu entdecken und die kalten Hände erwärmen sich wieder aufgrund der bereits zurückgelegten Höhenmeter.

Wir nähern uns der Chüematte und folgen weiterhin den rosaroten Wegweisern. Zwei unterschiedliche Wege führen nun zum nächsten Zwischenziel: einerseits der Winterwanderweg und andererseits der Schneeschuhweg, die beide zum Unterburgfeld auf 1835 Meter führen. Haben wir die Schneeschuhe dabei, empfehle ich natürlich, dem Schneeschuhpfad zu folgen. Auf der

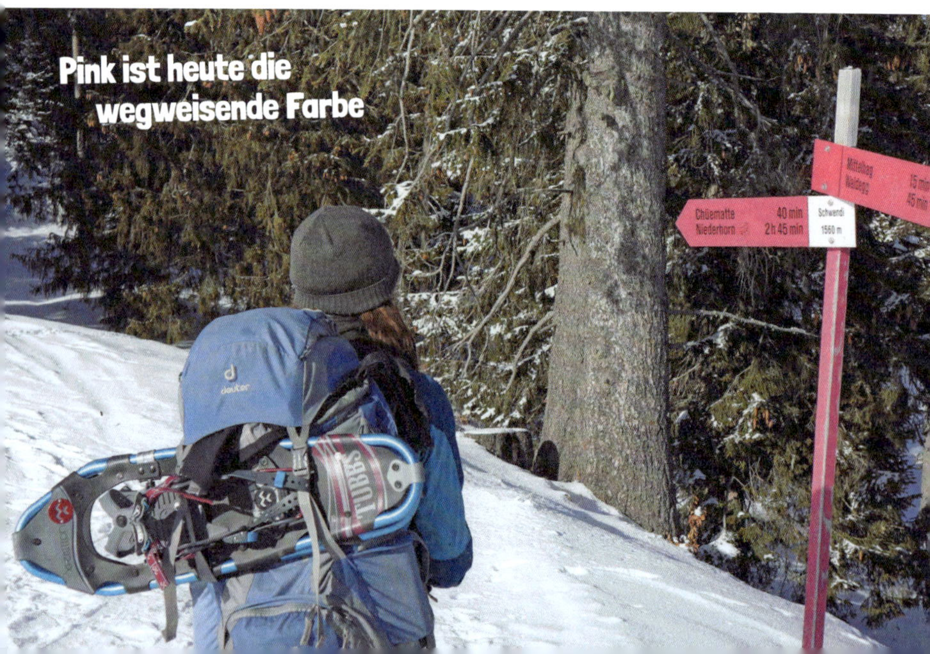

Pink ist heute die wegweisende Farbe

Alp lässt es sich gut pausieren und die Aussicht genießen. Denn spätestens ab hier ist die **Berner Alpenkette** im Blickfeld. Das bekannte Dreigestirn **Eiger, Mönch und Jungfrau** scheint sich direkt vor uns zu erheben. Unten im Tal schimmert der **Thunersee** im Schatten des weltberühmten und markanten Gebirgszugs.

Weiter geht es hinauf via Oberburgfeld zum **Guggisgrat**. Die Aussicht ist jedes Mal aufs Neue einfach unglaublich beeindruckend. Die Alpenkette sowie das verschneite Brienzer Rothorn sehen wir zur linken Hand, das markante Sigriswiler Rothorn zur rechten. Zudem erfolgt ein leichtes Schaudern, senkt man den Blick den steilen Abhang hinunter ins kontrastreiche, **wildromantische Justistal**. So steuern wir staunend dem Endziel der Wanderung entgegen. Dieses ist schon von Weitem anhand des rot-weiß gestreiften Sendeturms sichtbar. Auch wenn der Sendemast auf den ersten Blick etwas die Idylle stören mag, so ist die 89 Meter hohe Nadel stets ein guter Orientierungspunkt im Unterland, wenn man mal wieder nicht weiß, welcher Berg denn nun schon wieder welcher ist.

Das macht die Tour einzigartig!

- Aussicht auf den Thunersee
- Herrlich glitzernde Winterlandschaft
- Chancen auf Tierbeobachtungen

Den verdienten Halt genießen wir im großzügig bemessenen Restaurant bei der Bergstation, welches auch eine einladende Terrasse anbietet. Von hier aus können wir es uns nun in einer Gondel bequem machen, die uns sanft nach Beatenberg hinunterschaukelt. Obwohl Gondel nicht das korrekte Wort ist, denn die Betreiber legen Wert darauf, dass man die korrekte Bezeichnung **„Gruppenumlaufbahn"** verwendet. Die 1997 als Ersatzanlage errichtete Seilbahn ist die erste und bisher einzige Dreiseil-Gruppenumlaufbahn der Schweiz. Darunter versteht man, dass die Kabinen gruppenweise zu dritt laufen. Die Konstruktion hat sich als sehr windstabil erwiesen. So haben wir wieder etwas gelernt und würdigen die Abfahrt umso mehr. Doch Augenschließen und Innehalten sind nicht angesagt: Das Niederhorn mit seinen steilen Flanken bietet Lebensraum für viele alpine Tiere, wie Gämsen oder Alpenschneehühner. Und wer viel Glück hat, kann im Winter sogar **Alpensteinböcke** entdecken. In der kalten und schneereichen Winterzeit steigen die Tiere in tiefere Lagen ab, wo sie mehr Gräser finden als oben auf dem verschneiten Grat. Doch wem das Glück nicht hold ist, dem sei eine Wanderung im Sommer empfohlen. Zu dieser Jahreszeit konnte ich die große Steinbock-Kolonie mit nur wenigen Ausnahmen stets auf dem Grat des Niederhorns beobachten. Und man bekommt definitiv nicht genug davon, den eindrucksvollen Alpenbewohnern mit gebührendem Abstand zuzuschauen.

Die Gruppenumlaufbahn führt uns ins Dorf Beatenberg. Auch hier lernen wir etwas dazu: Das Dorf auf einer Aussichtsterrasse oberhalb des Thunersees bezeichnet sich als das **längste Dorf Europas**. Ob das wirklich zutrifft, weiß jedoch niemand so genau. Immerhin misst es in der Länge 12 Kilometer. Doch nicht nur lang ist es, sondern es weist auch eine spannende Geschichte auf: Nach einer langen Zeit der Abgeschiedenheit als Bergbauerndorf erlangte Beatenberg während der Belle Époque um die Wende vom 19. zum 20. Jahrhundert eine gewisse Bekanntheit. Der sich mit Reisen verlustierende europäische Adel entdeckte die einzigartige und unverwechselbare Schönheit dieses Ortes. Viele hochadlige Herrschaften lernten den Ort schätzen und ließen sich im imposanten Grand Hotel fürstlich empfangen. Nebst dem deutschen Kaiser war der russische Hochadel gerne zu Gast, worauf der Volksmund einen Ortsteil als „Mandschurei“ betitelte.

Nun aber genug Geschichte. Froh sind wir jedenfalls, dass wir die 12 Kilometer nicht mehr zurückwandern müssen, sondern in die Standseilbahn einsteigen können, die von Beatenberg nach Beatenbucht herunterfährt. Von hier starten Buslinien entweder zu unserem Ausgangspunkt Interlaken zurück oder nach Thun.

Übrigens: Auch immer wieder empfehlenswert ist der relativ direkte sowie steile und daher schweißtreibende Aufstieg von Beatenberg auf dem markierten Sommerwanderweg (rot-weiß) via Waldbrand, Haberelegi. Im Gegensatz zu den oben erwähnten Winterwanderwegen trifft man hier auf weniger Wanderer und Wanderinnen und die Schneeschuhe können bestimmt im Verlauf des Aufstiegs montiert werden. Und so wird eben wieder das Sprichwort wahr, dass viele Wege aufs Niederhorn führen.

FAZIT

Das Niederhorn ist ein facettenreicher, markanter Berg. Ihn zu erkunden, lohnt sich, denn er bietet viel Abwechslung und ist insbesondere in der märchenhaften Winterlandschaft unbedingt einen Aufstieg wert.

GUT ZU WISSEN

VON: Beatenberg Waldegg
BIS: Niederhorn
LÄNGE: 10 Kilometer
HÖHENMETER: 810 hinauf
ETAPPEN: 1
MARKIERUNG: pink (Winterwanderweg/Schneeschuhroute)
HÖCHSTER PUNKT: Niederhorn, 1963 Meter

DAS BRAUCHE ICH:

- Winterschuhe mit gutem Profil
- Schneeschuhe bei viel Neuschnee (ansonsten Winterschuhe)
- Fahrplan der Niederhorn-Bahn im Vorfeld prüfen

Abenteuer 3/5
Natur 4/5
Schwierigkeit 3/5

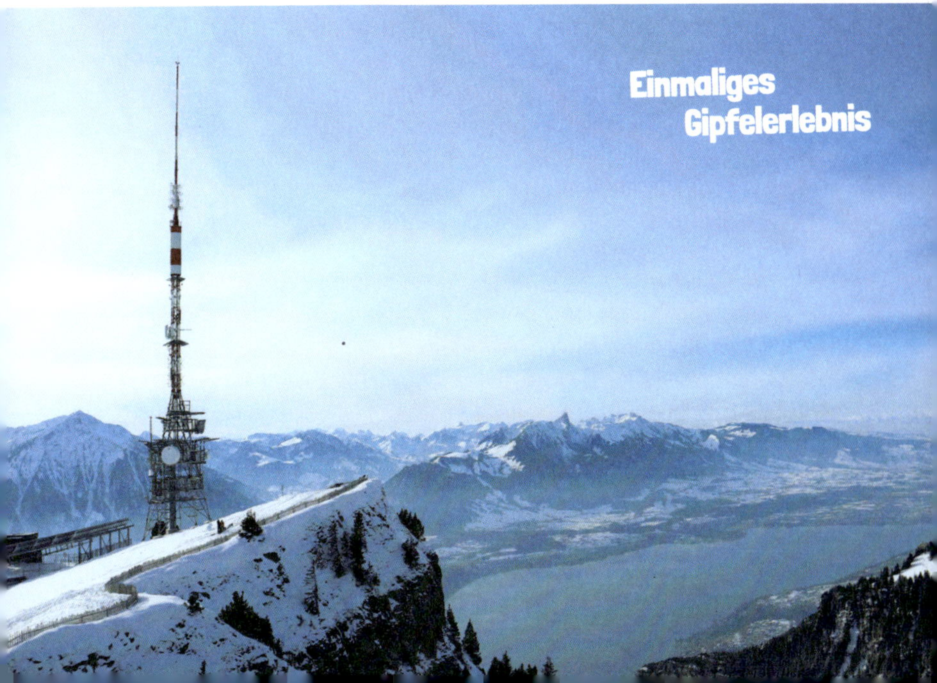

Einmaliges Gipfelerlebnis

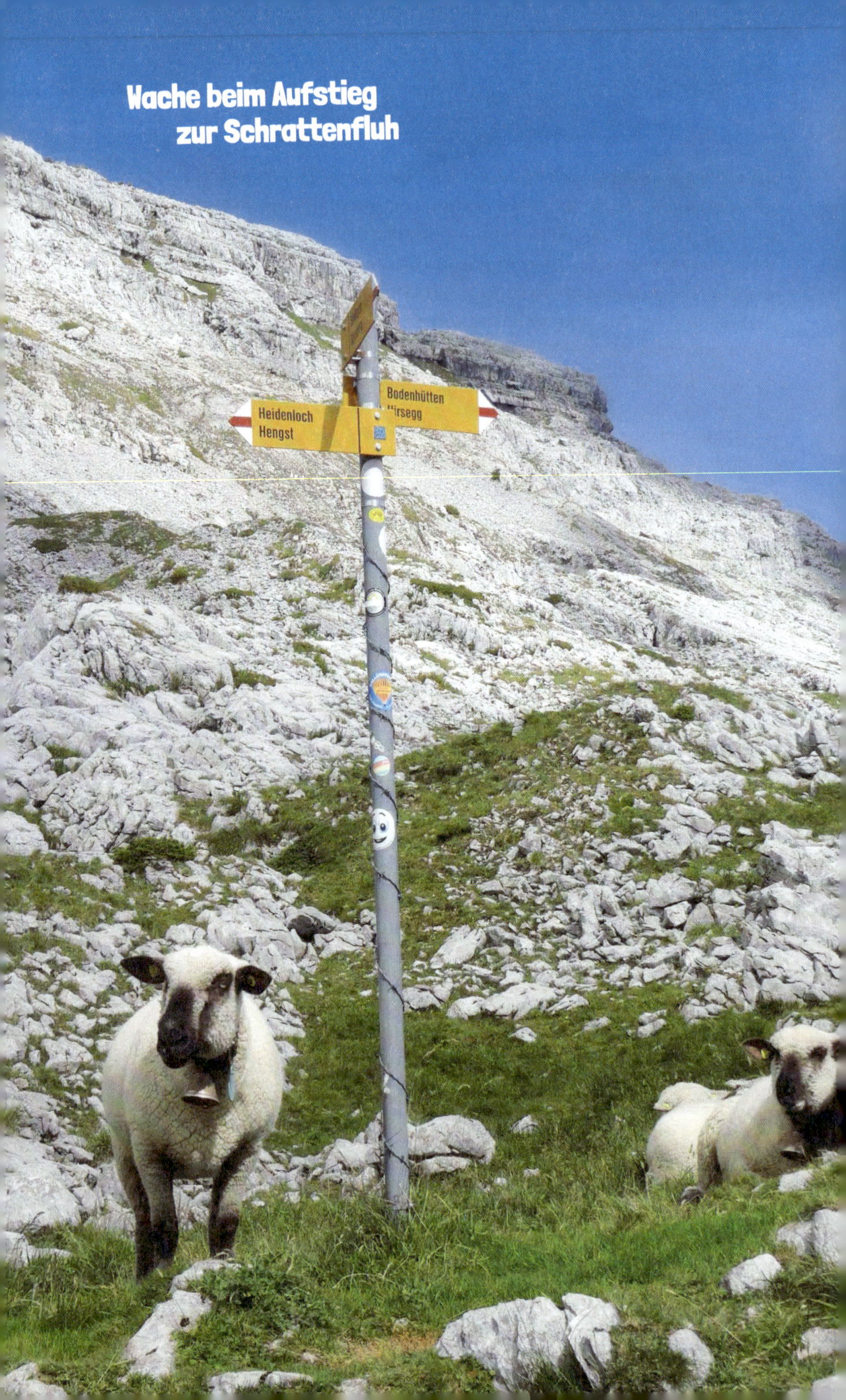

Wache beim Aufstieg zur Schrattenfluh

Aussichtsliebende aufgepasst! Auf dieser 15 Kilometer langen und anspruchsvollen Wanderung zahlt sich jeder zurückgelegte Meter aus, denn die Aussicht vom Hengst, der höchsten Erhebung der Schrattenfluh, ist einmalig! Nicht nur die Berner Alpen zeigen sich. Auch der Titlis, das hügelige Emmental, das flache Mittelland und die Jurakette werden nach der Überquerung der Karstlandschaft sichtbar.

Die Schrattenfluh sticht schon von Weitem ins Auge. Eingebettet in eine liebliche grüne Landschaft fällt das 6 Kilometer lange

Begehung der Schrattenfluh

Durch karstige Mondlandschaft hoch zum Hengst

helle Karstgebirge sofort auf. Im Süden ist es geprägt durch die Schratten im Karst und im Norden fällt es steil ab (Fluh), daher auch die Namensgebung. Markant steht die Schrattenfluh inmitten der **UNESCO-Biosphäre Entlebuch**, umgeben vom hügeligen Luzerner Hinterland und der Gebirgskette des Brienzer Rothorns. Die Anfahrt erfolgt via den Wander- und Skigebiet Sörenberg am Fuße des Brienzer Rothorns. Ausgangspunkt der Wanderung ist das Berggasthaus Salwideli, welches nur per Auto oder zu Fuß erreicht werden kann. Von hier aus steigen wir über eine kurze, aber schöne Strecke durch den Wald zum Wagliseiboden ab. Dort passieren wir die letzte Häusergruppe, bevor wir endgültig in die wunderbare Abgeschiedenheit der Alpwelt abtauchen.

Entlang der Straße marschieren wir zuerst noch auf Asphalt, bald aber schon auf Schotter in Richtung Alp Schlund. Das Sträßchen schlängelt sich ab der Alp Schlund gemütlich bergwärts und uns eröffnet sich eine immer wieder wechselnde Szenerie. Zuerst durchstreifen wir eine **Hochmoorlandschaft** – typisch für die UNESCO-Biosphäre Entlebuch! Vier der 88 bedeutendsten schweizerischen Moorlandschaften sind hier zu

INFO

Die Schrattenfluh ist ein 6 Kilometer langes Karstgebirge in der UNESCO-Biosphäre Entlebuch. Unter den Karstfeldern befindet sich ein weitverzweigtes Höhlensystem.

finden und die sollen besonders geschützt werden. Nicht zuletzt, weil sie wertvollen Lebensraum für diverse bedrohte Pflanzen- und Tierarten bieten. Moorlandschaften entstehen dank eines steten Wasserüberschusses. Hochmoore zeichnen sich zudem speziell durch sehr nährstoff- und sauerstoffarme Bedingungen aus.

Bald schon kommen kürzere, lichte Waldabschnitte. Im Herbst muss hier das Farbspiel fantastisch sein! Heute begnügen wir uns mit dem Beobachten von emsigen Ameisen auf ihren großen Ameisenhaufen und dem Ausschauhalten nach den ersten Pilzen der Saison. Bei der Alp Schlund kreuzen unsere Blicke die von Kühen und Ziegen, die friedlich vor sich hin grasen. Wer nicht mit dem Auto anreist, beginnt die Wanderung am besten bei der Bushaltestelle Sörenberg, Hirsegg, und marschiert von

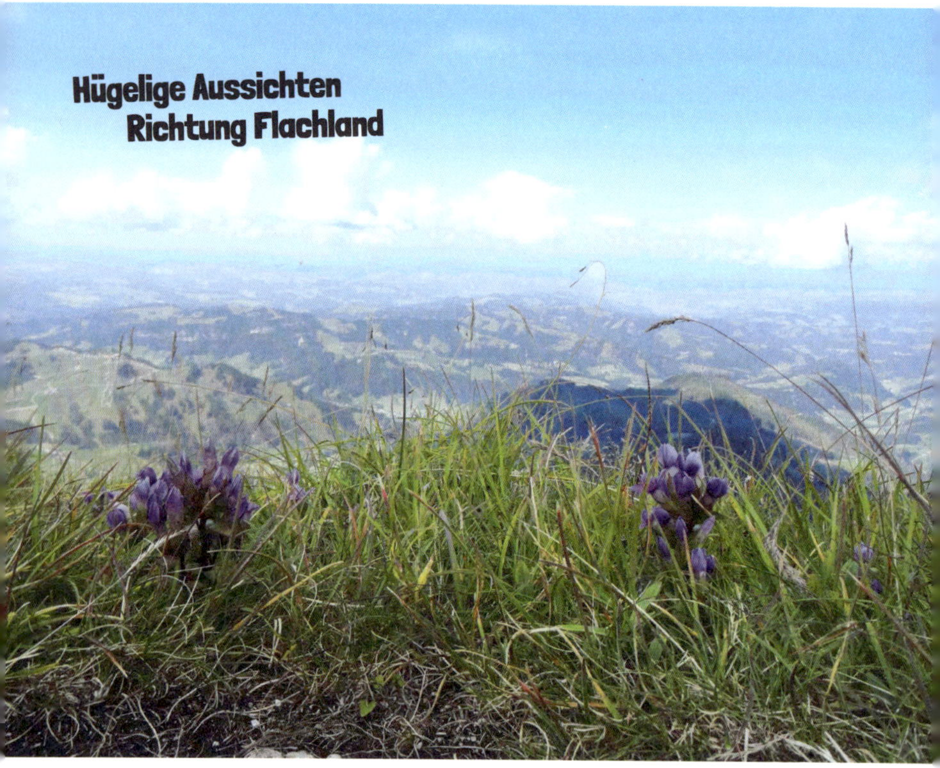
Hügelige Aussichten Richtung Flachland

dort aus direkt hoch zur Alp Schlund. Wir wandern weiter entlang des Sträßchens und erfreuen uns an den ersten Blicken hinunter auf Sörenberg. Bei Silwängen empfehle ich, unbedingt eine kurze Pause einzulegen, um die Tal- und Bergsicht zu genießen. Bei guter Fernsicht kann man sogar den bekannten Titlis sehen. Aber auch bei wenig Sicht lohnt sich die Pause, um die wunderbare Ruhe dieser Landschaft wirken zu lassen und so Kraft für den bevorstehenden Aufstieg zum Hengst zu tanken.

Gestärkt von der kurzen Pause lassen wir die Moos- und Alpenlandschaft hinter uns und begeben uns in die **Karstlandschaft**, die vor uns liegt. Von nun an halten wir stets an, wenn wir die Aussicht genießen wollen, denn der Weg wird alpiner und anspruchsvoller. Ein wachsamer Blick ist gefragt, um den rot-weißen Wanderzeichen auf dem Karstfeld zu folgen und nicht vom Weg abzukommen. Ein Karstfeld ist nämlich stets auch ein Labyrinth und sich durch Unachtsamkeit in dieser grauen, schroffen Landschaft zu verirren ist schneller passiert, als einem lieb ist. Der Landschaftswechsel lässt uns aber automatisch wachsam werden. Die bizarren Gesteinsformationen mit ihren scharfen Kanten sind prägend für den Aufstieg, der vor uns liegt. Vegetation kreuzen wir – wenn überhaupt – nur noch spärlich. Hier und da sehen wir ein paar Polsterpflanzen oder Alpenrosen. Ansonsten bahnen wir uns unseren Weg stets entlang der rot-weißen Markierung über die rissigen Gesteinsplatten, vorbei an tiefen Karstlöchern. Die Schrattenfluh ist nämlich nicht nur oberirdisch ein Highlight, sondern bietet auch unterirdisch Faszinierendes. Ein gigantisches, **weitverzweigtes Höhlensystem** liegt direkt unter uns. Kaum vorstellbar, aber mehr als 50 Kilometer lang ist dieses System. Ein großer Teil davon wird immer noch erforscht und ist nicht öffentlich zugänglich. Bisher haben Höhlenforschende hier einzigartige Relikte von Bären, Elchen und anderen Wirbeltieren gefunden. Im Winter sind die Höhlen ein wichtiger Zufluchtsort für Fle-

Das macht die Tour einzigartig!

- **Die vielseitige Landschaft**
- **Überquerung eines Karstfeldes**
- **Sicht auf die Alpen und über das Flachland**

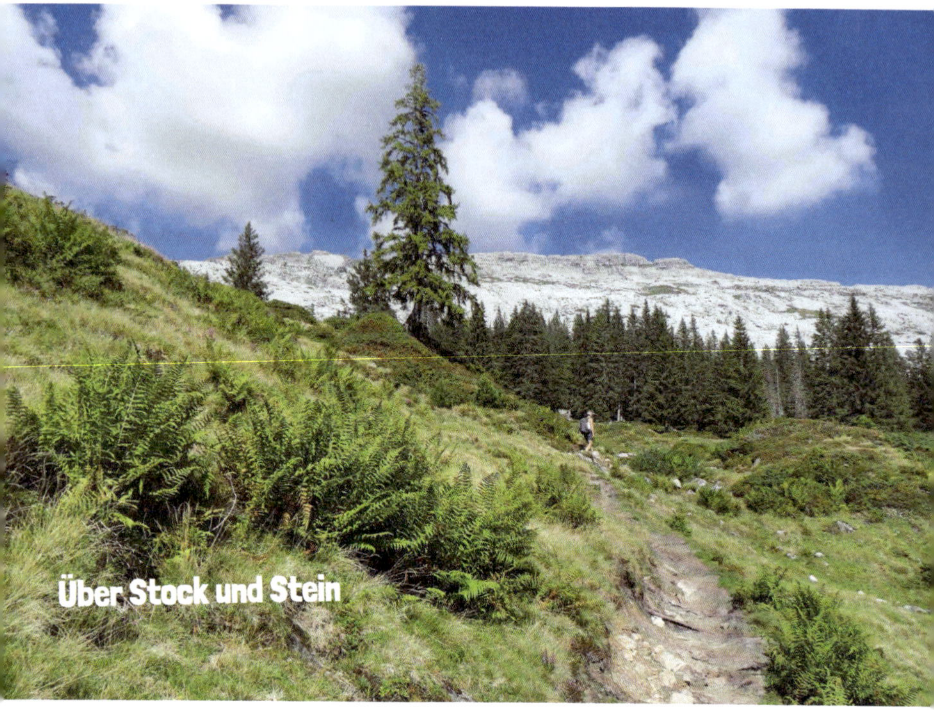

dermäuse, welche hier überwintern. Die uralte Tropfsteinhöhle bei der Alp Silwängen kann auf einer geführten Exkursion begangen werden – ein einmaliges Erlebnis! Unser Blick kehrt zurück auf das Karrenfeld und die angsteinflößenden Furchen. Glauben wir der Sage, so sind die Rinnen im Karst der Schrattenfluh auf einen Teufel zurückzuführen. Dieser soll mit seinen Krallen die fruchtbare Erde weggekratzt haben, um einen Älpler zu bestrafen, der seinen Bruder betrogen hatte. Glauben wir jedoch der Wissenschaft, so sind die Muster und Höhlen im Kalkstein stark durch die Verwitterung vom leicht sauren Regen geprägt. Der Kalk der Schrattenfluh ist eine Meeresablagerung aus der frühen Kreidezeit. Aus einem früheren Urmeer sehen wir versteinerte Muscheln und andere Fossilien.

Vor lauter „Aufmerksam-auf-den-Weg-Schauen" bemerken wir fast nicht, dass wir zügig einige Höhenmeter zurücklegen.

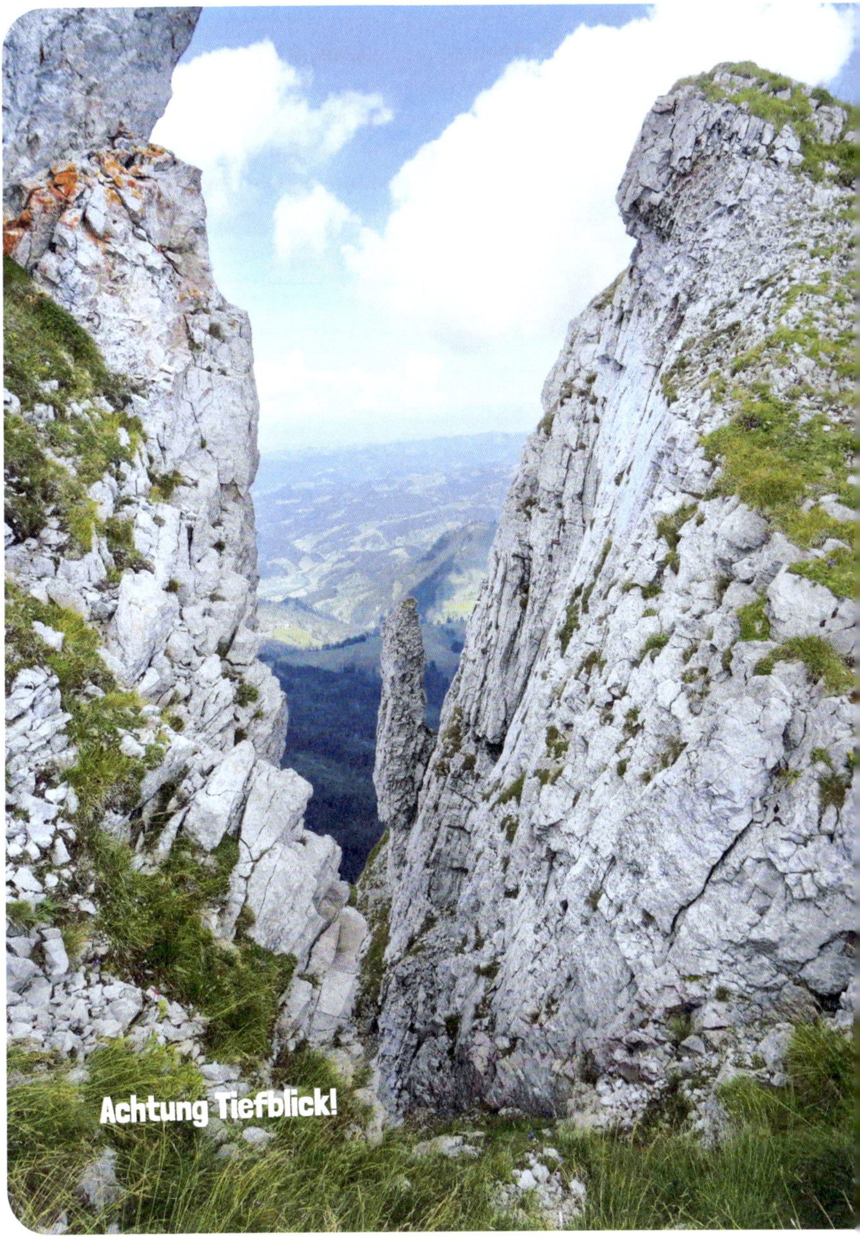
Achtung Tiefblick!

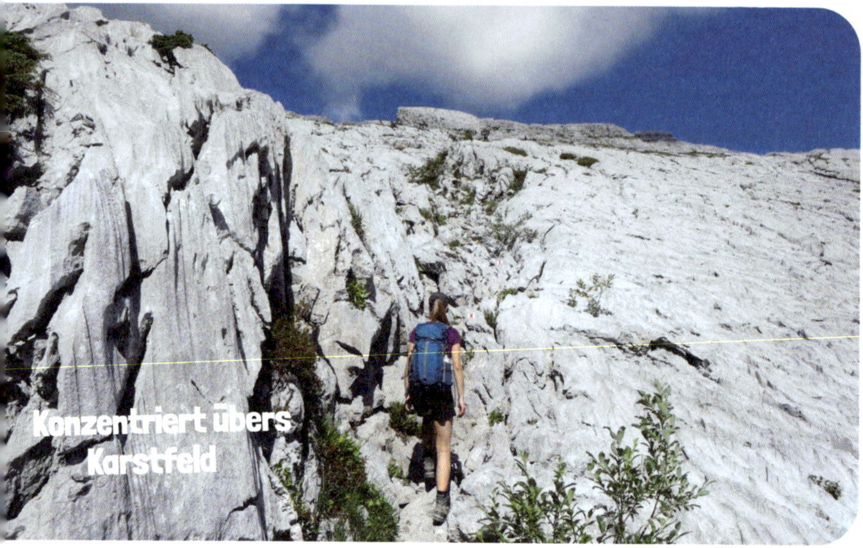

Konzentriert übers Karstfeld

FAZIT

Eine herrliche Wanderung durch abwechslungsreiches Gelände hoch auf den Hengst. Inmitten der UNESCO-Biosphäre Entlebuch gelegen, bietet das Karstgebirge eine unglaubliche Rundsicht, die von Hügellandschaften bis hin zu den Berner Hochalpen reicht.

Erst als sich die Landschaft abermals ändert, wir langsam wieder mehr Vegetation unter den Füßen haben und das Blöken der Schafe in unseren Ohren ertönt, merken wir, dass wir bereits den Hengst sehen. Die Durchquerung einer Ebene und einen kurzen Grataufstieg später stehen wir bereits oben auf dem prächtigen Gipfel des Hengsts! Mit seinen 2091 Metern ist er der höchste Gipfel der Schrattenfluh. Die Belohnung dieser Besteigung ist eine **umfassende Rundsicht** über die Hügelwelt des Entlebuchs, die Flächen des Mittellands bis hin zum Jura auf der einen Seite und zur Brienzer-Rothorn-Kette sowie den dahinterliegenden Berner Hochalpen auf der anderen Seite. Vor uns liegt der ebenfalls aussichtsreiche Höhenweg zum Fuße des Schibengütsch. Optional kann dieser Gipfel auch noch bestiegen werden. Wir machen uns jedoch auf den Rückweg und steigen kurz vor dem Schibengütsch hinunter Richtung Chlushütte, welche wir aber nicht passieren. Der Abstieg führt steil talwärts nach Ober Imbärgli und von da an sanft absteigend zu einer weiteren Alphütte. Hier verlässt der Wanderweg die Zufahrtsstraße der Alp und führt über die Weiden hinunter zurück durch die Moorlandschaft zu unserem Ausgangspunkt Salwideli.

GUT ZU WISSEN

VON: Berggasthaus Salwideli
BIS: Berggasthaus Salwideli
LÄNGE: 15 Kilometer
HÖHENMETER: 1013 (hinauf und hinunter)
ETAPPEN: 1
MARKIERUNG: weiß-rot-weiß
HÖCHSTER PUNKT: Hengst, 2091 Meter

DAS BRAUCHE ICH:

- gute Trittsicherheit beim Überqueren des Karstfeldes
- feste Wanderschuhe mit gutem Profil
- genügend Ausdauer für die knapp 15 Kilometer und 1013 Höhenmeter

Abenteuer
Natur
Schwierigkeit

Nächster Halt: Hochmoorlandschaft

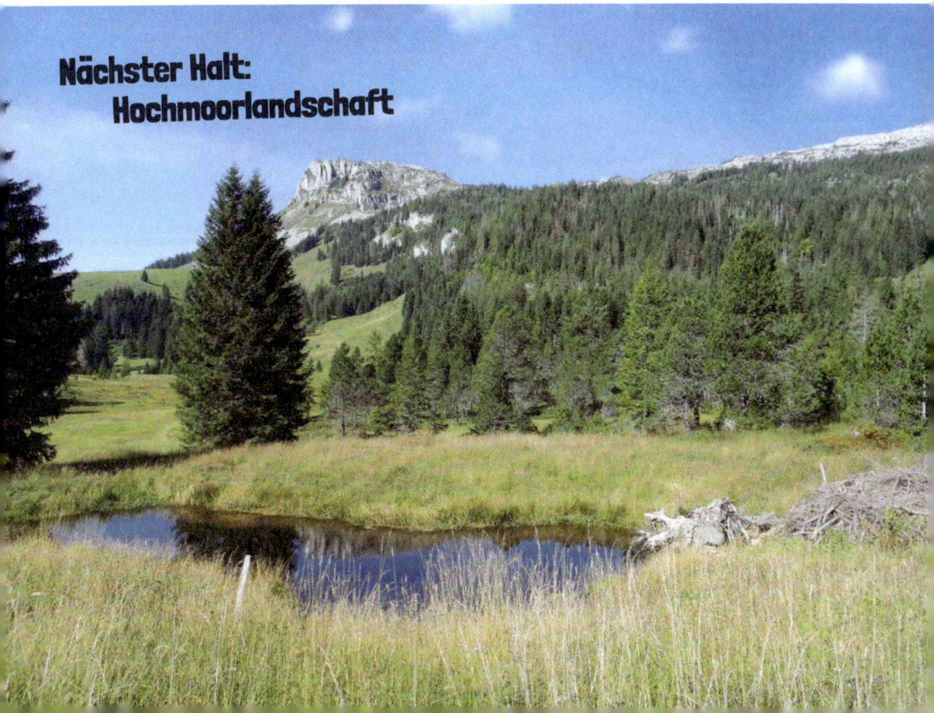

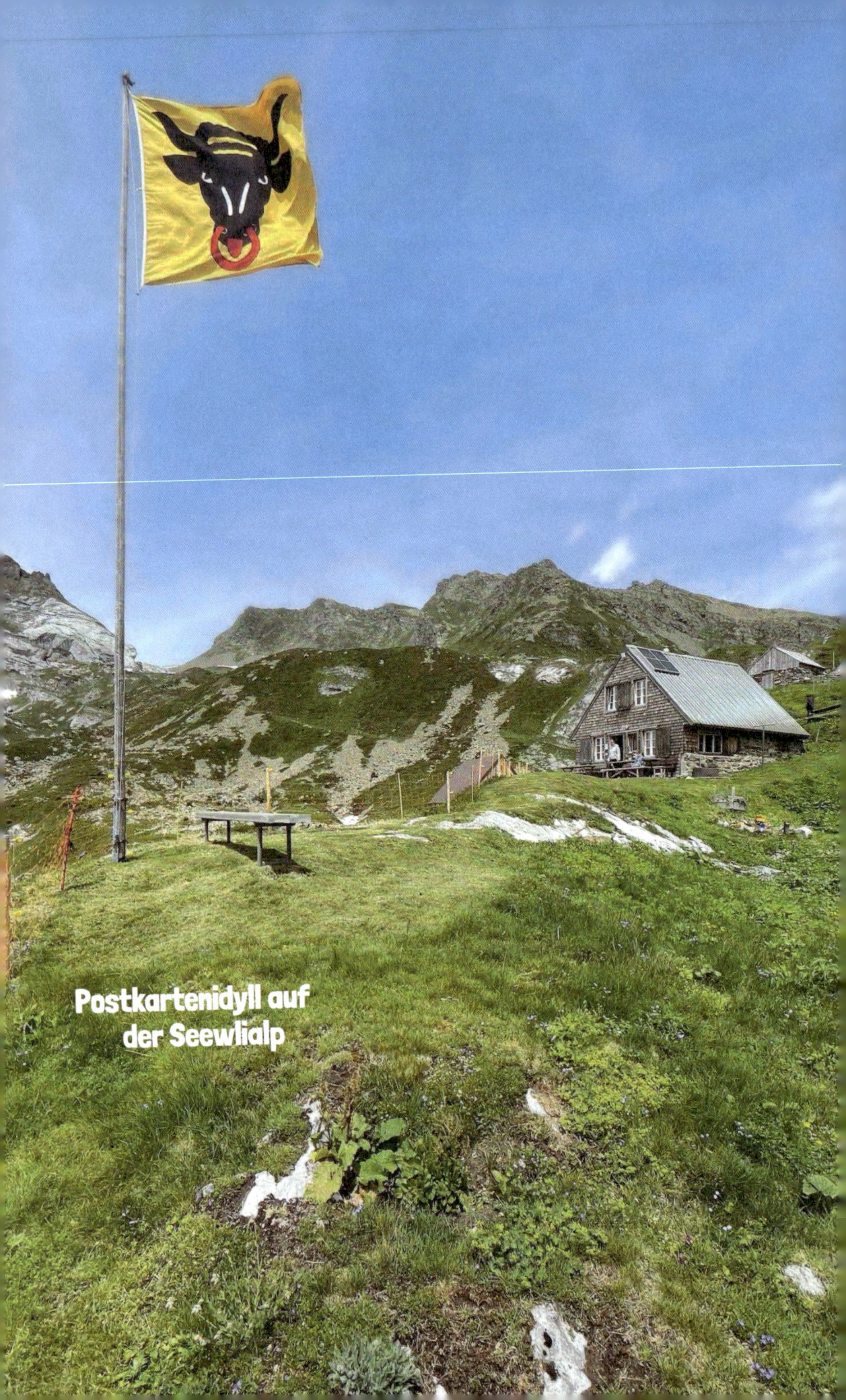

Postkartenidyll auf der Seewlialp

Postkartenidyll inmitten der ursprünglichen Innerschweiz: Weidende Kühe beim türkisfarbenen Seewlisee, traditionelle Alpwirtschaften, bunte Alpenblumen, ein erfrischender Wasserfall und saftig grüne Wiesen im Kontrast zur schroffen Bergwelt prägen unsere Wanderung. Diese Idylle im Urnerland müssen wir uns aber mit einer abenteuerlichen Seilbahnfahrt und einem anstrengenden Aufstieg zuerst verdienen.

Diese Wanderung würde ich (noch) als Geheimtipp bezeichnen. Aufgrund der beschränkten Seilbahn-Infrastruktur und der

Überquerung des Seewligrats

Karibik-Feeling im Urner Hochgebirge

doch recht langen Wanderung begegnen wir kaum Gleichgesinnten. Ich hoffe, dass diese ursprüngliche Region auch künftig nicht überrannt wird. Trotzdem möchte ich das Erlebnis dieser wunderschönen Bergwanderung nicht für mich behalten und gönne jeder und jedem dieses einmalige Wander-Glücksgefühl. Um dieses nicht zu gefährden, muss im Vorfeld unbedingt die Wettervorhersage beachtet werden. Denn bei Föhnsturm (ortstypischer warmer Fallwind) kann der Betrieb der Seilbahn kurzfristig eingestellt werden.

Ausgangspunkt unserer Wanderung ist das Dörfchen Silenen im Kanton Uri. Die heutige Tour wird uns in ein anderes Tal führen, weshalb wir auf den Bus angewiesen sind. Wir steigen beim Halt Silenen Dägerlohn aus und nach wenigen Minuten erreichen wir die kleine Talstation der Luftseilbahn Chilcherberge. Beim Anblick der Seilbahn schnellt unser Puls in die Höhe: Die Fahrt mit dieser **Freiluft-Gondel** ist für sich allein schon ein Erlebnis. Die Bezeichnung „Gondel“ ist ein wenig übertrieben, es handelt sich nämlich um eine überdachte Holzkiste, welche seitlich nur mit einem Holzbrettchen gesichert ist – Aussicht und frische Luft sind dabei garantiert! Pro Fahrt können nur vier Personen mitfahren, dementsprechend können Wartezeiten entstehen. Die siebenminütige Fahrt muss beim Älpler via Seilbahn-Telefon angemeldet werden, bezahlt wird unkompliziert oben bei der Bergstation. Wer sich beim Einsteigen in diese Kiste etwas mulmig fühlt, dem sei gesagt, dass der Kanton Uri mit über 30 Seilbahnen sozusagen das Schweizer **Seilbahn-Eldorado** ist. Ursprünglich wurden die Seilbahnen zur Erschließung der alpinen und steilen Landwirtschaftsbetriebe gebaut. Heute dienen sie glücklicherweise auch dem Wandervolk. Insgesamt 23.000 Höhenmeter überwinden die oft offenen „Bähnli“, und dies in sicherer Manier. Mit diesem Wissen steigen wir beruhigt ein und schweben überraschend sanft mit herrlichem Panoramablick hoch zur Bergstation Chilcherberge. Mit leicht zittrigen Beinen steigen wir nach der abenteuerlichen Fahrt aus und freuen uns, den weiteren Aufstieg selber unter die Füße zu nehmen.

INFO

Der typische warme Föhnwind wird in der Zentralschweiz scherzhaft als ältester Urner bezeichnet.

Zuerst wandern wir steil durch einen Schatten spendenden Wald auf angenehm weichen Pfaden. Sobald wir die Waldgren-

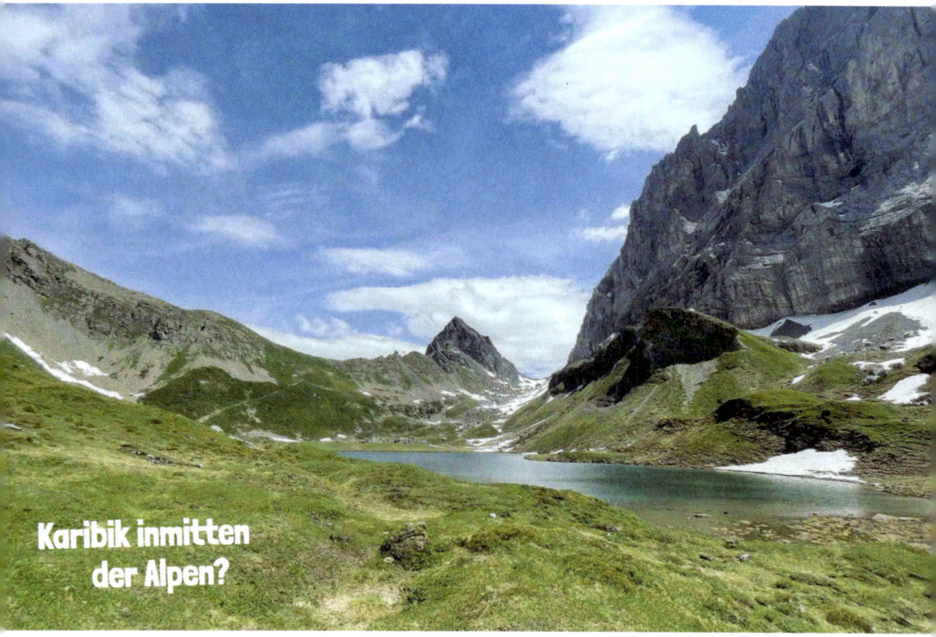

ze hinter uns gelassen haben, werfen wir einen Blick zurück. Die Ortschaften Erstfeld und Silenen sehen wir nun in weiter Ferne im Reusstal – **umgeben von der steilen Urner Bergwelt**. Allen voran thront die markante Pyramide des 3073 Meter hohen Bristen. Im oberen Drittel biegt ein Weg nach links ab, welcher mit „Hexensteig" markiert ist. Dabei handelt es sich um einen Klettersteig, welcher aber nur mit entsprechender Ausrüstung begangen werden kann (Klettersteig-Set, Helm und Erfahrung werden zwingend benötigt). Wir aber folgen unserem rot-weiß ausgeschilderten Wanderweg. Nachdem wir den Großteil der Höhenmeter hinter uns gelassen haben, eröffnen sich auf dem Ausläufer der Riedersegg herrliche Ausblicke. Dazu laden perfekt positionierte „Bänkli" (Sitzbänke) ein. Ist man im Spätsommer unterwegs, so können am Rastplatz direkt saftige Heidelbeeren geerntet und genüsslich verschlungen werden. Vorsichtig sollten wir bei den zum Verwechseln ähnlichen Rauschbeeren sein, welchen es neben den Heidelbeeren ganz gut zu gefallen scheint. Diese können zu Verdauungsproblemen führen, was wir hier oben zu vermeiden versuchen … Wir erfreuen uns lieber an den vielen **blauen Enzianen und den roten Alpenrosen**. Unser Ziel, der Seewlisee, liegt noch verborgen, die Seewlialp und den Seewligrat können wir aber schon erspähen.

Das macht die Tour einzigartig!

- Postkartenidylle am Seewlisee
- Freiluft-Seilbahn Chilcherberge
- Farbenreiche Alpenblumen

Weiter führt der Weg uns nun auf leicht abschüssigen Wiesenpfaden vorbei an einem erfrischenden Wasserfall, welcher ein Vorgeschmack auf den kühlen Seewlisee ist. Nach einer Abzweigung erreichen wir auch schon kurz darauf unser Ziel und wir stehen staunend in der „Urner Karibik". Der türkisfarbene Seewlisee ist ein wahrer Hingucker. Vor allem bei windstillen Bedingungen punktet das Gewässer im Kontrast zur rauen und schroffen Berglandschaft. Die zahlreichen Alpenblumen wie beispielsweise die Feuerlilie oder die Alpenanemone vervollkommnen das malerische Bild. Vor uns türmt sich der 3187 Meter hohe Gross Windgällen auf, dessen steile Nordwand in Richtung Seewlisee abfällt. Dieser ist mit neun Hektar der größte natürliche Bergsee im Kanton Uri und liegt gut geschützt vor dem Nordwind und Föhn.

Wir pausieren bei diesem wunderbaren Ausblick, halten mit unseren Feldstechern nach **Steinböcken** und den diversen **Murmeltieren** Ausschau und den Mutigen sei ein Bad im eiskalten Gewässer empfohlen. Vor dem weiteren Aufstieg gönnen wir uns im nahe gelegenen bewirteten Alpbeizli Seewlialp eine willkommene Stärkung. In der Hauptsaison besteht die Chance, dass uns leckere und nahrhafte Älplermagronen (typisches Urner Gericht mit Teigwaren, Kartoffeln, Rahm, Zwiebeln und Käse) aufgetischt werden. Die vor uns wehende große gelbe Uri-Flagge mit dem schwarzen Wappen(s)tier bietet für Fotos ein wunderschönes Motiv. Wem die Wanderung in einem Tag zu viel ist, dem bietet die Seewlialp Übernachtungsmöglichkeiten an.

Wir wandern weiter in Richtung **Seewligrat** und auf dem Weg nach oben lohnt es sich immer mal wieder, einen Blick zurück auf den Seewlisee zu werfen. Wir erreichen bald den höchsten Punkt unserer Wanderung mit dem Seewligrat auf 2245 Metern. Vor uns sehen wir das Griesstal und unser Weg führt nun abwärts auf steinigem Untergrund zum Talboden, wo wir eine verlassene Alpwirtschaft passieren. Den Höhenunterschied haben wir jetzt größtenteils bewältigt und der nun ebene Wanderweg ist eine Wohltat für unsere langsam müden Beine. Das Alpbeizli Sittlisalp Vorderer Boden kommt in unser Sichtfeld und schon bald stehen wir wieder vor einer Seilbahn. Die Fahrpläne sollten unbedingt im Vorfeld geprüft werden, denn beim Verpassen der letzten Gondel muss ab der Sittlisalp ein längerer Fußmarsch via Brunni und dem Brunnital in Kauf genommen werden. Dies möchten wir unseren Gelenken nicht unbedingt zumuten und bevorzugen deshalb die Fahrt mit der (dieses Mal unspektakulären) Seilbahn. Ganz zurücklehnen können wir uns jedoch noch nicht, denn von der Talstation aus folgt noch das ca. 2 Kilometer lange letzte Teilstück bis zu unserer Bushaltestelle Unterschächen Post. Die Erinnerung an den Farbtupfer des türkisfarbenen Seewlisee als Kontrast zur rauen Alpin-Landschaft wird den sicherlich folgenden Muskelkater ein wenig lindern.

FAZIT

Fernab des Massentourismus wandert man hoch zum türkisfarbenen Seewlisee – ein wenig Karibik-Feeling inmitten der schroffen, aber wunderschönen Urner Alpenwelt.

GUT ZU WISSEN

VON: Chilcherberge
BIS: Unterschächen
LÄNGE: 16 Kilometer
HÖHENMETER: 1450 hinauf, 1100 hinunter
ETAPPEN: 1
MARKIERUNG: weiß-rot-weiß
HÖCHSTER PUNKT: Seewligrat, 2245 Meter

DAS BRAUCHE ICH:

- Badesachen für Hartgesottene, welche ein Bad im Seewlisee wagen
- warme Kleidung für den Seewligrat
- vorab Wetter-Prognose und Fahrpläne der Seilbahnen prüfen

Abenteuer 4/5
Natur 5/5
Schwierigkeit 5/5

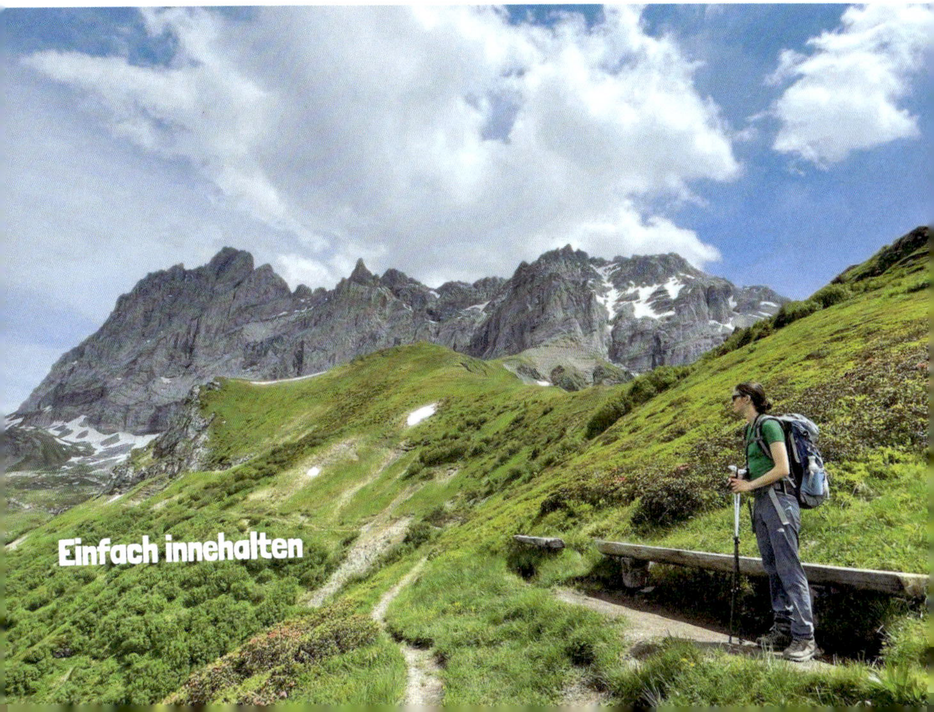

Einfach innehalten

Auf schmalem Grat

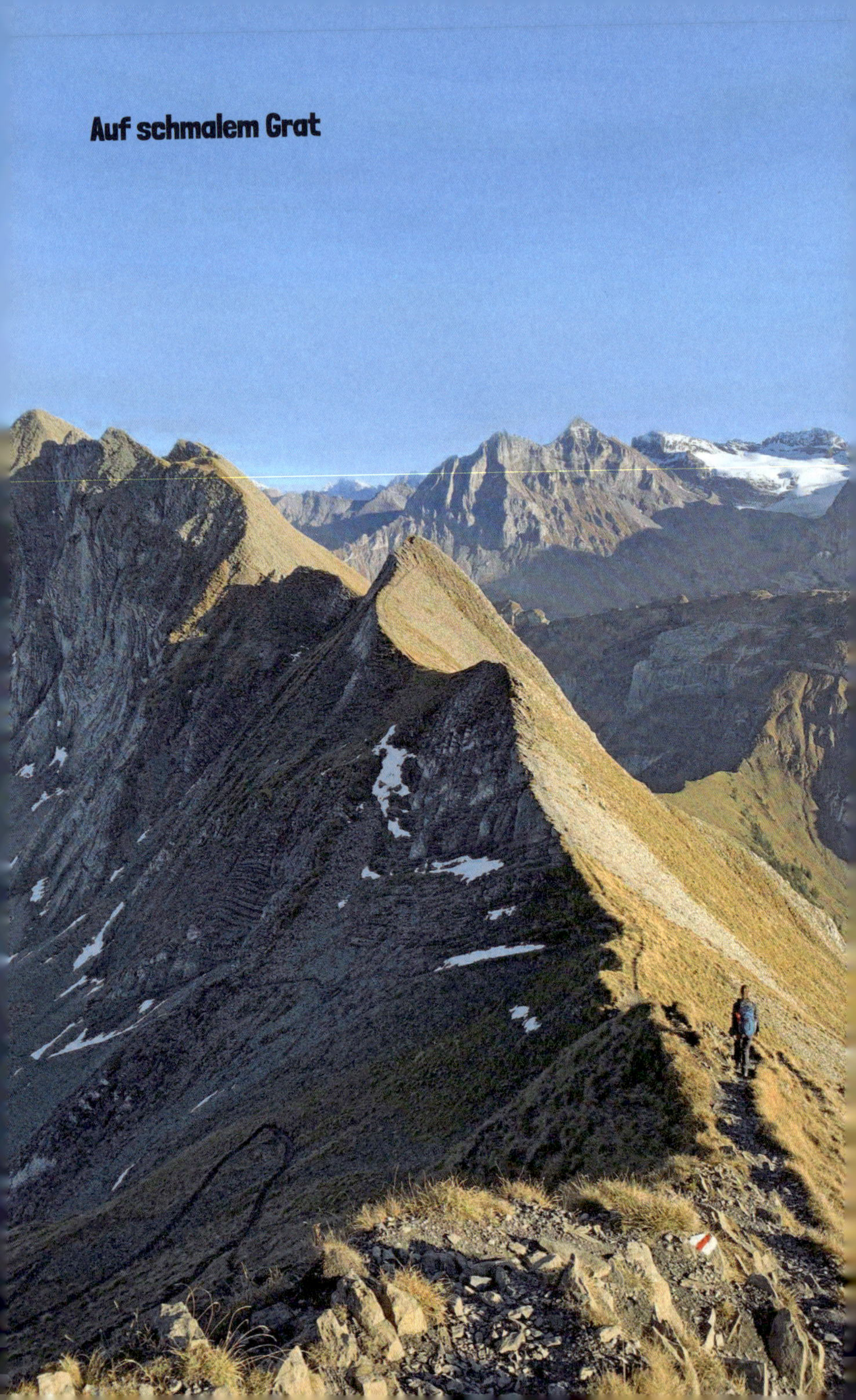

Die Wanderung mit einem anspruchsvollen Aufstieg über den Haldigrat hoch zum Brisen hat es in sich. Ich empfehle, die Wanderung auf zwei Etappen aufzuteilen. Die Überschreitung wäre durchaus in einem Tag zu schaffen, doch befürworte ich, im „Brisenhaus“ zu übernachten. Dies ermöglicht uns, die Bergwelt auch abends/morgens zu genießen und das Wandererlebnis am zweiten Tag mit einem Abstecher zu einem weiteren Berggipfel abzurunden.

Heute machen wir uns auf in die Urner Alpen. Schon von Weitem können wir unser Ziel sehen: den markanten Brisen, auch

Überschreitung des Brisens

Abenteuer auf der Gratwanderung

als Pyramide der Zentralschweiz bezeichnet, der auf der Kantonsgrenze zwischen Nidwalden und Uri liegt. Wir starten bei der Luftseilbahn Dallenwil-Niederrickenbach, welche uns zum Ausgangspunkt unserer Wanderung hochgondelt, dem Weiler Niederrickenbach.

Niederrickenbach gilt es nun zu durchqueren, eilen sollten wir hierbei jedoch nicht aufgrund der spannenden Ortsgeschichte. Inmitten des Wallfahrtsortes „Maria-Niederrickenbach“ wurde im Jahre 1864 eine kleine Wallfahrtskapelle erbaut. Diese geschichtsträchtige Kapelle führte dazu, dass im 19. Jahrhundert jährlich Tausende Pilger und Pilgerinnen nach Niederrickenbach aufbrachen. Zu jener Zeit wurde das **Kloster Maria-Rickenbach** gebaut, in welchem bis heute Schwestern des Benediktiner-Ordens leben und arbeiten.

Doch auch wer mit Wallfahrtsorten nicht so viel anfangen kann, der spürt die wohltuende Ruhe im autofreien Ort, welcher sich selbst als **„die natürlichste Energiezentrale der Schweiz“** betitelt. So marschieren wir mit frisch getankter Energie weiter in Richtung unseres eigentlichen Ziels. Nach kurzer Zeit kommen wir beim Alpboden zu einer Sesselbahn, die wir entweder sportlich ignorieren oder mit der wir gemütlich die ersten 700 Höhenmeter zurücklegen bis zur Bergstation Haldigrat (1937 Meter). Heute nehmen wir aufgrund der aufziehenden Regenwolken die Sesselbahn und schaukeln gemütlich hoch. Jetzt ist aber definitiv genug mit Energietanken und Gemütlichkeit. Der **Haldigrat** liegt imposant vor uns und keine Seilbahn nimmt uns glücklicherweise den spannenden Aufstieg ab.

INFO

Auf dem markanten Brisen hat man fast die ganze Zentralschweiz im Blick.

Meter für Meter steigen wir konzentriert auf dem zu Beginn noch breiten Grat hoch. Bei Nässe sollte der Grat nicht begangen werden, ansonsten ist der Weg per se nicht gefährlich, da keine absturzgefährdeten Stellen zu passieren sind. Doch **schwindelfrei** sollte man im Großen und Ganzen schon sein. Einige Stellen sind nichts für schwache Nerven. So kommen uns vereinzelte Berggänger und Berggängerinnen entgegen, welche sich für eine Umkehr entschlossen haben. Dies ist sicher dem Umstand geschuldet, dass man den weiteren Verlauf des stets steiler und enger werdenden Grates eindrucksvoll vor sich sieht und man sich fragt, wie um Himmels willen man da hochkommen soll. Meiner Meinung nach ist der Anblick jedoch angsteinflößender

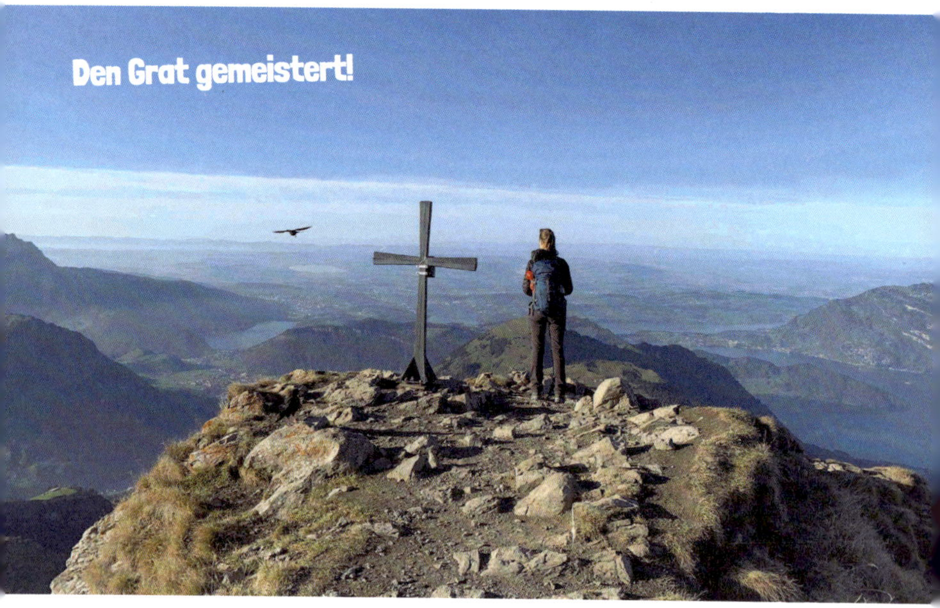

Den Grat gemeistert!

als die tatsächliche Begehung – sogar ich als nicht immer schwindelfreie Person komme ohne Angstattacken hoch. Atemberaubende Ausblicke zur Linken und Rechten lassen die leicht zittrigen Beine vergessen und schon bald stehen wir oben. Der 2404 Meter hohe **Brisen** bietet eine fantastische Rundumsicht. Stolz blicken wir zurück auf die gemeisterte Grat-Passage. Genau das macht den Reiz dieser Wanderung aus: sportliche Höhenmeter in Kombination mit Selbstüberwindung, um schlussendlich erleichtert oben auf dem Gipfel zu stehen und die herrliche Aussicht genießen zu dürfen.

Das macht die Tour einzigartig!

- **Herausfordernde Gratwanderung**
- **Zwei aussichtsreiche Berggipfel**
- **Natürliche Energiequelle**

Gestärkt sollte man auf jeden Fall sein für den anstrengenden Abstieg. Und auch hier gilt, bei nassen Bedingungen ist dieser Abschnitt nicht empfehlenswert. Der Weg führt über viel Schutt- und Geröllhalden, die bei Nässe nicht ungefährlich sind aufgrund rutschiger Stellen. Bei schönem Wetter geht der Abstieg via Steinalper-Jochli leichter vor sich, doch auch hier spüren wir die vielen zurückgelegten Höhenmeter in den Oberschenkeln. Der stetige Tiefblick auf den verwinkelten Vierwaldstättersee entschädigt die müden Muskeln und so gelangen wir durch die Ausblicke gut abgelenkt allmählich zum **„Brisenhaus"**.

In dieser gemütlichen und gut ausgestatteten Berghütte des Schweizer Alpen-Clubs SAC empfiehlt es sich zu übernachten. Für diejenigen, welche es weiterzieht, sei der Weg auf die Klewenalp empfohlen, wo einen die Gondelbahn nach Beckenried hinunter zum Vierwaldstättersee bringt. Wir genießen jedenfalls Kaffee und hausgemachten Kuchen und entspannen uns in der gemütlichen Atmosphäre hier oben auf 1753 Metern. Nach einem stärkenden Abendessen kuscheln wir uns zufrieden in unsere mitgebrachten Hüttenschlafsäcke ein, um am nächsten Morgen fit und munter den nächsten Wandertag in Angriff zu nehmen. Dieser startet mit einem farbenprächtigen Sonnenaufgang und so vergessen wir auch die nicht immer ganz so ruhigen Stunden im Mehrbettzimmer …

ÜBERSCHREITUNG DES BRISENS

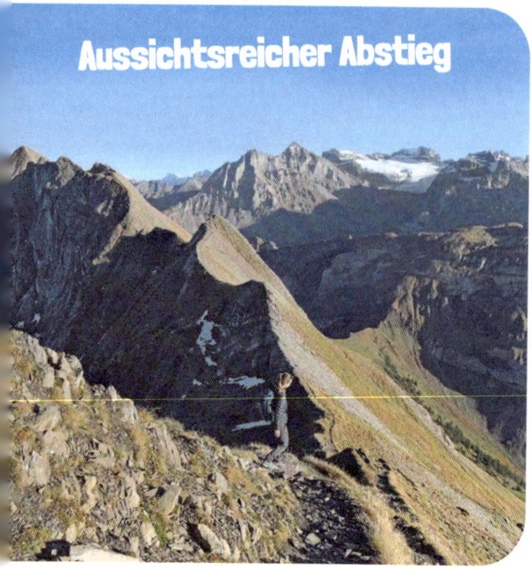

Aussichtsreicher Abstieg

Den heutigen Wandertag gehen wir gemütlich an, keine schwindelerregenden Abschnitte erwarten uns wie am Vortag, sondern der Aufstieg zum **Buochserhorn** mit einer Höhe von 1807 Metern. Für aufmerksame Leser und Leserinnen hört sich die Höhendifferenz zwischen dem Brisenhaus und dem Buochserhorn sehr gering an, doch anfangs führt unser Weg rund 200 Höhenmeter bergab, folglich müssen diese verlorenen Höhenmeter bergauf wieder wettgemacht werden. Zuerst genießen wir aber die ursprüngliche Landschaft auf dem Weg zur Musenalp. Hier haben wir die Chance auf eine Stärkung im sympathischen Alpbeizli oder wir wandern direkt weiter bis zum Bleikigrat. Dieser Abschnitt ist mit einer blau-weißen Markierung gekennzeichnet, welche nicht gesicherte oder ausgesetzte Stellen angibt. Der Puls steigt somit leicht an, doch der Grat stellt sich als zwar spannender, aber ungefährlicher Abstieg heraus und bald stehen wir am Fuße des Buochserhorns. Der folgende Aufstieg ist recht steil, aber er verläuft auf angenehm zu begehenden Pfaden und so kommen wir unserem Ziel, wenn auch leicht keuchend, schnell näher. Beim Gipfelkreuz werden wir mit einer **Rundumsicht par excellence** belohnt. Von der Aussicht auf den blau schimmernden Vierwaldstättersee bekomme ich nie genug und auch das 360-Grad-Panorama auf zahlreiche Berggipfel lässt mich staunen. Zudem erfreut uns die Entdeckung unseres gestrigen Ziels – der Brisen. Stolz sehen wir, was wir zu Fuß erreicht haben, genießen den Weitblick und machen uns anschließend auf den Weg zurück zu unserem Ausgangspunkt Niederrickenbach. Die „natürlichste Energiequelle" können wir nun auch ohne Halt passieren, haben wir doch auf unserer Wanderung selbst so viel Energie tanken können, dass wir trotz müden Beinen weitere zukünftige Wandererlebnisse kaum erwarten können.

FAZIT

Eine Wanderung, die nicht nur Anstrengung abverlangt, sondern vor allem viel Kraft spendet, sei es in der „natürlichsten Energiequelle" Maria-Niederrickenbach oder auf dem aussichtsreichen Gipfel des Brisens.

GUT ZU WISSEN

VON: Niederrickenbach Dorf
BIS: Niederrickenbach Dorf
VIA: Brisenhaus
LÄNGE: 17 Kilometer (Variante mit Sessellift zum Haldigrat)
HÖHENMETER: ca. 1100 hinauf, 1900 hinunter
ETAPPEN: 2
MARKIERUNG: weiß-rot-weiß mit kurzem Abschnitt auf Alpinweg
HÖCHSTER PUNKT: Brisen, 2404 Meter

DAS BRAUCHE ICH:

- Wanderschuhe mit Profil für den Abstieg
- Schwindelfreiheit für die Grat-Passage
- Hüttenschlafsack für die Übernachtung in der Hütte

Abenteuer 5/5
Natur 4/5
Schwierigkeit 5/5

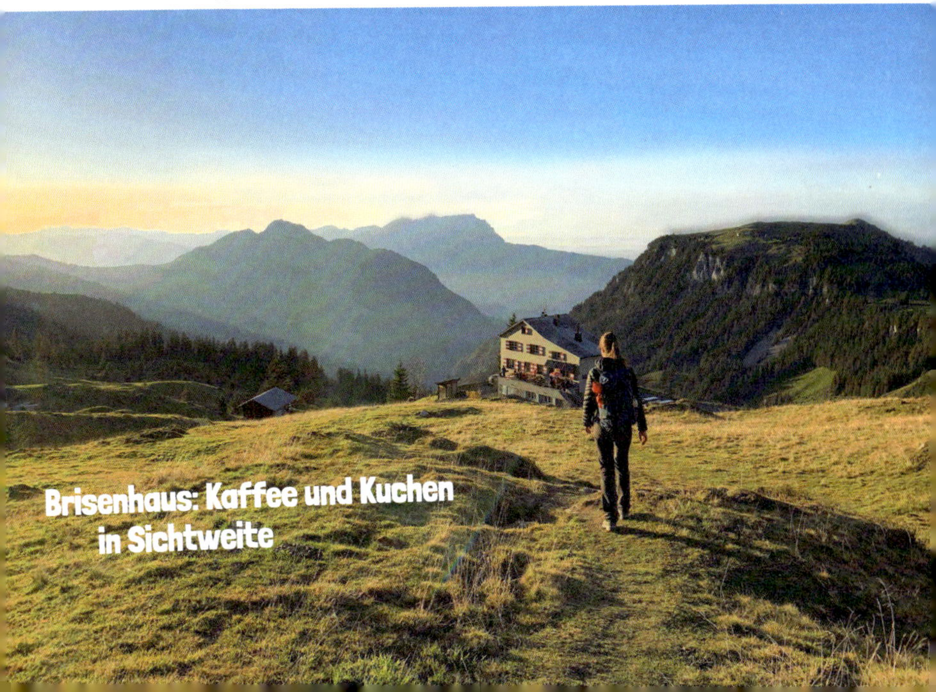

Brisenhaus: Kaffee und Kuchen in Sichtweite

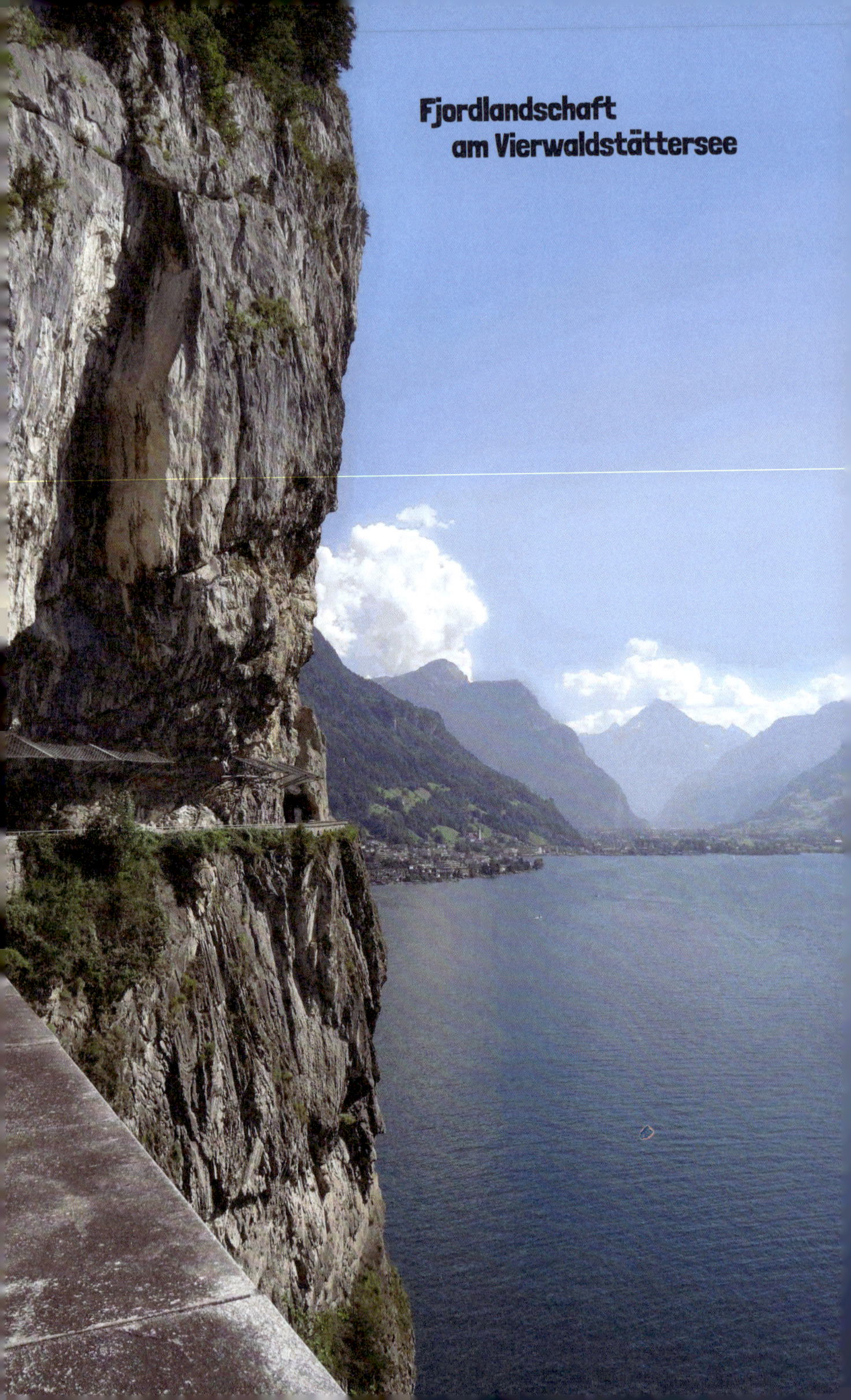
Fjordlandschaft
am Vierwaldstättersee

Eine beeindruckende Kulisse erwartet uns auf dem geschichtsträchtigen Themenweg entlang des südlichsten Arms des Vierwaldstättersees. Von Brunnen im Kanton Schwyz wandern wir in stetem Auf und Ab bis nach Flüelen im Kanton Uri. Immer im Blick: der verwinkelte Vierwaldstättersee mit seinen Raddampfern und das prächtige Bergpanorama der Zentralschweiz. Nach dieser Wanderung fühlen wir uns direkt schweizerisch(er).

Unsere Etappe des berühmten Wegs der Schweiz startet im Kanton Schwyz, genauer in Brunnen. Die schmucke Ortschaft liegt

Weg der Schweiz

Fjordähnliche Landschaft am Urnersee

nur einen Steinwurf von Ibach entfernt, wo noch heute die traditionellen Schweizer Taschenmesser der Marke **Victorinox** hergestellt werden. Die Geschichte des Unternehmens hinter dem legendären Schweizer Taschenmesser geht ins Jahr 1884 zurück, als Karl Elsener in Ibach eine Messerschmiede eröffnete. Ein kompaktes Messer mit vielen verschiedenen Funktionen: Das war seine revolutionäre Idee, die ihn erfolgreich machte. Heute ist das Schweizer Taschenmesser in der ganzen Welt bekannt und auch auf Wanderungen ein treuer Begleiter und Helfer. In Brunnen befindet sich das empfehlenswerte Swiss Knife Valley Visitor Center mit Museum. Daneben ist Brunnen auch für die heilenden Quellen bekannt. Der Ortsname leitet sich aus dem Mittelhochdeutschen ab und bedeutet „Quellen".

Für uns geht es jetzt hoch nach Morschach. Das Dorf liegt am Fuße des bekannten Fronalpstocks auf einem Hochplateau mit schönster Aussicht auf den Vierwaldstättersee. Das Highlight des überschaubaren Dorfes ist der Swiss Holiday Park. Er bietet Erholung, Sport und Spaß für Groß und Klein und ist das größte Ferien- und Freizeitresort der Schweiz. Die Wellness-Oase, das Erlebnisbad, die Saunalandschaft und die römisch-irischen

Thermen laden zum Entspannen ein. Manchen mag der Rummel im Swiss Holiday Park etwas zu viel sein, aber auch Erholungssuchende kommen in Morschach dank der intakten Natur auf ihre Kosten. So setzen wir auch unsere Wanderung in Richtung Kapelle St. Franziskus fort. Diese unscheinbare, aber schmucke Kapelle ist die Wallfahrtskapelle des Heiligen Franz-Xaver und stammt aus dem 17. Jahrhundert. Kunsthistorisch Interessierte dürften wegen diesem barocken Schmuckstück ins Schwärmen geraten.

INFO

Der gesamte Weg der Schweiz erstreckt sich über 35 Kilometer und kann auf beliebigen Etappen erkundet werden.

Der Weg der Schweiz führt weiter auf etwa gleichbleibender Höhe und verläuft ab und zu durch den Wald, der uns an sonnigen Tagen Schatten spendet. Nach dem Täfeliwald steigen wir im Zickzack hinunter nach Sisikon am Vierwaldstättersee. Was wir bisher vor allem von oben bestaunt haben, ist plötzlich zum Greifen nah: das wunderschöne **Tiefblau des Sees**. Von jetzt an sind wir näher am Seeufer unterwegs. Bevor wir aber direkt ans

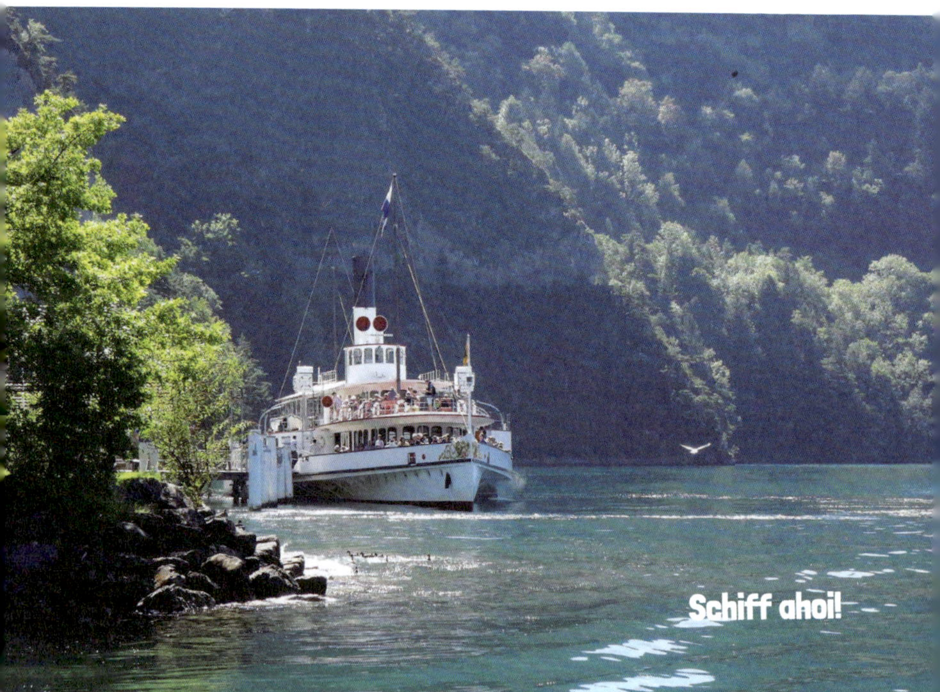

Schiff ahoi!

kühle Nass gelangen, gehen wir nochmals durch einen Wald und kommen zum ersten Mal mit der **Axenstrasse** in Kontakt. Die bis heute berühmte Verbindungsstraße wurde 1864 eröffnet und ist dank der Panoramasicht sowohl im In- wie auch im Ausland als besondere Attraktion bekannt. Der Abschnitt zwischen Brunnen und Flüelen stellte lange Zeit eine Schlüsselstelle für den Landverkehr zwischen dem Sankt Gotthard und dem Mittelland dar. Der Bau dieser Straße war ein mutiges Projekt, man spricht sogar von technischer Kühnheit. Heute noch ist die Axenstrasse stark befahren, so sind wir froh, dass es für Fahrradfahrende und Wanderinnen und Wanderer Extrawege gibt. Auch der Lärm ist gewöhnungsbedürftig und beim Blick auf die Autokennzeichen wird einem bewusst wieso: Ganz Europa scheint auf der Axenstrasse unterwegs zu sein. Dennoch macht dieser Kontrast zwischen Lärm und Ruhe sowie moderner Technik und Natur die Wanderung einzigartig.

Das macht die Tour einzigartig!

- Die fjordähnliche Landschaft
- Die eindrucksvolle Axenstrasse
- Die Tiefblicke in den Vierwaldstättersee

Nach dieser Passage erreichen wir schon bald das Ufer des Vierwaldstättersees. Der 114 Quadratkilometer große See ist vor allem durch seine sternartige Form bekannt und hat schon manche Zentralschweiz-Besuchende an ihren eigenen Geografiekenntnissen zweifeln lassen. Es ist unglaublich, wie der See von jeder Stelle aus anders aussieht und man sich daher nie ganz sicher ist, welchen seiner Arme man gerade vor sich sieht. Aktuell befinden wir uns auf jeden Fall am südlichsten Arm des Vierwaldstättersees, welcher – als wäre es eben nicht schon komplex genug – auch Urnersee genannt wird. Konzentrieren wir uns also lieber wieder aufs Wandern und achten auf die Wurzeln am Boden. Schließlich wollen wir vor lauter Bestaunen des Sees und Grübeln über dessen verschiedene Arme nicht unnötig stolpern. Der Waldboden ist moosig und duftet herrlich. Wir passieren diverse einladende Grillstellen und kleine Steinstrände. Auch wir wollen uns noch im See erfrischen. Bevor es jedoch so weit kommt, gehören unsere Blicke noch dem **Raddampfer**, der sich

Klangvoll

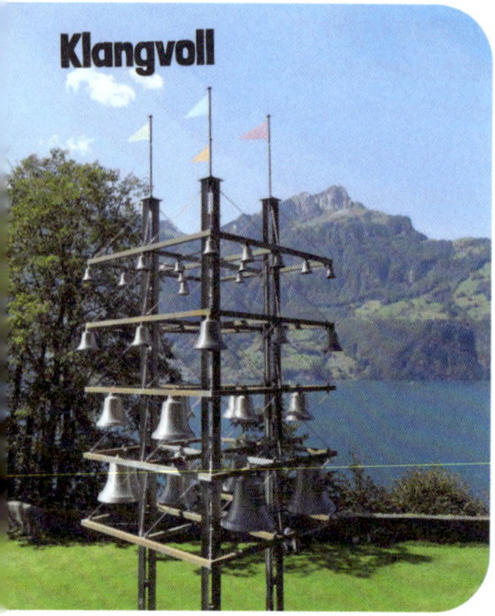

vor uns bemerkbar macht. Diese Art von Dampfschiff ist auf dem Vierwaldstättersee nicht selten anzutreffen. Und wenn sich dann auch noch zwei davon kreuzen, kann man getrost von einem **nautischen Highlight** sprechen – welches wir unbedingt fotografisch festhalten sollten! Es ist schon eindrucksvoll, mit welcher Geschwindigkeit und Eleganz die großen Dampfer trotz den vielen Jahren auf dem Buckel übers Wasser gleiten. Bei günstigen Windverhältnissen herrscht auch sonst reger Betrieb auf dem Urnersee, welcher bekannt ist fürs Segeln, Kiten und Windsurfen. So, jetzt sind auch wir bereit für die Erfrischung im kühlen Nass, bevor wir uns bald schon der **Tellskapelle** und somit den geschichtlichen Wurzeln der Schweiz nähern.

Die 26 Kantone der Schweiz schenkten der Schweizer Bevölkerung den Weg der Schweiz zur 700-Jahr-Feier der Eidgenossenschaft im Jahr 1991. Entlang des 35 Kilometer langen Themenweges gibt es einiges zur Geschichte der Schweiz zu entdecken. Jeder Kanton ist symbolisch in Relation zu seiner jeweiligen Bevölkerungszahl von 1991 auf einem Abschnitt vertreten. Die Reihenfolge der Kantonsabschnitte ergibt sich durch deren Eintritt in den Bund. Die Tellskapelle befindet sich auf der Teilstrecke des Kantons Aargau. Wilhelm Tell, der legendäre Schweizer Freiheitskämpfer, soll sich hier bei Föhnsturm mit einem Sprung aus dem Boot des Landvogts Gessler gerettet haben. In der Kapelle zeigen Fresken nebst dem Tellsprung auch den Rütlischwur, den Apfelschuss und Gesslers Tod in der Hohlen Gasse – alles Schlüsselstellen aus der Legende. Oberhalb der Tellskapelle hören wir mit etwas Glück das größte Glockenspiel der Schweiz, welches jeweils zur vollen Stunde erklingt. Jetzt zeigt sich die Wegführung nochmals von der schönsten Seite und wir wandern mitten durch die fjordähnliche Landschaft, sehen die steil abfallenden Felswände und genießen die idyllischen Ausblicke auf die Felsgalerien. Ein paar lärmige Straßenabschnitte später und um viele Tiefblicke reicher nähern wir uns schließlich unserem Endziel Flüelen.

FAZIT

Man muss kein Eidgenosse sein, um sich auf diese wahrhaftig schweizerische Wanderung zu begeben! Auf der Etappe von Brunnen nach Flüelen erwarten uns Tiefblicke auf den Vierwaldstättersee und Aussichten auf die umliegende Berglandschaft der Zentralschweiz.

GUT ZU WISSEN

19

VON: Brunnen
BIS: Flüelen
LÄNGE: 18 Kilometer
HÖHENMETER: 765 (hinauf und hinunter)
ETAPPEN: 1
MARKIERUNG: gelb
HÖCHSTER PUNKT: Zingel, 810 Meter

DAS BRAUCHE ICH:

- Badesachen für die Erfrischung im See
- Kamera, um die Schönheit der Gegend festzuhalten
- ein tragbares Raclette-Öfeli (wenn schon Schweiz, dann richtig)

Abenteuer
Natur
Schwierigkeit

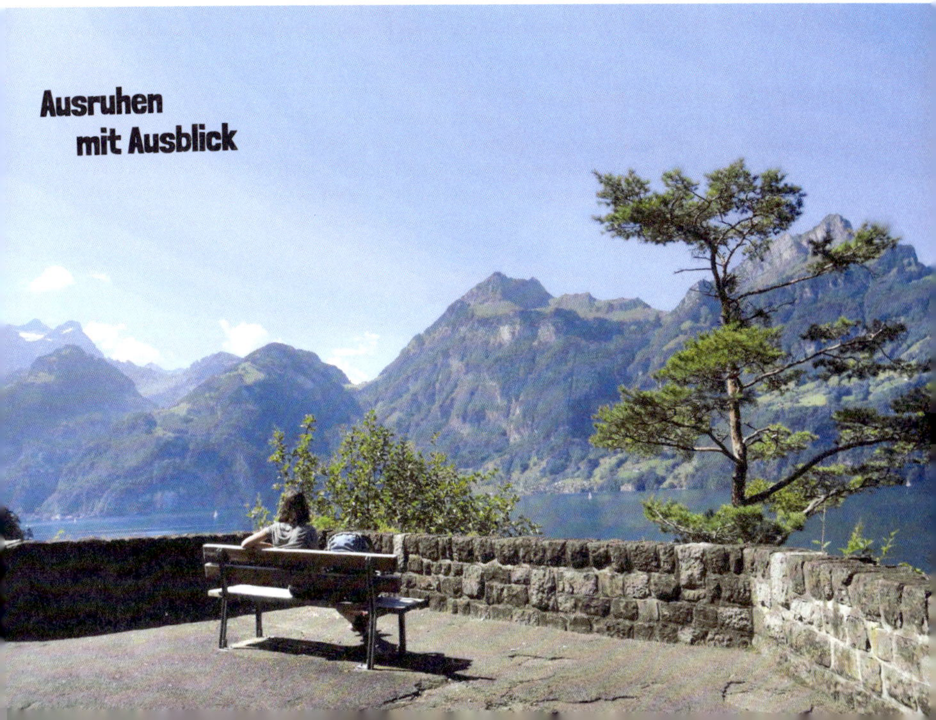

Ausruhen mit Ausblick

Im Zickzack hoch zum Grossen Mythen

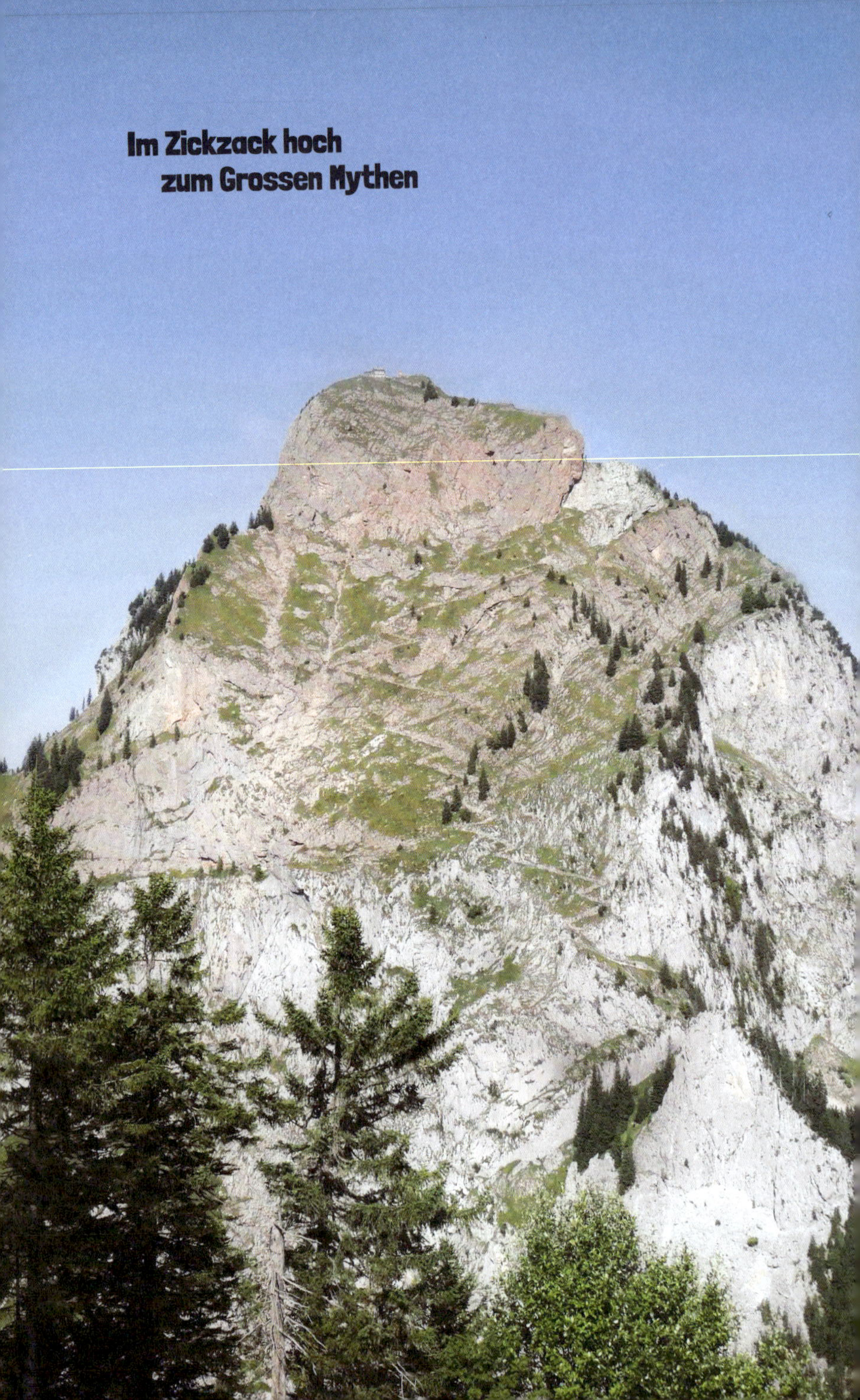

Im Herzen der Schweiz zwischen Schwyz und Einsiedeln liegt das Mythen-Bergmassiv. Das Duo Grosser Mythen und Kleiner Mythen sticht bereits von Weitem ins Auge: Die alleinstehende Lage dieser Voralpengipfel lässt eine umfassende Rundsicht vermuten! Im Zickzack führt ein steiler Weg hoch zur Bergspitze. Zur Belohnung erwarten uns nebst dem atemberaubenden Panorama die legendären Mythen Nuss- und Mandelgipfel!

Wir starten unsere Tour mit einer gemütlichen Gondelfahrt mit der Rotenfluebahn ab Rickenbach. In rund 10 Minuten bringt

Aufstieg zum Grossen Mythen

Über 47 Kehren hoch zum Gipfel

uns das Gondeli hoch auf die Rotenflue, wo wir jedoch nur kurz verweilen. Unser Weg führt uns zuerst leicht bergab zur Holzegg. Unterwegs queren wir idyllische Waldabschnitte und Weiden mit bereits bester Sicht auf unser heutiges Tagesziel, den Grossen Mythen. Imposant zeigen sich der steile **Zickzack-Weg im rötlichen Gestein** und die Hütte ganz oben auf dem Gipfel. Wenn die Schweizer Fahne neben der Hütte gehisst ist, freuen wir uns gleich doppelt, denn das bedeutet, dass die Hütte geöffnet ist und die Chancen auf einen der köstlichen Mythen Nuss- oder Mandelgipfel gut stehen. Bevor wir aber zu stark an die Belohnung denken, sollten wir uns besser an den Aufstieg wagen. Aufgewärmt vom Marsch hierhin geht es alsbald los.

Der bekannte Mythenweg (üblicherweise von Mai bis Oktober begehbar) startet kurz nach der Bergstation Holzegg, wo weitere Wanderbegeisterte mit der Brunni-Bahn aus dem Alpthal dazustoßen. Der knapp 3 Kilometer lange Bergweg schlängelt sich in **47 Kehren** hoch zum Gipfel. Unterwegs überwinden wir 500 Höhenmeter. Für den Unterhalt des beliebten und viel begangenen Wanderwegs auf den Schwyzer Hausberg sorgt der eigens dafür gegründete Verein der Mythenfreunde. Die Vereinsmitglieder und allen voran die Mythen-Legende Armin Schelbert stecken auch hinter der mal mehr, mal weniger motivierenden Nummerierung der Spitzkehren. Ich rate, die Nummerierung auch mal außer Acht zu lassen, damit das Ziel der Wanderung nicht zu weit weg erscheint. Die Linkskurven tragen gerade, die Rechtskurven ungerade Nummern. Damit kann bei einem plötzlich auftretenden Notfall der Standort schnell ausfindig gemacht werden. Bei den jährlich mehreren Hundert Besteigungen des Grossen Mythen kennt Armin jede der Kehren in- und auswendig. Der Berg ist seine große Leidenschaft und sein zweites Zuhause – im Jahr 2019 konnte er seine sagenhafte 5000. Besteigung feiern! Eine Tafel beim Einstieg in den Mythenweg erinnert an diesen außerordentlichen Rekord. Im Gipfelbuch können wir später seine Leistung bestaunen und wer weiß, vielleicht kreuzen sich heute sogar unsere (Wander-)Wege.

INFO

Neben dem Grossen und Kleinen Mythen wird das Bergmassiv vom Nebengipfel Haggenspitz komplettiert.

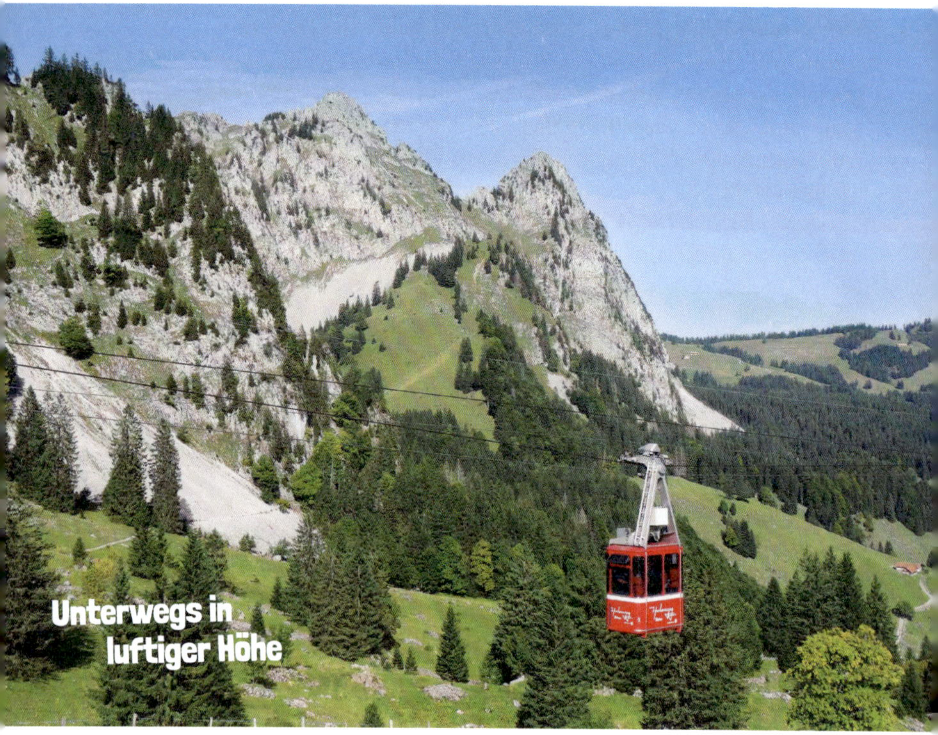

Unterwegs in luftiger Höhe

Über 47 Kehren hoch zum Gipfel

Leicht ehrfürchtig stehen wir vor der imposanten Felswand des Grossen Mythen und brechen auf: Schritt für Schritt und Kurve für Kurve geht es steil nach oben. Schnell fällt auf, dass hier manch einer sein Gipfelglück sucht, denn die Steine auf dem Weg sind speckig von all den Passantinnen und Passanten. Rund 40.000 Wanderinnen und Wanderer bezwingen die markante Felspyramide pro Jahr. Nicht selten sehen wir auch Souvenirs in Form von Gummistücken von Schuhsohlen oder einer Schutzkappe von einem Wanderstock zwischen den Steinen. Vorsicht ist allemal geboten auf diesem abschüssigen Weg, denn gerade bei schlechter Sicht oder nassem Wetter ist er rutschig und verlangt trotz Kettensicherung erhöhte Aufmerksamkeit. Unseren Blick richten wir also vorrangig auf den **schmalen und steinigen Pfad** unter unseren Wanderschuhen. Keine einfache Angelegenheit bei der grandiosen Aussicht, die sich uns unterwegs bietet. Zum Glück laufen die Schweißtropfen schneller als die Kurven-Nummerierungen zunehmen und so können wir uns ab und an eine lohnende Pause gönnen und das großartige Panorama auf uns wirken lassen. Die höchsten Gipfel der Glarner und Urner Alpen zeigen sich mit jedem zurückgelegten Höhenmeter etwas mehr und die Sicht auf den bekannten Vierwaldstättersee ändert sich je nach Blickwinkel. Spätestens bei der Spitzkehre 29 genießen wir auf der einladenden und von vielen sehnlich herbeigewünschten Sitzbank aus Stein eine kurze Rast mit bestem Blick Richtung Alpthal und Einsiedeln. Auffallend ist auf diesem Wegabschnitt die sich plötzlich ändernde Felsfarbe. Wir befinden uns jetzt im Teil der roten Gipfelkappe, welche ihre Farbe eisenhaltigen Mineralien im Gestein zu verdanken hat. Geologisch gesehen sind die Mythen nämlich Relikte aus dem Ur-Mittelmeer und wurden durch Wasser und Eis aus dem Relief während der Alpenentstehung hervorgehoben. Gewaltige Kräfte sind also schuld an der alleinstehenden, markanten Lage der Mythen.

Das macht die Tour einzigartig!

- Aussicht auf den Vierwaldstättersee
- Serpentinenweg mit 47 Kehren
- Die leckeren Nuss- und Mandelgipfel

AUFSTIEG ZUM GROSSEN MYTHEN

Weiter geht es über eine **gratähnliche Passage** und bald schon sind die Mythen-Hütte und damit auch die köstlichen Nuss- und Mandelgipfel in Sichtweite. Die Serpentinen werden enger, ein gutes Zeichen. Die letzten Höhenmeter vergehen wie im Flug. Oben angekommen eröffnet sich uns ein herrliches Panorama! Vor uns das Schattenspiel des Grossen Mythen über Schwyz, etwas weiter hinten der Vierwaldstättersee, rechts daneben der Lauerzersee. Auf der anderen Seite erwartet uns ein **Bergpanorama par excellence**! Aus dem Staunen und dem Zählen der Gipfel kommen wir fast nicht mehr heraus. Spätestens jetzt versteht man, wieso hier bereits Goethe und Schiller ins Schwärmen gerieten. Den atemberaubenden Rundumblick teilen wir uns mit zig weiteren ebenfalls leicht erschöpften Wanderinnen und Wanderern sowie frechen Bergdohlen. Unseren wohlverdienten Nuss- oder Mandelgipfel halten wir besser stets im Auge … Dass es den Bergdohlen hier wohl ist, liegt aber nicht alleine an den vielfältigen Verpflegungsmöglichkeiten. Auf dem Mythen befinden wir uns im ältesten Jagdbanngebiet der Schweiz. Nebst den Bergdohlen sind hier je nach Jahreszeit auch Gämsen, Adler und Murmeltiere zu bestaunen. Wir genießen unser Gipfelglück in aller Ruhe, vergessen dabei die Anstrengung und sinnieren über diese beeindruckende Wanderung.

Ob wir die Faszination vom täglichen Aufstieg mit Armin Schelbert teilen, sei dahingestellt. Eines ist jedoch klar, die Aussicht vom Grossen Mythen ist unvergesslich. Gestärkt und ausgeruht machen wir uns auf den Rückweg im stark abfallenden Gelände. Jetzt ist nochmals volle Konzentration gefragt, denn der Abstieg ist technisch anspruchsvoller als der Aufstieg. Die 47 Kehren legen wir nun in umgekehrter Reihenfolge zurück. Während des Abstiegs gilt es, nochmals das traumhafte Panorama aufzusaugen. Zurück auf der Holzegg ändert sich das Terrain wieder hin zu breiteren Pfaden, grünerer Umgebung und Bewaldung. Unsere Knie und Oberschenkel sind etwas müde vom Abstieg und beklagen sich nicht über den folgenden Gegenanstieg zurück auf die Rotenflue. Kurz vor der Bergstation bietet sich uns die Gelegenheit, Produkte von der Alp zu kaufen. Bepackt mit Leckereien und eindrucksvollen Erlebnissen schweben wir dank Seilbahn leicht ins Tal hinunter.

FAZIT

Eine nicht zu unterschätzende Wanderung, die mit unglaublicher Rundsicht lockt! Der frei stehende Grosse Mythen trumpft mit einzigartigen Ausblicken auf die zentralschweizer Seen, den Schwyzer Talkessel und die Glarner Alpen auf.

GUT ZU WISSEN

20

VON: Bergstation Rotenflue
BIS: Bergstation Rotenflue
LÄNGE: 6 Kilometer
HÖHENMETER: 680 (hinauf und hinunter)
ETAPPEN: 1
MARKIERUNG: weiß-rot-weiß
HÖCHSTER PUNKT: Grosser Mythen, 1899 Meter

DAS BRAUCHE ICH:

- Trittsicherheit und gute Kondition
- feste Wanderschuhe mit gutem Profil
- trockene Witterung für guten Halt

Abenteuer
Natur
Schwierigkeit

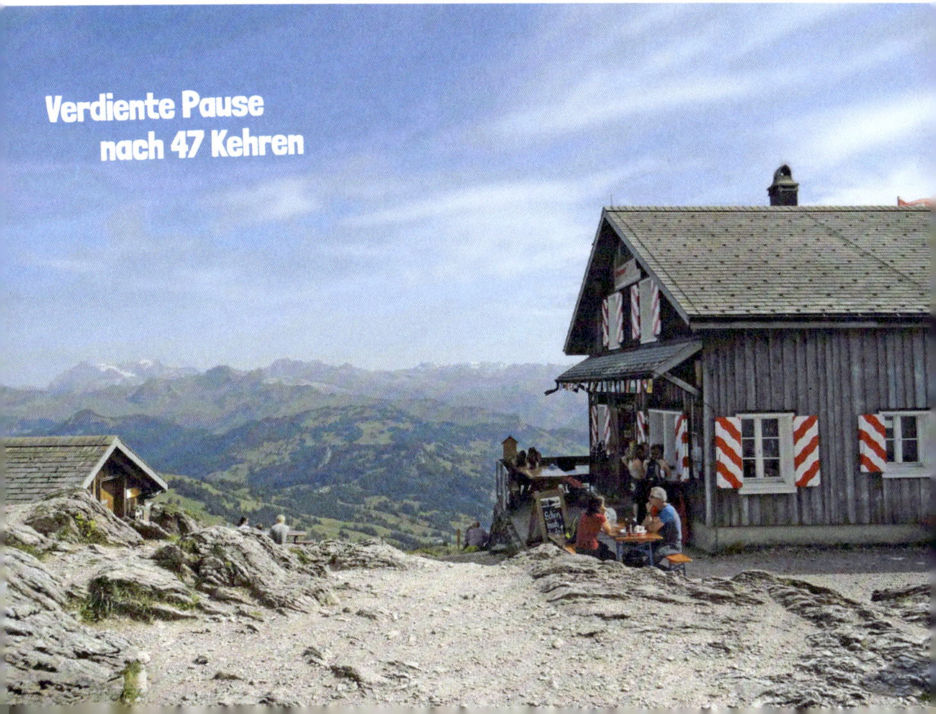

Verdiente Pause nach 47 Kehren

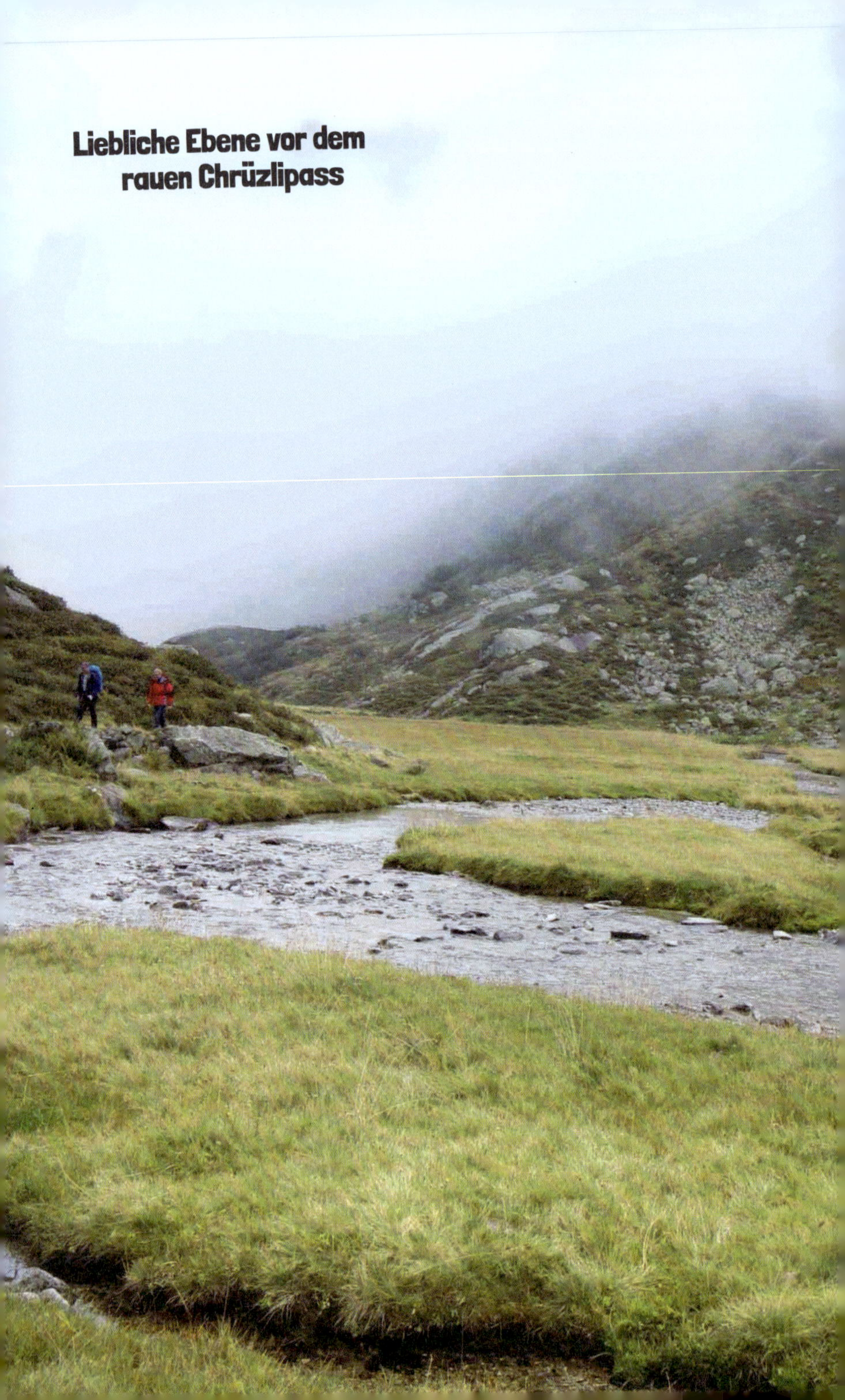

Liebliche Ebene vor dem rauen Chrüzlipass

Einmal direkt über dem längsten Eisenbahntunnel der Welt stehen – dem Gotthard-Basistunnel. Diesen eindrucksvollen Moment ermöglicht die Wanderung über den Chrüzlipass. Doch auch für weniger „eisenbahnaffine“ Bergfreunde ist die Begehung des alten Saumpfads sehr empfehlenswert. Aufgrund der langen Distanz und den vielen Höhenmetern übernachten wir in der idyllisch gelegenen Berghütte Etzlihütte.

Mit ihrer Lage inmitten einer herrlichen Berglandschaft ist die Hütte bestens geeignet, um nach dem anstrengenden Aufstieg

Säumerweg Chrüzlipass

Wanderung über das Gotthardmassiv

einen romantischen Sonnenuntergang zu erleben. Außerdem lockt hier ein alpines Wellnessangebot. Mehr dazu aber später, zuerst müssen wir erst einmal loswandern …

In der Urner Gemeinde Silenen liegt auf einer Höhe von 770 Metern der kleine Ort Bristen – unser gut erschlossener Ausgangspunkt der Wanderung. Hier mündet das Etzlital in das ursprüngliche und raue Maderanertal. Doch heute widmen wir uns dem wunderschönen Etzlital. So nehmen wir bei der Bushaltestelle Golzern, Talstation Seilbahn, nicht etwa gemütlich die Seilbahn Richtung Golzern, sondern starten per pedes zum Etappenziel **Etzlihütte** auf 2052 Metern. Unsere stete Begleiterin ist die von Osten nach Westen verlaufende Gebirgskette „Chli und Gross Windgällen“. Auf der rechten Talseite ragt majestätisch der Bristenstock in den Himmel. Bei der Alp „Hinter Etzliboden“ hoffen wir auf offene Türen, denn die selbst gemachten Joghurts und der Alpkäse lassen sich als Zwischenverpflegung gut im Rucksack verstauen. Anschließend nähern wir uns dem ersten landschaftlichen Highlight: dem „Etzliboden“.

An **mäandernden Bächen** und grünen Matten vorbei wandern wir durch ein wahrhaftiges Paradies für Alpenflora-Liebhaber und -Liebhaberinnen. Alpenrosen und Enziane sind hier keine Seltenheit. Doch auch die weniger bunten, aber umso lieblicheren Wollgräser erfreuen das Auge. Zudem hören und sehen wir viele kleine, sprudelnde Kaskaden. Und wer Geduld mitbringt – sowie ein gutes Gehör und scharfe Augen hat –, der sieht nicht selten **Murmeltiere**. Diese putzigen „Munggen" oder „Murmelis", wie sie die Schweizer nennen, gehören zu den bekanntesten Alpenbewohnern und sonnen sich gerne hier an den Hängen. Ein Feldstecher zur Beobachtung ist empfehlenswert. Wir Wandersleute sind nicht immer die liebsten Freunde der Murmeltiere. Sie betrachten uns wohl als Gefahr, geben deshalb als Warnung für ihre Artgenossen einen lauten Pfiff ab und verschwinden danach blitzschnell in ihren unterirdischen Gängen. Doch neugierig, wie sie sind, kommen sie meist nach einer gewissen Zeit wieder aus ihrem Bau und man erspäht die Tiere freudig wieder. Doch

INFO

Ganze 57 Kilometer lang ist der Gotthardtunnel als längster Eisenbahntunnel der Welt.

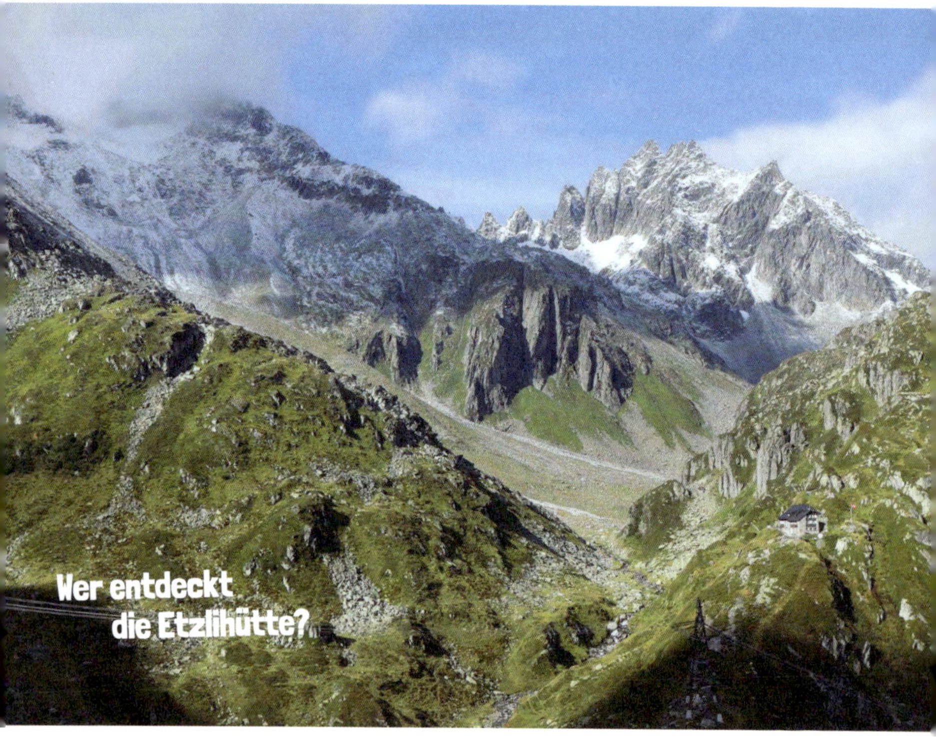
Wer entdeckt die Etzlihütte?

nun lösen wir uns von der Tier- und Alpenblumenwelt, die Wanderung hat ja erst begonnen.

Höhenmeter um Höhenmeter nähern wir uns über mehrere Stufen dem Ziel der ersten Etappe: Die Etzlihütte ist schon bald am Horizont sichtbar. Der Weg auf der Westseite des Baches führt jedoch nicht direkt zur Hütte, sondern im Zickzack über den Rossboden und Gulmen hinauf zur Müllersmatt. Durch diese malerische Schwemmebene windet sich gemütlich der Etzlibach, bevor er tosend ins Tal schießt. Von hier ist es nur noch ein Katzensprung zur Berghütte mit den grün-weißen Fensterläden. Die auf 2052 Meter Höhe errichtete Etzlihütte ist ein beliebter und praktischer Ausgangspunkt für Bergwanderungen und Hochtouren in das imposante Gotthardmassiv. Die schöne Terrasse der Etzlihütte liegt inmitten eines atemberaubenden Bergpanoramas. Und wie wäre es, diese Aussicht wohlig warm in einem Whirlpool zu genießen? Die Etzlihütte bietet genau das: einen **Badebottich** mit beheiztem Wasser – was für eine Wohltat für die müden Muskeln. Das Bad muss allerdings zuerst mit einer obligaten eiskalten Dusche mit Wasser aus dem Brunnen verdient sein. Wer sich das Bad leisten möchte, sollte dies am besten im Voraus bei der Reservierung angeben.

Das macht die Tour einzigartig!

- **Historischer Saumpfad**
- **Wohltuendes Alpenwellness**
- **Murmeltierparadies**

Nach einer mehr oder weniger ruhigen Nacht im Massenlager gehen wir am zweiten Tag weiter Richtung Chrüzlipass. Dieser Abschnitt sollte nur bei guten Wetterbedingungen in Angriff genommen werden, da der Abstieg vom Chrüzlipass Richtung Sedrun steile Abschnitte beinhaltet. Zuerst folgt zum Einlaufen der Weg wieder hinunter zur Müllersmatt. Hier nehmen wir uns den anstrengenden Anstieg über die Geröllfelder vor. Die Landschaft wird stetig karger und die Luft kälter. Mit zahlreichen Steinmännchen als zusätzlicher Orientierungshilfe kommen wir schwitzend dem Ziel näher und näher und bald haben wir es geschafft. Der **Chrüzlipass** auf einer Höhe von 2347 Metern ist ein historischer Gebirgspass, welcher die Kantone Uri und Grau-

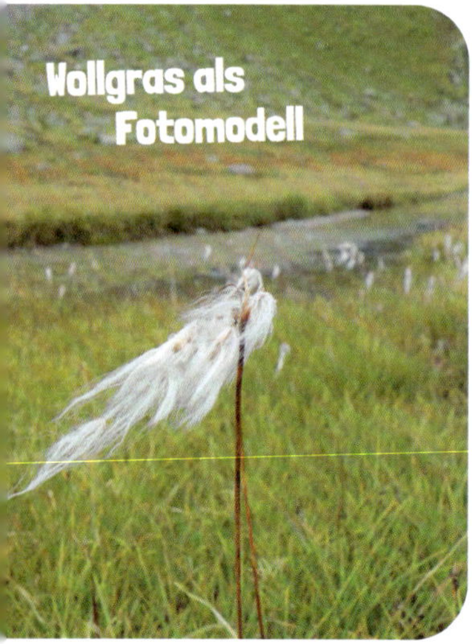

bünden verbindet. Über den Pass führt ein alter Saumpfad, den gemäß Überlieferungen schon im Mittelalter Pilger und Säumer passierten. Der Pass stellte somit früher die wichtigste Verbindung zwischen dem Kloster Einsiedeln und dem Kloster Disentis dar. Doch nicht nur dieser historische Hintergrund bringt uns zum Staunen. Auch das Wissen, dass unter uns der **längste Eisenbahntunnel der Welt** durchführt, lässt uns ehrfürchtig innehalten. Der Gotthard-Basistunnel wurde nach einer 17-jährigen Bauzeit im Jahre 2016 eröffnet. Unter uns – viele Hundert Meter tiefer – liegt somit ein Stückchen des 57 Kilometer langen Tunnels.

Auf der anderen Seite des Chrüzlipasses führt unser Weg nun Richtung Tal Val Strem, welches wir bei der Alp Strem erreichen. Dass wir nun im Kanton Graubünden unterwegs sind, merken wir daran, dass die Namen der Berge um uns herum nun meist mit „Piz" beginnen. Beispielsweise ragt der bekannte Piz Nair als markanter Berg hervor. Ab Bauns können wir leider nicht den direkten Weg zu unserem Endziel Sedrun nehmen. 2016 gab es nämlich einen großen Felssturz und seitdem ist der mittlere Teil des Tals gesperrt. Deshalb muss die Sperrzone weiträumig umgangen werden. Dazu müssen wir den Weg inklusive 300 Höhenmeter hoch zur Alp Caschlè nehmen. Die äußerst reizvolle Auen- und Moorlandschaft des Gletschervorfelds lenkt jedoch von den Strapazen ab. Wenn wir Glück haben, erspähen wir weitere Alpentiere. Gämsen sind hier nicht selten anzutreffen und faszinieren mit ihrer flinken Art immer wieder aufs Neue.

Mit müden Beinen nehmen wir den letzten Abschnitt unter die Füße. Das Reusstal kommt schon bald in unser Blickfeld und später auch unser Endziel, das Dorf **Sedrun**. Dessen romanische Kultur inmitten der alpinen Landschaft fasziniert und lädt zum Übernachten ein – die anstrengende, aber wunderschöne Wanderung leistet sicherlich ihren Beitrag zu einem tiefen und verdienten Schlaf.

FAZIT

Hier treffen alpine Naturlandschaften auf Geschichte und ein Jahrhundertbauwerk. Eine facettenreiche Wanderung mit der Überquerung des Chrüzlipasses vom Kanton Uri nach Graubünden.

GUT ZU WISSEN

VON: Golzern, Talstation Seilbahn
BIS: Sedrun
LÄNGE: 21 Kilometer
HÖHENMETER: 2000 hinauf, 1400 hinunter
ETAPPEN: 2
MARKIERUNG: weiß-rot-weiß
HÖCHSTER PUNKT: Chrüzlipass, 2347 Meter

DAS BRAUCHE ICH:

- Hüttenschlafsack für die Übernachtung in der Etzlihütte
- Badesachen für den Badebottich
- genügend Zwischenverpflegung

Abenteuer

Natur

Schwierigkeit

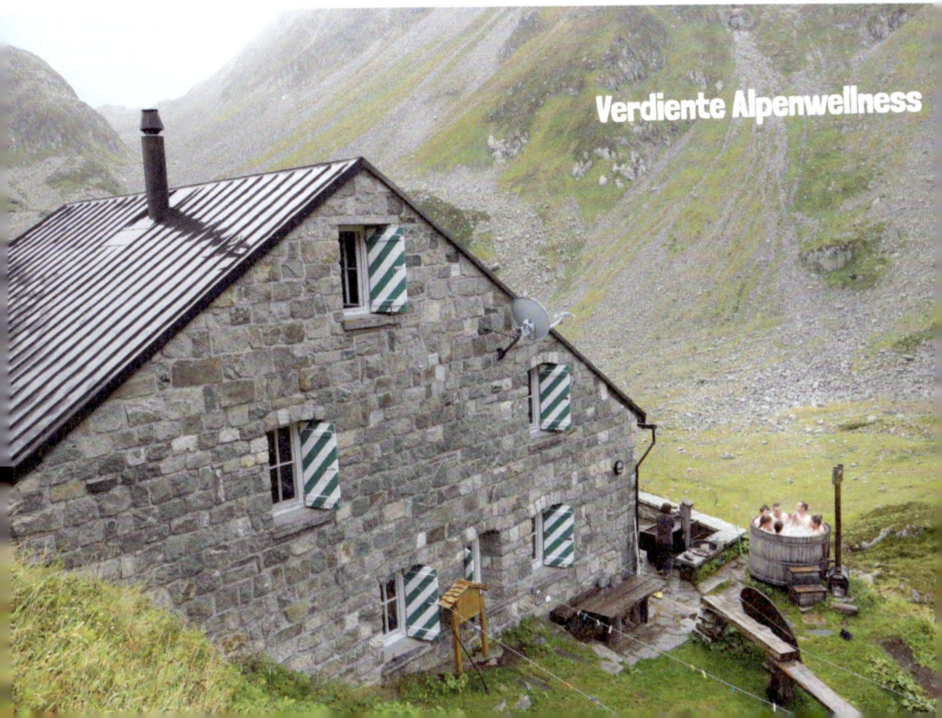

Verdiente Alpenwellness

Royales Erlebnis auf der Rigi

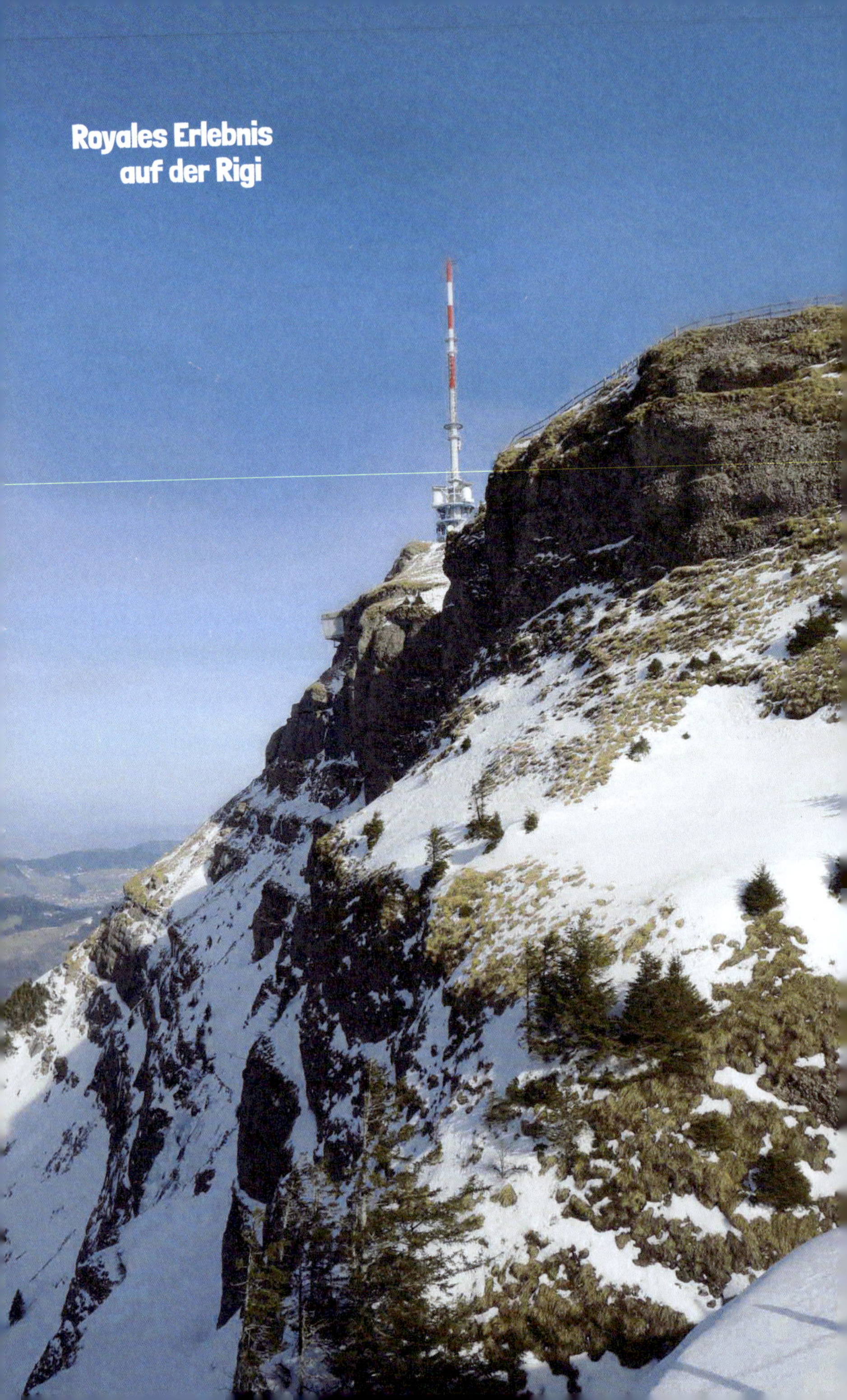

Einmal auf der Rigi, der Schweizer Königin der Berge, zu stehen ist wirklich ein Traumziel: Prachtvolle Weitblicke über das Mittelland, herrliche Aussicht auf verschneite Berggipfel, faszinierende Tiefblicke auf blau schimmernde Seen, Fahrten mit der geschichtsträchtigen Zahnradbahn, frischer Berg- und würziger Käse-Duft und für die Mutigen eine rasante Rodelfahrt prägen diese Winterwanderung in den Schwyzer Voralpen.

Der Abschnitt von Rigi Kulm nach Rigi Kaltbad wird als der **Rigi Klassiker** bezeichnet. Gerne verlängere ich diesen Klassiker je-

Rundweg auf der Rigi

Die Königin der Berge im weißen Winterkleid

weils und empfehle die Rundwanderung von Rigi Klösterli via Rigi Kulm und Rigi Kaltbad.

Unsere Wanderung beginnt beim Bahnhof Arth-Goldau, wo wir über den historischen Hochbahnsteig schnell zur Talstation der Rigibahn hinüberwechseln. Für Anreisende mit dem Auto steht der großzügig bemessene Parkplatz „A4" zur Verfügung. Farbbroschüren laden ein, die kleine Wartepause bis zur Abfahrt lesend zu überbrücken, und bestimmt springt einem dabei der Slogan **„Rigi – Königin der Berge"** ins Auge. Dieser einprägsame Werbespruch ist Schweizer Kindern schon früh ein Begriff, thront die Rigi doch prominent inmitten der Zentralschweiz und dient dort als guter Orientierungspunkt inmitten der Voralpen. So lernt man auch schnell, dass es „die" Rigi heißt statt der vermeintlichen männlichen Form. Doch allein aufgrund der Höhe dürfte die Rigi kaum als Königin betitelt werden, ist ihr höchster Punkt Rigi Kulm doch nur 1798 Meter hoch und zählt somit inmitten der Schweizer Viertausender sicherlich nicht zu den Großen. Woher stammt denn nun die royale Titulierung? Die erste Deutung rührt vom Jahre 1497 her, als die Rigi als Kurzform des lateinischen **„Regina montium"** mit Königin der

Berge übersetzt wurde. Damit wurde der Schönheit und Erhabenheit des markanten Berges Rechnung getragen. Doch Sprachforscher sahen viele Jahre später die Herkunft des Bergnamens vom Althochdeutschen Wort „riga" abgeleitet, was so viel wie horizontal laufende regelmäßige Schichtung bedeutet. Sieht man die Rigi von Weitem, ergibt diese Erklärung sicherlich Sinn, da die **Gesteinsschichtung** auch für Laien schnell ersichtlich ist.

INFO

Auch im Sommer bieten sich mit dem über 120 Kilometer langen Wegenetz viele Wandermöglichkeiten an.

Die Herkunft des Übernamens der Königin hin oder her, die Rigi hat eine geschichtsträchtige Vergangenheit. Schon im 17. Jahrhundert wurde sie als beliebter Pilgerort entdeckt und kann somit als Vorreiterin des modernen Pauschaltourismus bezeichnet werden. Früher erklomm man den Höhenzug anstrengend zu Fuß oder zu Pferd – und wer es sich leisten konnte, der wurde komfortabel in Sänften hinaufgetragen. Im 19. Jahrhundert wurde das kommerzielle Potenzial des Berges endgültig

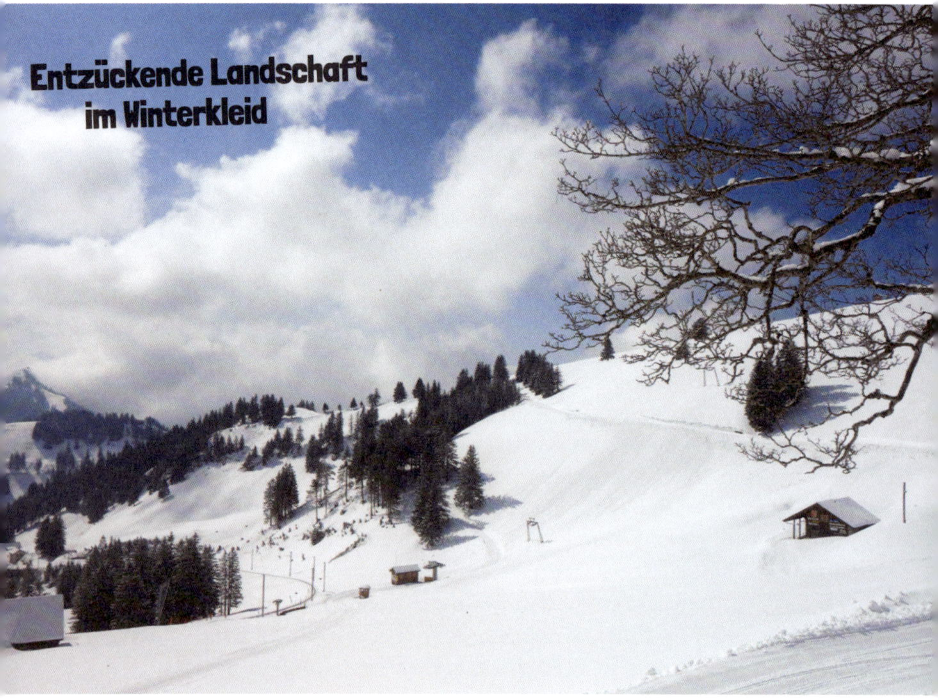

Entzückende Landschaft im Winterkleid

erkannt, sodass man sich entschloss, eine Bahn auf den Gipfel zu bauen. Im Jahre 1871 fuhr die erste Zahnradbahn Europas von Vitznau hoch zur Rigi Staffelhöhe.

Mit diesem Wissen besteigen wir nun ebendiese historische Zahnradbahn. Gemütlich bergauf ruckelnd, bringen uns die blau gestrichenen Wagen in Richtung unseres Startpunkts der Wanderung: Rigi Klösterli (1302 Meter). Hier steigen wir aus und wählen den pinkfarben markierten Winterwanderweg. Uns fällt dabei die schöne Wallfahrtskapelle „Maria zum Schnee“ auf, welche als eine der schönsten Bergkapellen der Umgebung gilt.

Das macht die Tour einzigartig!

- Königin der Berge
- Geschichtsträchtige Zahnradbahn
- Abenteuerlicher Rodelspaß

Der Winterwanderweg führt nun stetig bergan, zum Großteil an der Rodelpiste entlang. Somit ist ein wenig Vorsicht geboten wegen der Rodler und Rodlerinnen, die an uns talwärts vorbeibrausen, doch entschädigt wird man durch ihr freudiges Jauchzen, das ihre teils sehr abenteuerlichen Abfahrten begleitet. Wer die Rodelbegeisterten lieber meiden möchte, kann den Aufstieg via Klösterli hoch zum Gipfel problemlos auch mit der Bahn zurücklegen. Unser Weg führt jedenfalls zu Fuß nach Rigi Schwändi – ca. 30 Minuten unter dem Gipfel – bei der Alp Chäserenholz vorbei. Hier legen wir einen Halt ein, denn die Käserei ist ein Highlight des ersten Wegabschnittes. Die sympathische Alp stellt jährlich durchschnittlich 14 Tonnen würzigen Rigi-Alpkäse her, wovon wir uns ein ordentliches Stück leisten. Entweder essen wir ihn mit Genuss während einer eingelegten Marschpause oder wir tragen ihn zum Gipfel hoch, wo wir ihn mit Wohlbehagen verspeisen werden.

Unser Zwischenziel, der 96 Meter hohe Sendeturm auf Rigi Kulm, ist jedenfalls nun in greifbarer Nähe und schon bald stehen wir auf dem höchsten Punkt der Königin der Berge. Hier erwartet uns neben dem Trubel der nicht wenigen Touristen und Touristinnen wirklich eine königliche Aussicht auf unzählige verschneite Berggipfel im 360-Grad-Panorama. Unzählig ist aber das falsche Wort, ganze **620 Berggipfel** können bei optimalen Wetterbedingungen gezählt werden. Doch nicht nur Berge, auch 13 Seen lassen sich bei guter Sicht erspähen. Wer alle aufzählen kann, dem gebührt viel Respekt. Spannend ist die Tatsache, dass man theoretisch 24 der 26 Schweizer Kantone erblicken könnte. Welche zwei Kantone nicht im Blickfeld sind, darüber lässt es sich bei Brot, Käse und dazu passendem Apfelsaft oder Wein gut und lange diskutieren. Die wundervolle Aussicht wird uns noch weiter begleiten auf dem Weg nach Rigi Kaltbad hinunter. Für die Rodelbegeisterten gäbe es jetzt noch die Möglichkeit, eine Pause einzulegen, um mit einem mietbaren **Holz-Rodel** von Rigi Kulm nach Rigi Klösterli hinunterzufahren – Spaß ist dabei garantiert! Und das Schöne dabei ist, dass einen die Rigi-Bahn gemütlich wieder hochfährt zur Rigi Kulm (Tageskarte empfehlenswert), wo man den Plausch so lange

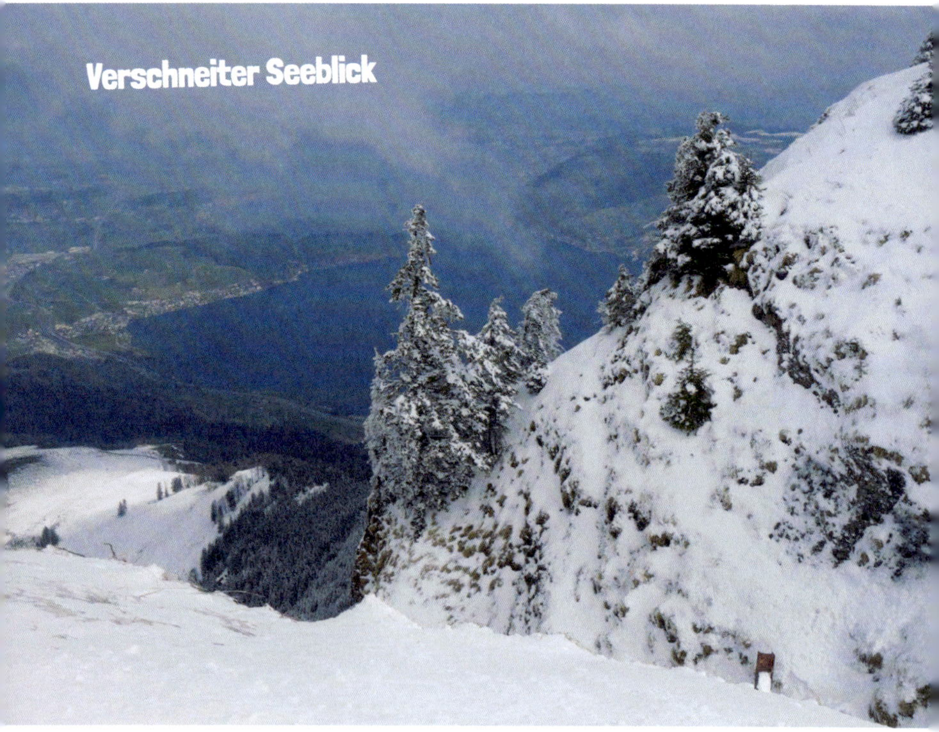

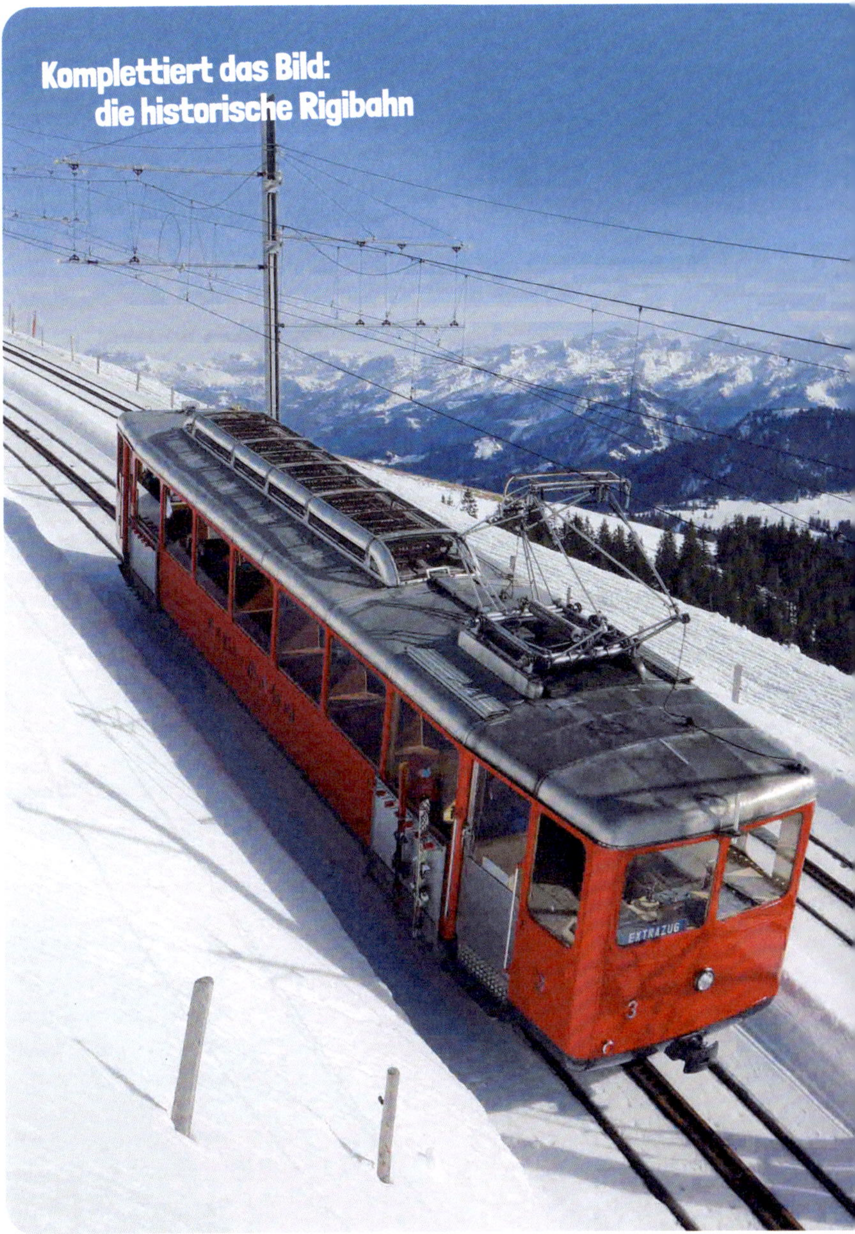
Komplettiert das Bild:
die historische Rigibahn
EXTRAZUG
3

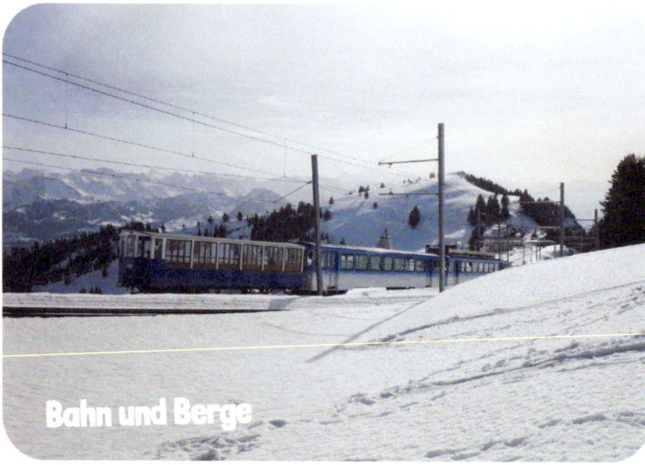

Bahn und Berge

wiederholen kann, wie man möchte – oder bis einem das eigene Sitzpolster wehtut …

Nicht vergessen sollten wir, dass unsere Wanderung noch weiter führt, und zwar marschieren wir nun gemütlich stetig bergab via Höhenweg nach Rigi Kaltbad. Der Weg wird nicht ohne Grund als Klassiker bezeichnet. Die Aussicht bleibt eine Augenweide und die regelmäßig fahrenden blauen und roten Rigi-Bahnen stellen einen schönen Kontrast zur schneeweißen winterlichen Landschaft dar. Wir passieren nach der Station Staffelhöhe den **Aussichtspunkt Känzeli**, welchen bereits Königin Victoria im Jahr 1868 in ihrem Tagebuch gelobt haben soll.

Der letzte Abschnitt führt an **Rigi Kaltbad** vorbei. Hier lädt der vom weltbekannten Tessiner Architekten Mario Botta kreierte Badebereich dazu ein, ein gemütliches Wellnesswochenende inmitten herrlicher Bergwelten zu verbringen. Wir spazieren jedoch weiter Richtung unseres Ausgangspunkts Rigi Klösterli. Der Blick auf den blau schimmernden **Vierwaldstättersee** ist dabei stets garantiert. In Rigi Klösterli genießen wir noch ein letztes Mal die Aussicht, bevor uns die blaue Rigi-Bahn gemütlich nach Arth-Goldau zurückfährt. Andere Zielorte sind flexibel wählbar, so kann in Rigi Kaltbad auch die Seilbahn nach Weggis oder die Zahnradbahn nach Vitznau genommen werden.

FAZIT

Die Rigi wird nicht zu Unrecht als Königin der Berge betitelt. Eine spannende Geschichte, faszinierende Aus- und Weitblicke und vielseitige Wandermöglichkeiten machen die Rigi zum perfekten Ausflugsort.

GUT ZU WISSEN

VON: Rigi Klösterli
BIS: Rigi Klösterli
LÄNGE: 11 Kilometer
HÖHENMETER: 600 (hinauf und hinunter)
ETAPPEN: 1
MARKIERUNG: pink (Winterwanderweg)
HÖCHSTER PUNKT: Rigi Kulm, 1798 Meter

DAS BRAUCHE ICH:
- gute Winterschuhe mit Profil
- Mut für eine abenteuerliche Schlittenfahrt
- Sonnenbrille bei sonnigem Wetter

Abenteuer 3 von 5
Natur 3 von 5
Schwierigkeit 2 von 5

Für jede und jeden etwas dabei

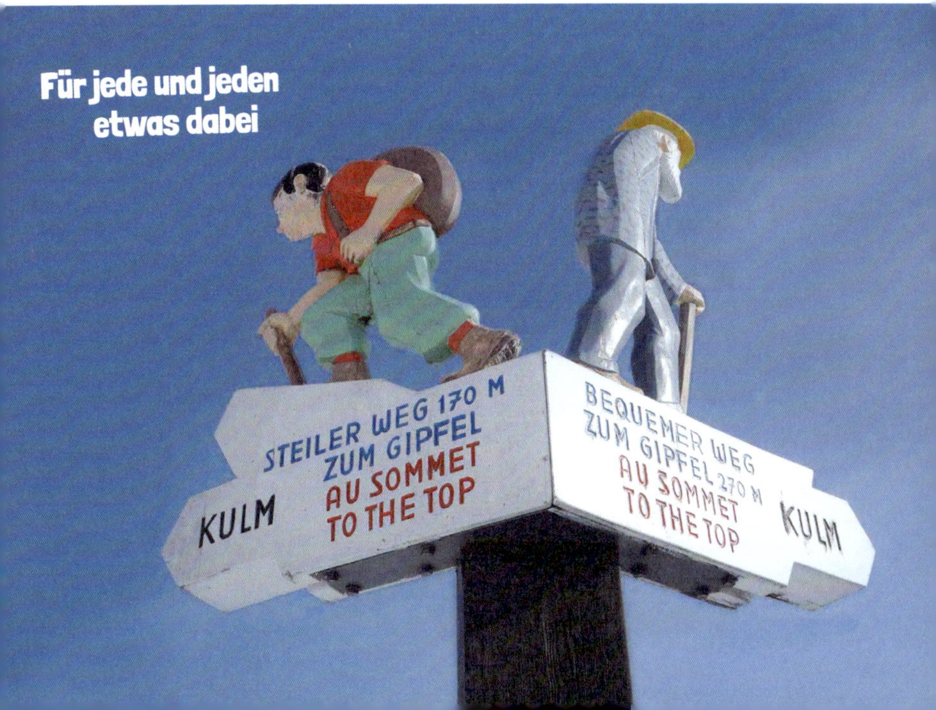

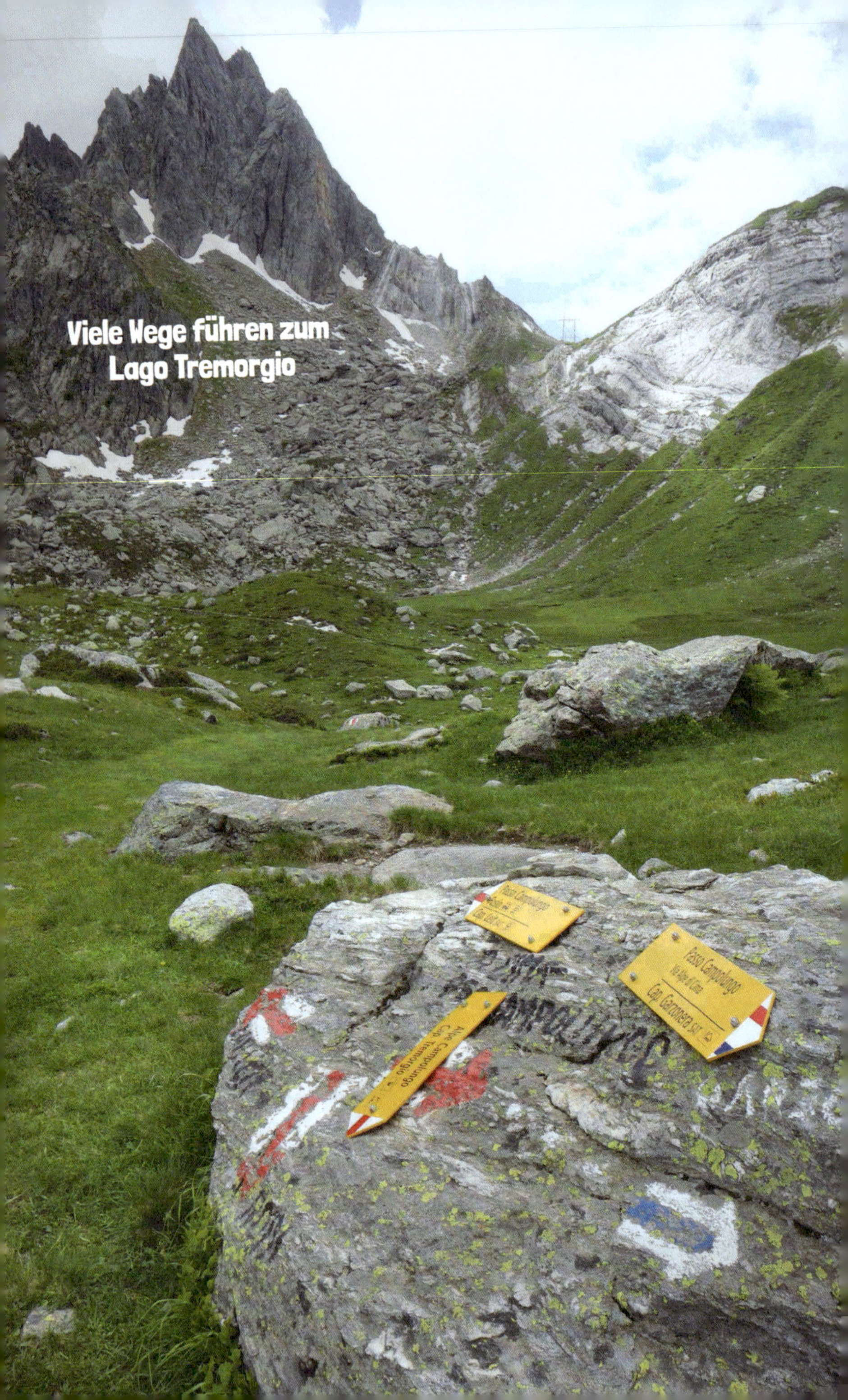

Viele Wege führen zum Lago Tremorgio

Das Tessin als „Tor zum Süden" bietet mit über 4000 Kilometer Wanderwegen eine schier unendliche Auswahl an Touren. Wir wählen heute das Nordtessin aus und wandern sozusagen auf ehemaligem Meeresboden. Auf dem Naturlehrpfad Tremorgio in der Region Leventina begeben wir uns in eine Gegend, welche es dank ihrer geologischen Geschichte zu Weltruhm gebracht hat – und dies fernab vom Massentourismus.

Zwei glitzernde Bergseen, eine wunderbare Blumenpracht inmitten naturbelassener Gebirgslandschaften und lehrreiche geo-

Naturlehrpfad Tremorgio

Rundwanderung auf dem Boden des Urmeeres

logische Erkenntnisse erwarten uns heute auf der spannenden Rundwanderung. Unser Ausgangspunkt ist das Dorf Rodi-Fiesso, wo sich die Talstation der Tremorgio-Bahn befindet. Dank einem großzügigen Parkplatz ist die Anreise mit dem eigenen Auto gut möglich. Ich empfehle für die Anreise aus der Deutschschweiz die Panoramastrecke mit dem „Treno Gottardo" bis Faido. Die **historische Eisenbahnlinie** wurde im Jahre 1882 eröffnet und bietet dank dem einmaligen Panorama und den sieben faszinierenden Kehrtunneln eine spektakuläre Fahrt. Die Szenerie ändert sich je zurückgelegtem Bahn-Kilometer und das weltberühmte Kirchlein von Wassen ist ein dreifacher Höhepunkt. Dank den spektakulären Kehrtunnel fährt man am markanten Gotteshaus gleich dreimal vorbei, einmal unterhalb, einmal auf gleicher Höhe und einmal oberhalb.

In Rodi-Fiesso steigen wir in eine Kabine der Tremorgio-Seilbahn, welche vom örtlichen Kraftwerk betrieben wird. Dank des Bähnleins ersparen wir uns 900 steile Höhenmeter. Bei der Bergstation Tremorgio angekommen, steigt die Freude auf unsere heutige Tour, denn vom ersten Meter an ist der **wunderschöne Lago Tremorgio** sichtbar. Eine erste Informationstafel klärt uns über den **geologischen Naturlehrpfad** auf, auf welchem wir heute auf der Teilstrecke Campolungo wandern. Der ca. 9 Kilometer lange Weg, der 2016 eröffnet wurde, bietet auf sieben Schautafeln übersichtlich Informationen zur Mineralogie, Geologie, Geschichte, Flora, Fauna und Weidewirtschaft der Gegend.

INFO

Die Capanna Leìt ist ein bekannter Ausgangspunkt für Klettertouren. Vor allem der Pizzo del Prèvat gilt als herausfordernder Kletterberg.

Am kleinen Restaurant Tremorgio gehen wir vorerst ohne Halt vorbei – wir werden nach unserer Rundwanderung hierher zurückkehren und bestimmt das eine oder andere Tessiner Gericht genießen. Auf angenehmen Pfaden wandern wir durch einen dicht bewachsenen Abschnitt und fühlen uns dabei fast ein wenig wie im Regenwald. Als Kontrast schimmert der blaue Bergsee durch die grüne Pflanzenpracht und wir halten mehrmals an, um diese Kulisse zu fotografieren. In vielen Kehren führt nun unser Weg nach oben. **Tosende kleine Wasserfälle** erfreuen uns und die nun zunehmend üppige alpine Blumenpracht lässt unser Flora-Herzchen höherschlagen. Auf dem kalkhaltigen Gestein rund um den See wächst eine vielfältige Pflanzenwelt, eine dieser speziellen Alpenbewohnerinnen ist

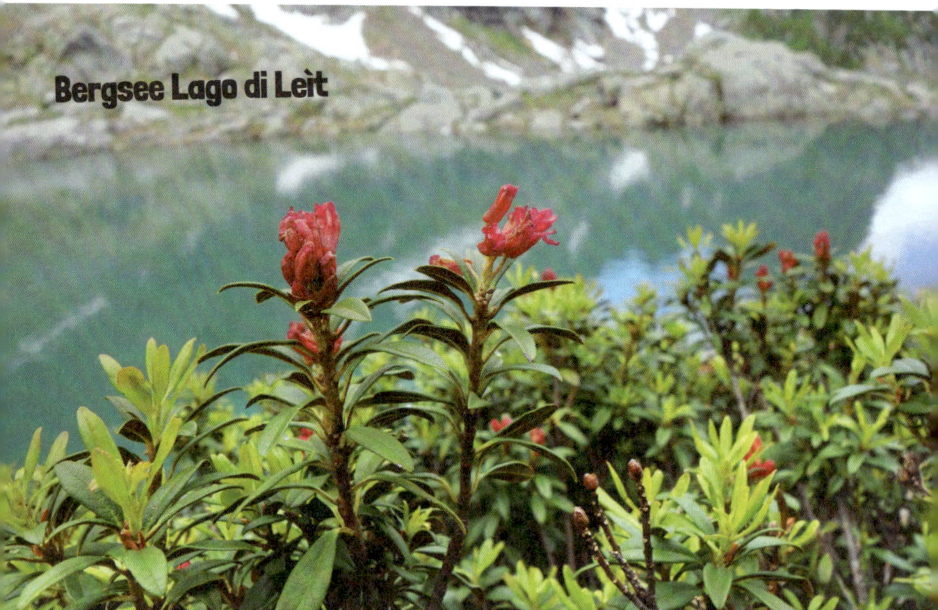

Bergsee Lago di Leìt

die blaue Alpen-Akelei. Sie besitzt eine der größten Blüten der Alpen. Wer diese Schönheit nicht entdeckt, kann sich über die zahlreichen roten Alpenrosen, blauen Enziane und weißen Alpenanemonen freuen, welche den Weg säumen. Zufrieden erreichen wir die Hochebene Campolungo. Auch hier entdecken wir eine wunderbare, spezielle Landschaft. **Mäandernde Bäche** liegen malerisch in der saftig grünen Ebene. Vor uns ragt die markante Felspyramide Pizzo del Prèvat auf. Welch eine wohltuende Energiequelle!

Wir werden dank der Rundwanderung nochmals an diesen magischen Ort zurückkommen und mit diesem Wissen setzen wir unsere Route fort. Der gelbe Wegweiser zeigt in beide Richtungen unser nächstes Zwischenziel an, die Capanna Leìt. Wir setzen unseren Rundgang fort via Passo Vanit. Die Wanderung führt uns durch eine weitere zum Staunen anregende Gegend. Aufgrund des weißen, sandigen Untergrunds fühlen wir uns kurz wie an einem **Meeresstrand**. Beim Pass Vanit genießen wir einen eindrucksvollen Ausblick auf die Leventina und dank des weißen Felsbandes auch einen Einblick in die geologische Geschichte der Alpenkette. Vor allem die unterschiedlichen kristallinen Gesteine und Meeressedimente locken regelmäßig Fachleute aus aller Welt in diese Gegend. Beim meist schneeweißen Gestein handelt es sich um den hier typischen Dolomitmarmor. Diese Schichten stammen aus einem Sediment, welches vor vielen Millionen Jahren in einer geringen Tiefe auf dem Grund des Urmeeres abgelagert wurde. Nur dank der enormen Kräfte der Alpenketten-Faltung kommt dieses Überbleibsel des Meeresbodens zum Vorschein. Nach dem Abschmelzen des Eises blieben zudem **kleine Bergseen** zurück, welche im Dialekt des Leventina als „Leìt" bezeichnet werden. Einer dieser Leìt ist unser nächstes Ziel und so wandern wir weiter in Richtung der Schutzhütte Capanna Leìt auf 2257 Metern (Capanna ist die italienische Bezeichnung für Hütte). Mit jedem Schritt wird die

Das macht die Tour einzigartig!

- Wandern auf „Meeresboden"
- Zwei herrliche Bergseen
- Malerische Hochebene

Landschaft karger, grauer und rauer und Felsen lösen die bunten Alpenwiesen ab. Bei der Hütte angekommen, lohnt sich unbedingt ein Abstecher zum nahe gelegenen Lago di Leìt, einem Bergsee, welcher je nach Lichteinfall herrlich grün oder eisblau schimmert. Hier am Bergsee oder in der bewirteten Hütte pausieren wir und bewundern die herrliche alpine Kulisse.

Anschließend wandern wir talwärts durch eine malerische Gegend und erspähen schon bald unsere bekannte grüne Hochebene Campolungo. Die sprudelnden Bergbäche begleiten uns bis hinunter zum Boden. Auch pfeifende Murmeltiere hören wir auf dem Wegstück. Um diese scheuen Tiere zu erspähen, benötigt man aber viel Glück. Wir sind auch ohne Tiersichtung glücklich unterwegs aufgrund der vielseitigen Landschaft. Vor der Alpe Campolungo weist ein gelbes Schild den Weg in Richtung Passo Campolungo. Hier lohnt sich unbedingt eine Extrarunde zu einer weiteren Ader aus **weißem Dolomitmarmor**. Nach dem Passieren dieses geologischen Wunders wandern wir oberhalb des Felsbandes zurück hinunter zur Ebene. Wer die Extraschlaufe von ca. 2 Kilometern und 200 Höhenmeter lieber auslässt, kann dafür umso mehr Zeit auf der weitläufigen Hochebene verbringen. Auf einem der großen Felsblöcke lässt sich bestens eine gemütliche Pause einlegen, um dem kristallklaren Bach und den weidenden Kühen mit ihren Kuhglocken zu lauschen.

Auf dem letzten Abschnitt orientieren wir uns wieder in Richtung unseres Ausgangspunkts, der Bergstation Tremorgio. Wir gehen dabei an der Hütte der Alpe Campolungo vorbei, in welcher in den Sommermonaten aromatischer Alpkäse hergestellt wird. Beim Abstieg haben wir den kreisrunden, einem Kratersee ähnlichen Lago Tremorgio ständig im Blick. Interessierte können bei einer ausgeschilderten Abzweigung eine Seeumrundung anhängen und somit den zweiten Teilabschnitt des Naturlehrpfades begehen.

Mit oder ohne Extraschlaufe erreichen wir unseren Ausgangspunkt bei der Capanna Tremorgio, gönnen uns einen verdienten Aperitif und stoßen auf dieses einmalige und vom Massentourismus verschonte Kleinod an, welches wir sicher nicht das letzte Mal besucht haben.

FAZIT

Eine eindrucksvolle Rundwanderung in einer vielfältigen Gegend hoch über der Leventina. Geologische Einblicke veranschaulichen die Kraft der Natur. Und die malerische Hochebene Campolungo lädt zum Energietanken ein.

GUT ZU WISSEN

VON: Bergstation Tremorgio
BIS: Bergstation Tremorgio
LÄNGE: 9 Kilometer
HÖHENMETER: 700 (hinauf und hinunter)
ETAPPEN: 1
MARKIERUNG: weiß-rot-weiß
HÖCHSTER PUNKT: Campolungo, 2318 Meter

DAS BRAUCHE ICH:

- genügend Zeit, um auf der Hochebene Energie zu tanken
- Fernglas für die Beobachtung von Murmeltieren
- Alpenblumen-Führer für die Bestimmung ungewöhnlicher Blumen

Abenteuer 3 von 5
Natur 5 von 5
Schwierigkeit 4 von 5

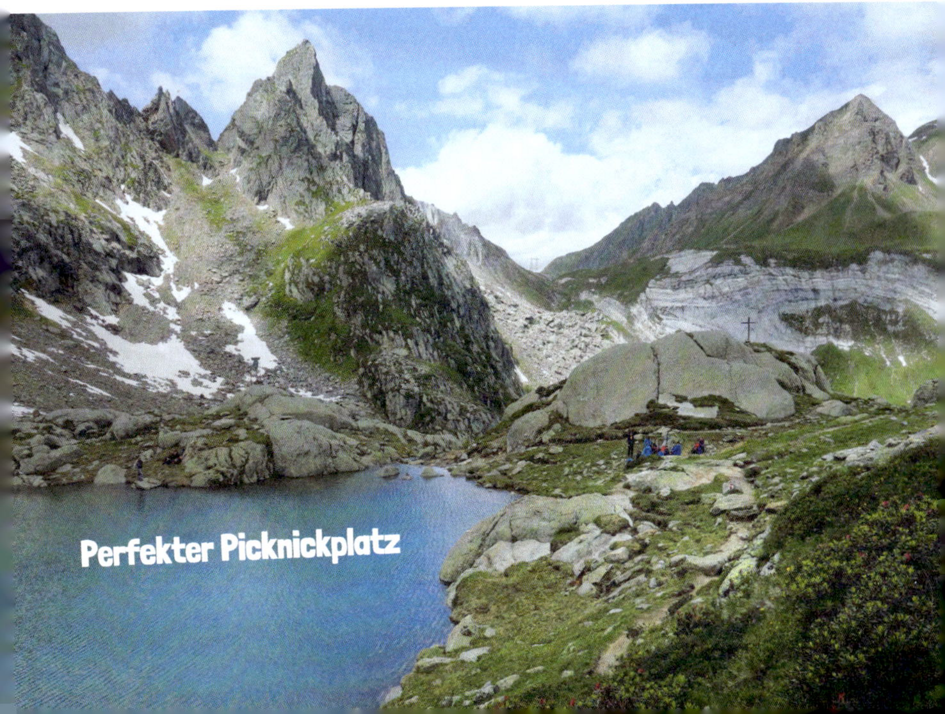

Perfekter Picknickplatz

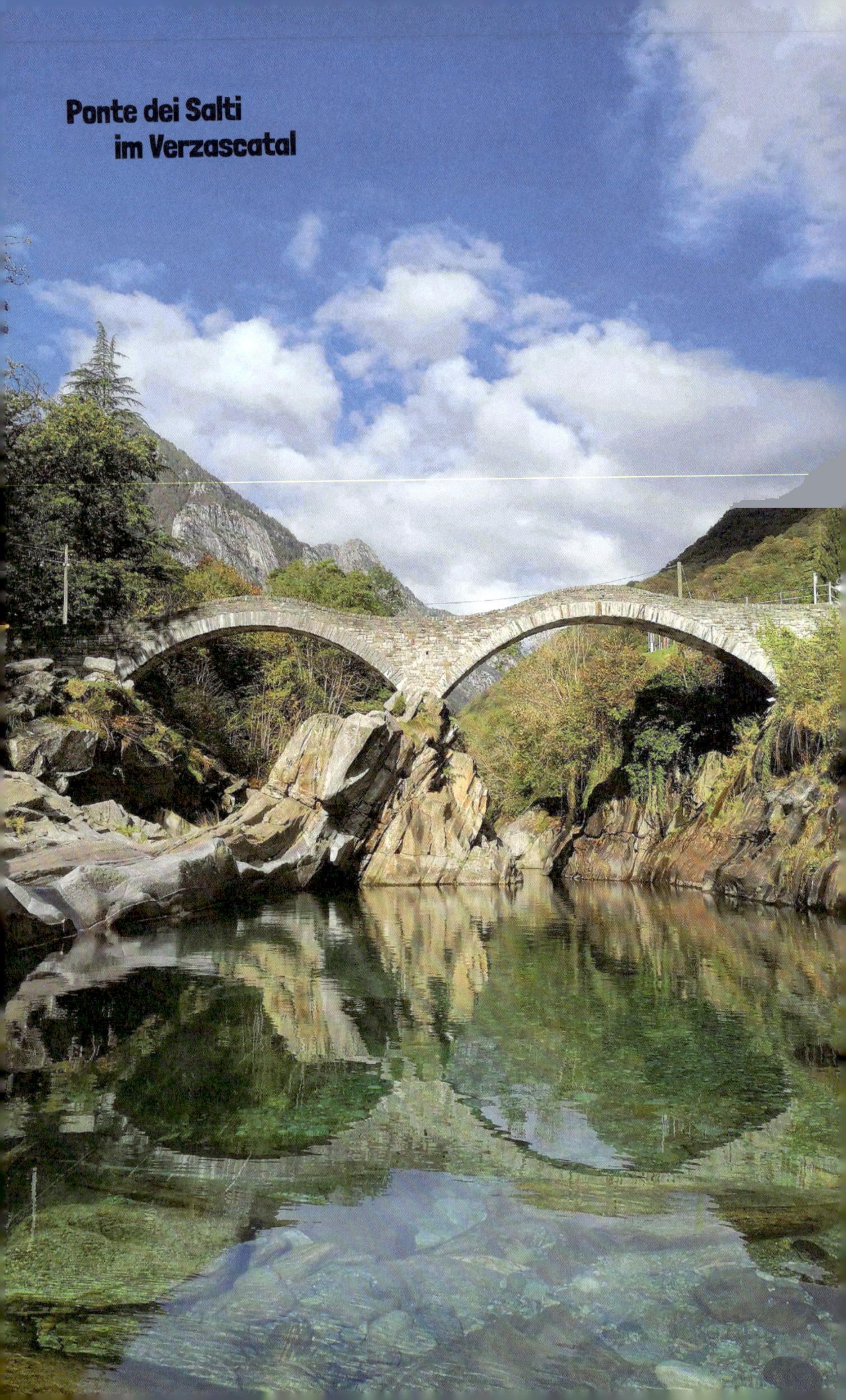
Ponte dei Salti
im Verzascatal

Val Verzasca: vom Wasser über die Jahre ausgewaschene Flussbecken, wunderbarer Fels und glitzerndes, smaragdgrünes Wasser. Wer typische Tessiner Kleindörfer und ein idyllisches Tal mit einem der schönsten Flüsse der Schweiz erleben will, ist auf dem Sentiero Lavertezzo–Sonogno im Verzascatal bestens aufgehoben. Die Wanderung ist Teil des Sentiero Verzasca, welcher über eine Strecke von insgesamt 34 Kilometern in zwei Etappen von Sonogno nach Locarno führt.

Für unsere Route nehmen wir die erste Etappe unter die Füße, und zwar in umgekehrter Richtung, nämlich von Lavertezzo

Im Val Verzasca

Smaragdgrüner Fluss mit steinigen Bogenbrücken

nach Sonogno. Lavertezzo ist ein Tessiner Kleinstdorf und liegt etwa in der Mitte des Val Verzasca. Ein Postauto bringt uns vom Bahnhof in Locarno am Lago Maggiore bis nach Lavertezzo, Paese. Hier wartet auch bereits das erste Highlight der Tour auf uns: die **Ponte dei Salti**, eine filigrane Doppelbogenbrücke aus dem 17. Jahrhundert. Die Spiegelung in der **smaragdgrünen Verzasca** lässt jedes Fotografenherz höherschlagen. Tipp: Im Herbst ist der Sonneneinfall in den frühen Morgenstunden besonders schön. Die besten Spiegelungen lassen sich unterhalb der Ponte dei Salti – mit Lavertezzo im Rücken – auf einem der flachen, ausgewaschenen Felsblöcke einfangen. Beim Motiv kann nicht viel schiefgehen, an schönen Sommertagen ist es jedoch eine Kunst für sich, diese eindrucksvolle Steinbrücke ohne Menschen darauf vor die Linse zu kriegen. Nicht nur Einheimische, sondern auch Reisende aus aller Welt erfrischen sich gerne im eiskalten Nass. Es empfiehlt sich deshalb, eine der ersten Verbindungen ab Locarno zu nehmen und generell die Wanderung gut auf den Postautofahrplan abzustimmen – bei den wenigen Talbewohnerinnen und Talbewohnern im Val Verzasca stößt nämlich hinsichtlich des Taktfahrplans auch der bekannte Service

INFO

Aufgrund des smaragdgrünen, glasklaren Wassers mit seinen Spiegelungen und den tiefen Flussbecken ist das Verzascatal auch als „die Malediven der Schweiz" bekannt.

Public der Schweiz an seine Grenzen. Das Foto der Ponte dei Salti im Kasten und die Erinnerung im Herzen stehen uns nun wunderbare 14 Kilometer bevor. Die Wanderung startet direkt nach der Überquerung der Ponte dei Salti flussaufwärts. Ein gelber Wegweiser zeigt uns den Weg nach Sonogno. Mit einem Blick zurück auf den **schönen Kirchturm von Lavertezzo** lassen wir den eventuellen Trubel der Badegäste hinter uns.

Der Wanderweg verläuft die ersten Kilometer im lichten Laubwald etwas oberhalb des Flusses. Eine große Holzschaukel am Wegrand lädt bald schon zum Innehalten und Genießen ein – die Stille und das sanfte Geräusch der Verzasca wirken herrlich beruhigend. Weiter geht es flussaufwärts auf der linken Talseite und auf der gegenüberliegenden Seite des Flusses können wir bereits die nächsten teils winzigen Dörfer sehen. Einst geprägt von Wanderweidewirtschaft und Wassermangel ist das Verzascatal heute bekannt als Paradies für Abenteuerlustige, Ruhesuchende, Sportbegeisterte und Kulturinteressierte. Kurz: ein Tal mit zahlreichen Entdeckungsmöglichkeiten, das wirklich

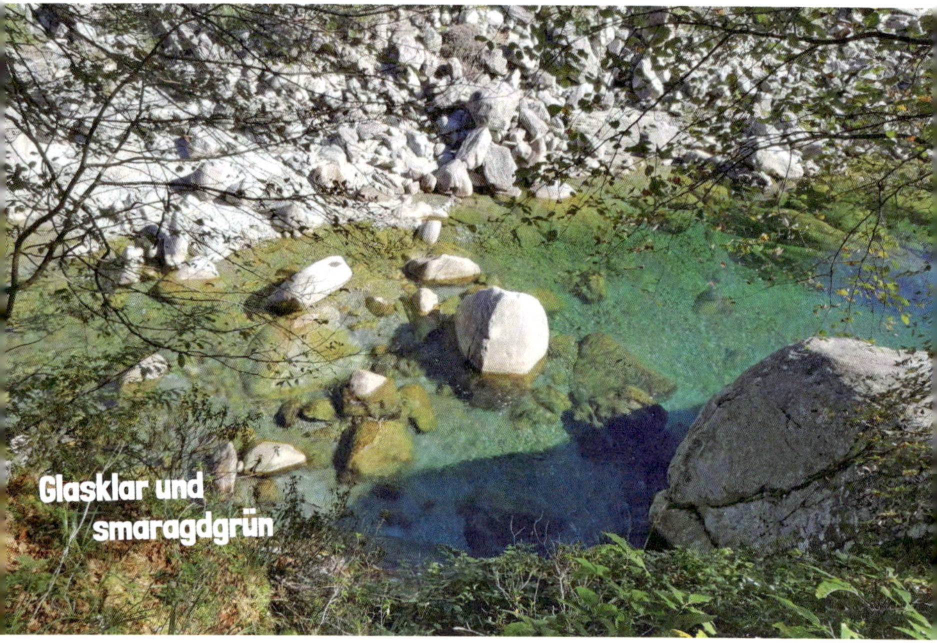
Glasklar und smaragdgrün

für fast jeden Geschmack etwas bereithält. Es gilt als eines der ursprünglichsten Täler des italienischsprachigen Schweizer Kantons und ist definitiv einen Besuch wert.

Immer wieder zeigt sich uns das glasklare Wasser der Verzasca, die sich sanft durch das Tal schlängelt. Bei Ganna passieren wir die Verzasca über die große Brücke. Die sanfte, aber kontinuierliche Steigung des Wanderwegs zieht sich weiter nach Brione. Hier haben wir bereits die Hälfte unserer Etappe geschafft. Wo das Val d'Osura auf das Verzascatal trifft, liegt das rustikale Dorf auf einer Ebene, die früher ein See war. Außerdem beeindruckt von hier aus der Blick auf die 600 Meter hohe Wand des Poncione d'Alnasca (2300 Meter) im Osten und ein Boulder-Garten lockt Kletterfans aus der ganzen Region an. Der Weg führt nun über offene Weiden vorbei an typischen **Rustici**, traditionelle Tessiner Häuser mit Wänden und Dächern aus Granitstein. Ursprünglich dienten die Rustici der Landwirtschaft, gegenwärtig werden sie meist als Ferienwohnungen genutzt – und besitzen nicht selten eine luxuriöse Innenausstattung. Wer länger im Tessin verweilt, sollte sich das Erlebnis eines Aufenthalts in einem typischen Rustico nicht entgehen lassen.

Das macht die Tour einzigartig!

- **Bogenbrücke Ponte dei Salti**
- **„Die Malediven der Schweiz"**
- **Traditionelle Rustici und Bergdörfer**

Weiter geht es am Waldrand entlang, am Dorf Gerra vorbei nach Frasco, dem ehemaligen Handwerkszentrum des Verzascatals. Heute erinnert lediglich noch eine Mühle im Dorf an die alten Zeiten. Wir queren die Verzasca hier über die schmale Fußgängerhängebrücke. Je weiter wir in den hinteren Teil des Tals gelangen, desto **wildromantischer** wird die Landschaft. Schöne Wälder, offene Felder und die Sicht auf die steilen Hänge wechseln sich ab. Unser Wanderziel **Sonogno** ist schließlich das hinterste Dorf im Val Verzasca und eines der charakteristischsten Tessiner Dörfer. Hier reihen sich wunderschöne, gut erhaltene alte Steinhäuser aneinander und säumen die Straßen rund um den Dorfplatz, die Piazzetta, wie sie im Tessin genannt wird. Auf dieser Piazzetta findet im Sommer monatlich ein Markt mit

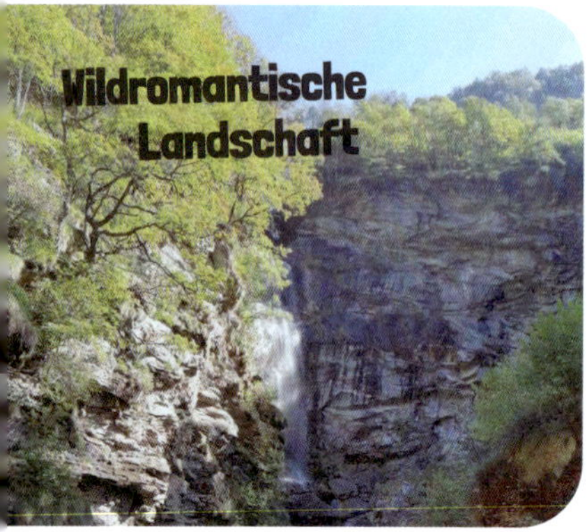

Köstlichkeiten und Handwerk aus der Region statt. Wer diesen verpasst, findet bestimmt im Haus der Wolle „Casa della lana“, wo heute noch Handarbeiten aus Schafswolle hergestellt werden, oder in einem der anderen kleinen Läden regionale Schätze. Für Kulturinteressierte bietet sich ein Besuch der „Casa Genardini“ an. In diesem Haus am Dorfplatz befindet sich nämlich das Heimatmuseum des Verzascatals, das spannende Informationen rund um das Tal und seine Einwohnerinnen und Einwohner bietet.

Wer bis hierher noch nichts von einem **Grotto** gehört hat, sollte jetzt die Chance nutzen. Die Grotti sind der Inbegriff der italienischen Schweiz und stehen für rustikale Restaurationsbetriebe mit regionaler Küche und viel Geselligkeit. Ein sämiger Risotto oder die bekannte Polenta (Maisgrieß) und dazu ein Glas Tessiner Wein – besser kann man eine Wanderung fast nicht ausklingen lassen. In Sonogno laden typische Grotti zu einer herzhaften Verpflegung ein, ehe das Postauto uns zurück nach Locarno bringt. Auf dem Rückweg lassen sich durch das Fenster einige Blicke auf die zurückgelegten Wegabschnitte, die passierten Bergdörfer, die Ponte dei Salti, den Kirchturm von Lavertezzo und den aus dem James-Bond-Film „Goldeneye“ bekannten **Verzasca-Staudamm** erhaschen. Der Staudamm ist von Locarno her gesehen das Eingangstor zum Verzascatal. Er wurde in den 1960er-Jahren gebaut und ist mit seinen 220 Metern Höhe einer der höchsten Staudämme der Welt. Das Wasser des damit gestauten Vogorno-Sees wird zur Stromgewinnung genutzt. Wer sich einmal wie James Bond fühlen und seinen Adrenalinspiegel ansteigen lassen will, kann sich hier in ein Bungeejumping-Abenteuer stürzen. Den meisten wird jedoch der Anblick der Staumauer wahrscheinlich schon ausreichen. Für uns bildet der Staudamm nun den Ausgang aus dem wildromantischen, abwechslungsreichen Verzascatal. Das Postauto schlängelt sich über die letzten Serpentinen hinunter und erreicht schließlich wieder unseren Ausgangspunkt Locarno.

FAZIT

Die historische Bogenbrücke Ponte dei Salti, das smaragdgrüne Wasser der Verzasca und die typischen Bergdörfer sind die Highlights dieser Tour. Das Verzascatal gilt als eines der ursprünglichsten Täler des Tessins und könnte wildromantischer kaum sein!

GUT ZU WISSEN

VON: Lavertezzo
BIS: Sonogno
LÄNGE: 14 Kilometer
HÖHENMETER: 620 hinauf, 260 hinunter
ETAPPEN: 1
MARKIERUNG: gelb
HÖCHSTER PUNKT: Sonogno, 943 Meter

DAS BRAUCHE ICH:

- Abfahrtszeiten des Postautos prüfen
- genügend zu trinken (vor allem im Sommer) und Sonnenschutz
- Badesachen für eine Erfrischung in der glasklaren Verzasca

Abenteuer 2/5
Natur 4/5
Schwierigkeit 1/5

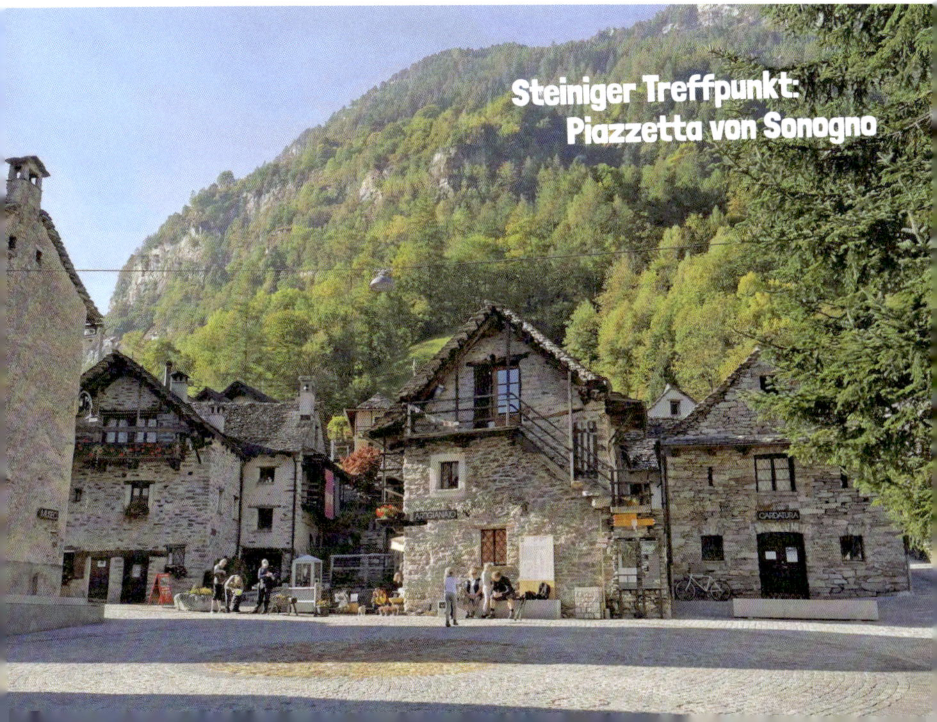

Steiniger Treffpunkt: Piazzetta von Sonogno

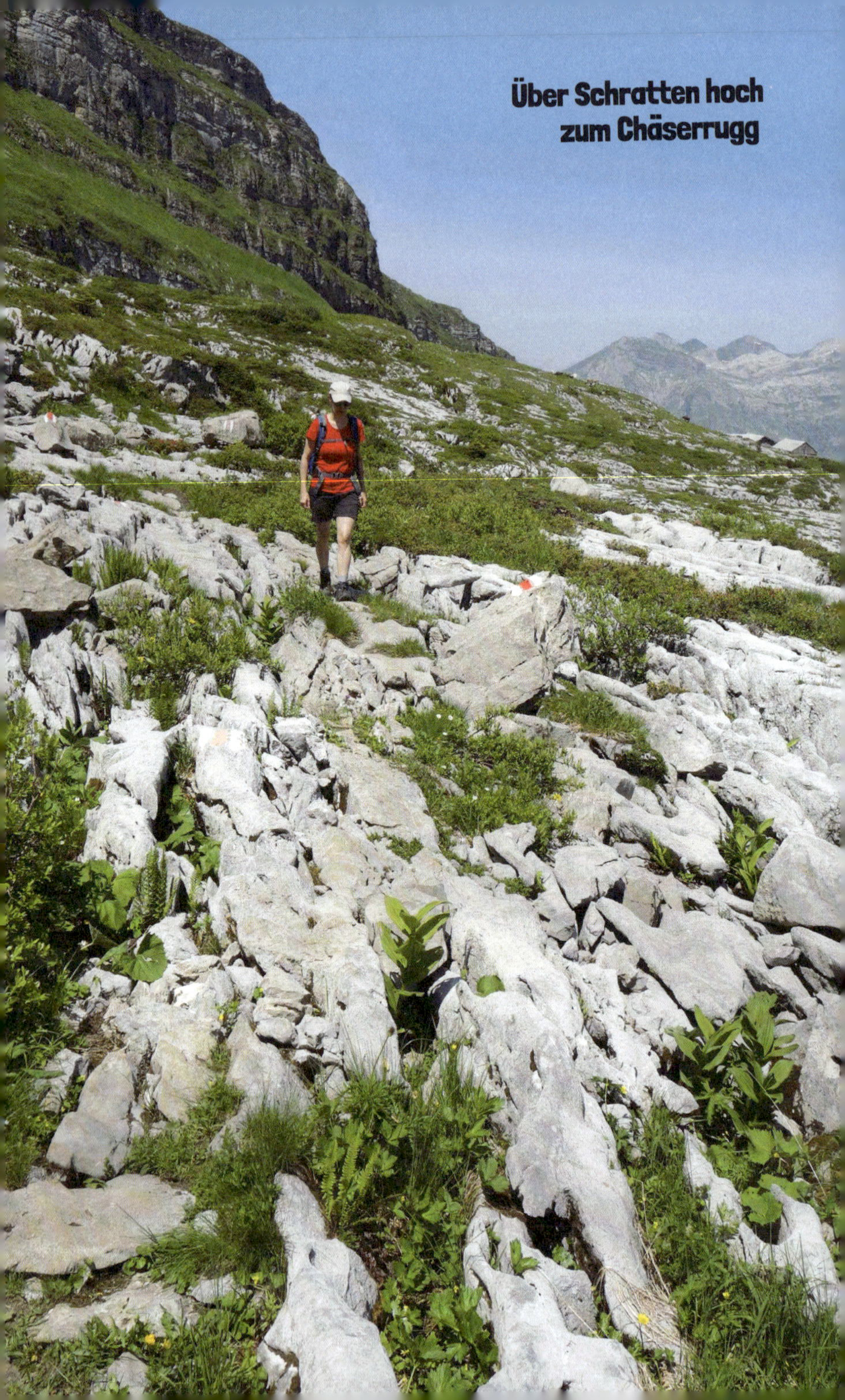
Über Schratten hoch
zum Chäserrugg

Die Gipfel der Churfirsten thronen hoch über dem Walensee. Heute erklimmen wir den bekanntesten Berggipfel der Kette: den Chäserrugg. Auf dem Weg dorthin wandern wir über zerklüftete Karstfelder, inmitten bunter Blumenwiesen und vorbei an Steinböcken. Die Aussicht auf dem 2262 Meter über dem Meer gelegenen Chäserrugg ist das abschließende Highlight dieser bemerkenswerten Wanderung.

Wer schon einmal mit dem Zug oder Auto von/nach Chur reiste, fuhr dabei am Walensee vorbei. Nicht nur die bei schönem Wetter sattblaue Farbe des Gewässers bleibt in Erinnerung, auch die

Aufstieg zum Chäserrugg

Über Karstfelder hoch zum Churfirsten-Gipfel

zackigen Berge hoch über dem Nordufer des Sees machen Eindruck. Bei dieser Bergkette handelt es sich um die Churfirsten. Je nach Zählweise kommt man auf sechs bis 13 Berggipfel, offiziell wird von sieben gesprochen. Die Ortsansässigen müssen kaum lange zögern, alle Namen der Gipfel aufzuzählen – wir Außenstehende lernen die Namen gefühlt jedes Mal aufs Neue: **Chäserrugg, Hinterrugg, Schibenstoll, Zuestoll, Brisi, Frümsel und Selun**. Eine anstrengende Wanderroute führt über alle Gipfel dieser Kette mit 4000 Höhenmetern, 24 Kilometern Länge und ca. 12 Stunden reiner Wanderzeit. Diesen Gewaltmarsch überlassen wir gerne anderen und begnügen uns heute mit dem Aufstieg zum Chäserrugg. Dieser ist der östlichste Gipfel der Bergkette und sein sanft geneigter und fast schon lieblich wirkender Grasrücken steht in abruptem Kontrast zu den senkrechten kalkhaltigen Felswänden in Richtung Walensee.

Für unsere Wanderung starten wir bei der Station Unterwasser-Post, wo wir die ersten 400 Höhenmeter mit der Standseilbahn hoch zur Alp Iltios zurücklegen. Hier folgen wir zu Beginn einem breiten Kiesweg unterhalb der Seilbahn und sind leicht skeptisch, ob wir nun tatsächlich unterhalb der Bahn hochwandern müssen. Dem ist nicht so, denn bald biegt ein Weg ab nach Espel und Plisa hoch zum Chäserrugg.

Ab Espel eröffnet sich plötzlich die Schönheit dieser Gegend. Blicken wir zurück auf unseren Ausgangspunkt, sehen wir das liebliche **Voralpental Toggenburg**. Die zwei Schwändiseen glitzern beim Dorf Wildhaus um die Wette mit dem mächtigen **Alpsteinmassiv** im Hintergrund – allen voran der beliebte Aussichtsberg Säntis mit seinem gut sichtbaren Sendeturm und dem Bergrestaurant. Das Gebiet Toggenburg/Chäserrugg wurde im Jahre 2021 von der Stiftung Landschaftsschutz Schweiz mit dem Preis für die **„Landschaft des Jahres"** ausgezeichnet. Wir können diese Auszeichnung vollständig nachvollziehen: Die farbigen Alpenblumen, die pfeifenden Murmeltiere und die Aussicht auf das Säntismassiv lassen uns immer wieder pausieren und staunen. Nachdem wir die ersten Höhenmeter entlang der Bergflanken hoch zur Alp Plisa geschafft haben, eröffnet sich uns ein weiteres Highlight mit einer **bizarren Landschaft aus „offenem Karst"**. Diese kalkhaltige Geländeart mit den eigentümlichen Mustern im hellen Kalkstein wurde durch den (sauren) Regen über lange Zeit geformt. Das Resultat sind **faszinierende Karren, Dolinen und**

INFO

Der bekannte Klangwelt-Weg Toggenburg führt bei der Alp Iltios vorbei.

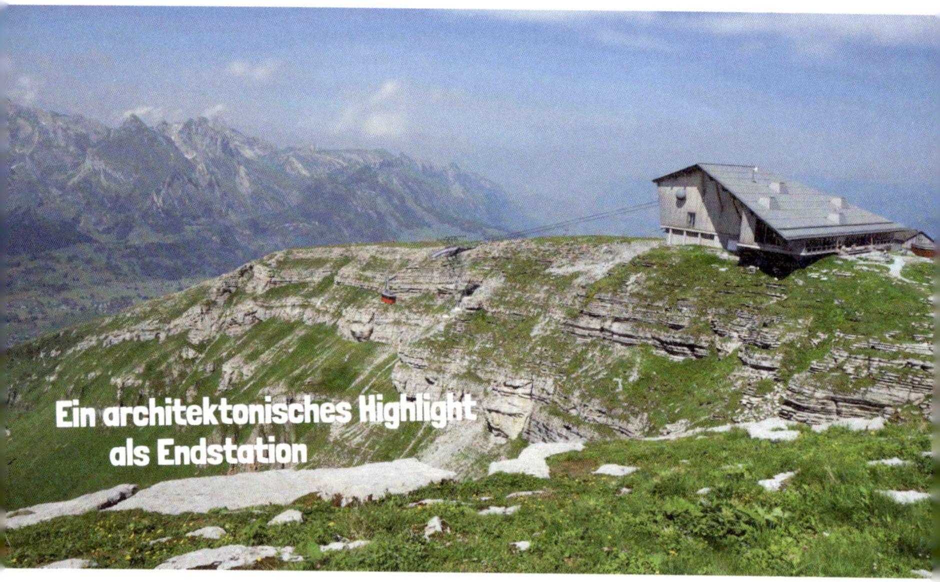

Ein architektonisches Highlight als Endstation

Höhlen. Ein oberirdisches Entwässerungsnetz fehlt weitgehend, das Regenwasser der ganzen Region entwässert sich in der Rinquelle am Walensee. In der Gegend mit ansonsten spärlicher Vegetation wachsen Alpenrosen und sogenannte Polsterpflanzen. Sie bieten einen hübschen Kontrast inmitten der grauen Karren. Aufpassen sollten wir bei der Überquerung der scharfkantigen Karstfelder mit den tiefen Höhlen und Spalten, welche direkt am Weg einen interessanten Einblick in die geologische Geschichte geben. Unsere Wegführung ist aber sehr gut markiert und damit ungefährlich, sofern wir auf dem Weg bleiben.

Das macht die Tour einzigartig!

- Eindrucksvolle Karstfelder
- Steinbock-Kolonie
- Landschaft des Jahres 2021

Wir wandern weiter zum Sattel, von welchem wir einen sagenhaften Ausblick Richtung Gamsberg haben. Fast schon senkrecht ragen seine Flanken in die Tiefe. Nach einem verdienten Halt machen wir uns auf den letzten Teil hoch zum Gipfel des Chäserruggs. Dieser Abschnitt führt über ein **steiles Geröllfeld** hoch. Vorsicht ist geboten, wenn im Frühsommer noch Schneefelder überquert werden müssen. Langsam hochzuwandern lohnt sich auch aufgrund möglicher Tierbeobachtungen. In den umliegenden Felsbändern können oft **Gämsen und Steinböcke** beobachtet werden. Letztere wurden im Jahre 1985 und 1991 im Gebiet der Churfirsten erfolgreich wiederangesiedelt. Haben wir Glück, sehen wir deren Nachkommen und können beobachten, wie die Tiere leichtfüßig die Felsen hochklettern. Wir selber bekunden eher mehr Mühe mit dem Aufstieg, doch wir erblicken schon bald die Bergstation des Chäserruggs vor uns. Diese wurde von den **weltbekannten Schweizer Architekten Herzog & De Meuron** entworfen. In Anlehnung an die hiesigen Ställe passt das riesige Gebäude mit integriertem Restaurant und der Seilbahnstation hervorragend in die Toggenburger Landschaft. Auch weitere umliegende Gebäude wurden in diesem Stil erbaut. Dieser schonende Umgang mit der Natur spielte bei der Auszeichnung der Landschaft des Jahres 2021 eine maßgebliche Rolle.

AUFSTIEG ZUM CHÄSERRUGG

Doch nicht (nur) wegen des bekannten Gebäudes, sondern wegen der Aussicht sind wir hier oben. Der Ausblick könnte beeindruckender kaum sein. Nur den **blauen Walensee** können wir noch nicht erspähen. Deshalb hängen wir noch die Rundwanderung Rosenböden an oder wir steigen via den Verbindungsgrat hoch zum Hinterrugg, von wo wir beste Aussicht ins Sarganserland haben. Mit dem Aufstieg zum 2306 Meter hoch gelegenen Hinterrugg haben wir auch gleich den höchsten Gipfel der Churfirsten „erklommen". Unter uns glitzert nun tief liegend der Walensee und wir haben einen Ausblick auf die weiteren Churfirstengipfel, welche dank der faszinierenden **Brüche, Faltungen und Aufschichtungen** einen einmaligen Einblick in die besondere Geologie geben. Hier oben können wir gleich auch unser Gedächtnis testen, denn wie hießen die sieben Churfirsten schon wieder?

Übrigens hat die Benennung der Churfirsten mit großer Wahrscheinlichkeit nichts mit Chur, der Hauptstadt des Kantons Graubünden, zu tun. Historiker streiten sich zwar noch über die Herleitung, neueste Erkenntnisse sagen aber, dass die Bezeichnung vom Wort „Kurfürsten" stammt: Die lokale Bevölkerung benannte die Gipfel nach den Kurfürsten, die im Römischen Reich jeweils den Kaiser wählten. Anno dazumal hatte auch unser heutiges Ziel, der Chäserrugg, den Namen „Kaisersruck". Nicht wie gedacht der Toggenburger Käse gab hier den Ton an, sondern der Kaiser schlechthin.

Apropos Essen: Zurück beim Restaurant leisten wir uns unbedingt einen **Schlorzifladen**, eine leckere süße Spezialität der Region Toggenburg. Den flachen, mit einer Schicht gekochter, pürierter Dörrbirnen und süßer Sahne bedeckten Kuchen genießen wir bei fantastischem Rundumblick. Für den Abstieg zurück nach Iltios nehmen wir die Gondel der Chäserrugg-Bahnen. Wer noch nicht genug von dieser abwechslungsreichen Gegend hat, darf selbstverständlich ins Tal hinunterwandern. Beim Abstieg heißt es nochmals nach Gämsen Ausschau zu halten, welche hier regelmäßig beobachtet werden. In der Gondel kann dazu sogar das dort fixierte Fernglas benutzt werden. Damit entdecken wir mit großer Wahrscheinlichkeit die Alpentiere und wenn nicht: Das ursprüngliche Toggenburg sehen wir bestimmt noch einmal vor unseren Augen.

FAZIT

Einmal auf einem der Churfirsten stehen! Doch nicht nur der Gipfel ist das Ziel, der Weg nach oben führt durch eine geologisch einmalige Gegend.

GUT ZU WISSEN

VON: Iltios
BIS: Chäserrugg
LÄNGE: 8 Kilometer
HÖHENMETER: 950 hinauf
ETAPPEN: 1
MARKIERUNG: weiß-rot-weiß
HÖCHSTER PUNKT: Chäserrugg, 2262 Meter

DAS BRAUCHE ICH:

- Sonnenschutz und genügend Flüssigkeit für den Aufstieg in der prallen Sonne
- Fernglas für die Suche nach Steinböcken
- nebelfreies Wetter (Achtung, Karstfelder!)

Abenteuer
Natur
Schwierigkeit

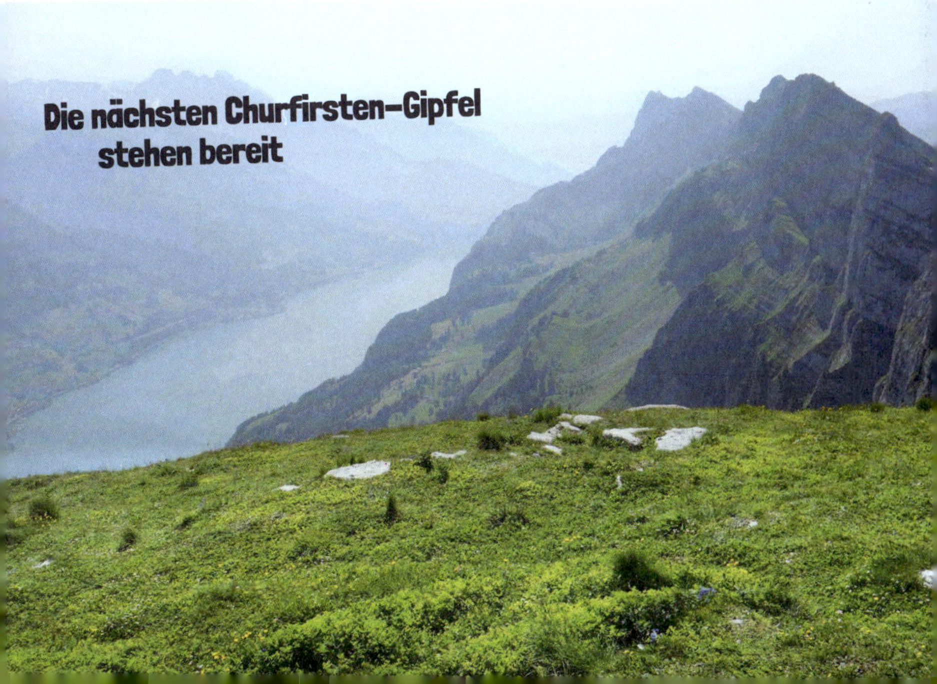

Die nächsten Churfirsten-Gipfel stehen bereit

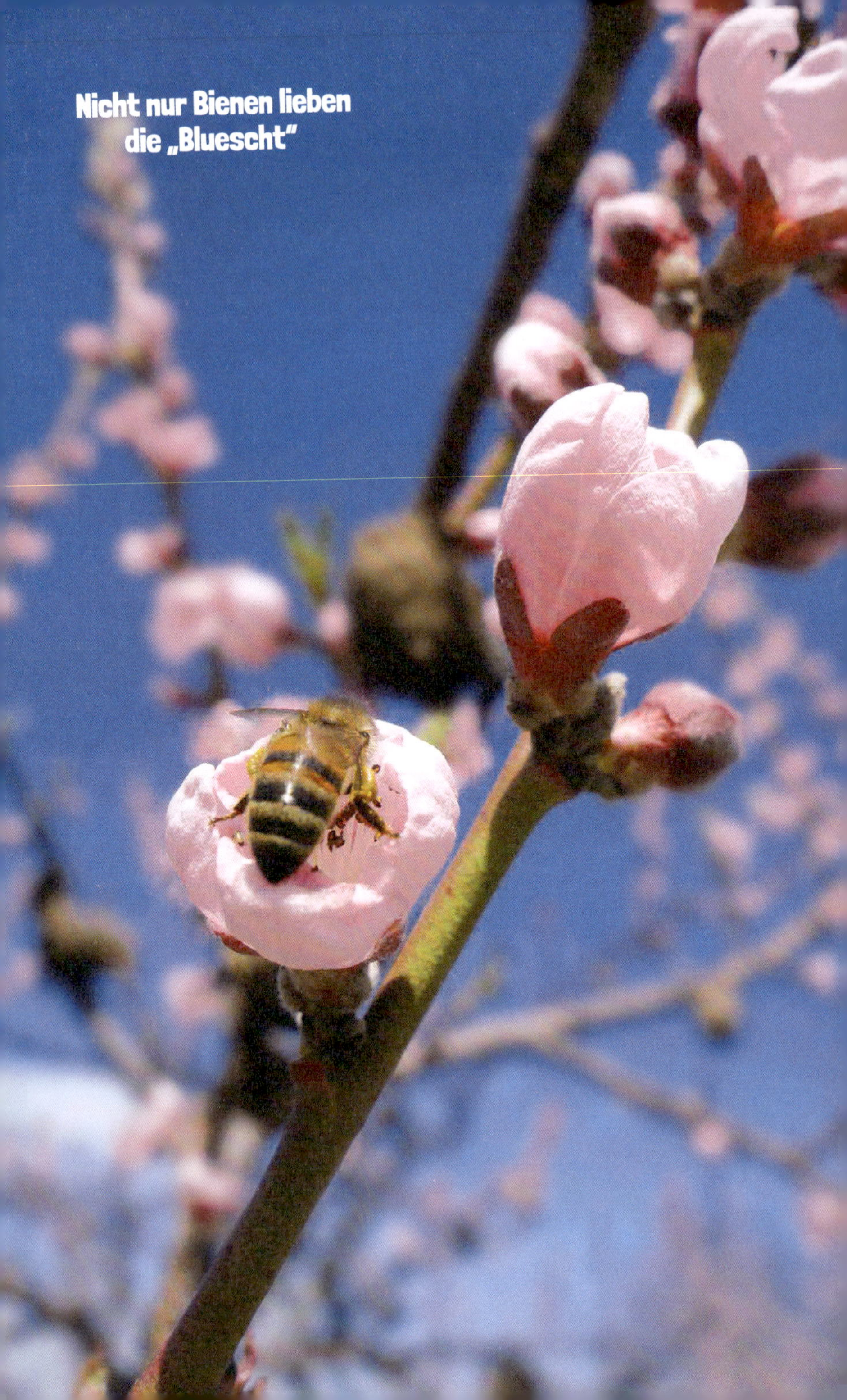
Nicht nur Bienen lieben
die „Bluescht"

Die gemütliche Wanderung von Häggenschwil-Winden nach Egnach weist keine Superlative hinsichtlich Höhenmeter, Abenteuerfaktor oder sportlicher Leistung auf. Das Einzigartige ist die weiße und zartrosa Blütenpracht der unzähligen Obstbäume in der Region Thurgau Bodensee, welche jedes Jahr die Wandersaison auf herrliche Weise einläutet. Dieses wunderschöne Naturspektakel wollen wir uns nicht entgehen lassen!

Wenn der Winter sich langsam verabschiedet und es wieder wärmer wird, zieht es mich jeweils Richtung Bodensee. Grund

Blüten-Sepp

Blueschtwanderung in „Mostindien"

dafür sind die Knospen der Obstbäume, welche in dieser Gegend zahlreich vorhanden sind und im Frühling dank den Blüten eine wunderschöne **Blueschtwanderung** ermöglichen. Der Begriff „Bluescht" ist übrigens hauptsächlich in der Schweiz gebräuchlich, außerhalb ihrer Grenzen wird diese Frühlingspracht als Blütezeit betitelt.

Bezeichnungen hin oder her, ab Mitte April bis ca. Mitte Mai sollte man sich das **faszinierende Naturspektakel** nicht entgehen lassen. Meine Mitwanderer können sich dieses Mal nicht beklagen über zu wenige Pausen – alle paar Minuten ertönt bestimmt ein „Stopp", gefolgt von einem „Wow" und einem entzückten „Schaut doch mal diese schönen Blüten an".

Der Start- und Endpunkt ist bei der alljährlichen Blueschtwanderung nicht das Wichtigste, der aktuelle Stand der Blüten gibt jeweils den Takt und die Wanderroute vor. Zuerst blühen Aprikosen, dann Zwetschgen, Kirschen, Birnen und zum Schluss die **zahlreichen Apfelbäume**. Damit wir wissen, welchen Start- und Endpunkt wir am besten wählen, empfehle ich, die stets aktuell gehaltene **„Bluescht-Hotline"** der Tourismus-Region Thurgau anzufragen: im Internet die aktuelle Nummer der

Hotline heraussuchen, kurz anrufen, gut zuhören und anschließend die empfohlene Wanderroute in Angriff nehmen. Die heutige Empfehlung der Hotline lautet für uns, die gemütliche Wanderung mit dem lustigen Namen „Blüten-Sepp" von Häggenschwil-Winden nach Egnach am Bodensee in Angriff zu nehmen. Hier stehen momentan die meisten Apfelbäume in voller Blüte. Beide Orte sind gut erreichbar mit dem öffentlichen Nahverkehr.

INFO

Rund 8,4 Liter Apfelsaft pro Kopf und Jahr werden in der Schweiz getrunken.

Der Weg vom Bahnhof Häggenschwil-Winden führt uns bereits zu Beginn zum höchsten Punkt unserer Wanderung. Der Ruggisberg auf 584 Metern eröffnet einen herrlichen Ausblick auf die Thurgauer Landschaft und bei guter Sicht auf die immer noch verschneite Bergwelt. Besonders der höchste Berg des Alpsteins, der beliebte Ausflugsberg Säntis, ist dank seiner Sendeantenne gut erkennbar. Unser Weg führt nun entspannt leicht bergab mit stetem **Ausblick auf den Bodensee**. Vor lauter See sollten wir jedoch

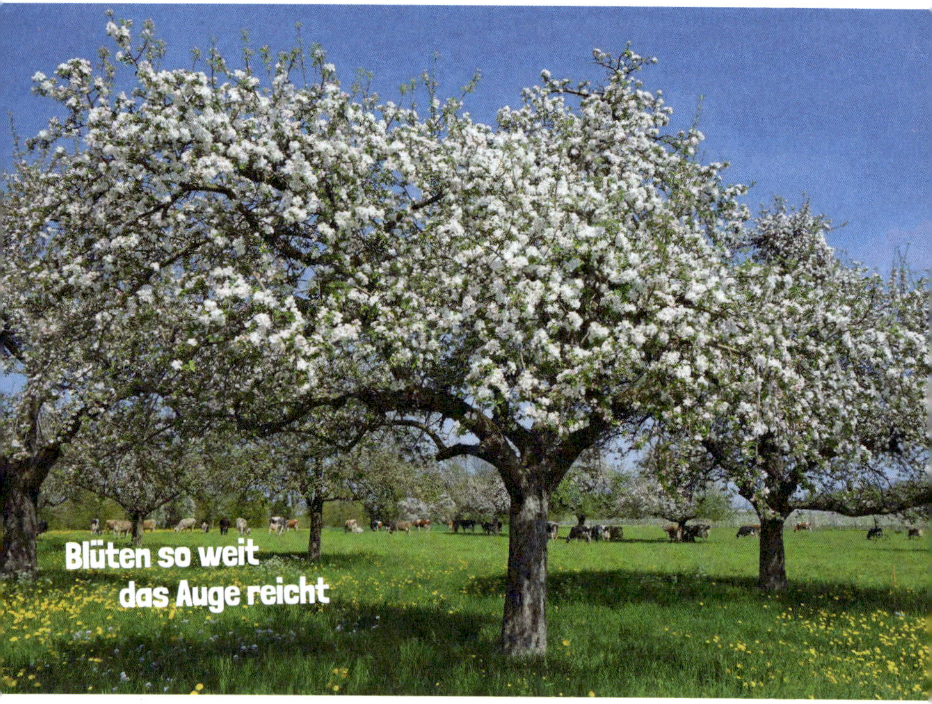

Blüten so weit das Auge reicht

nicht das eigentliche Ziel der Wanderung außer Acht lassen: die weiße und/oder rosafarbene Blütenpracht. Übersehen können wir diese nur unschwer und so bleiben wir oft staunend stehen und erfreuen uns an den unzähligen Blüten. Vor allem die Hochstamm-Apfelbäume machen einen Großteil aus, über 210.000 davon sollen in dieser Region stehen. So erklärt sich auch der scherzhafte und schweizweite Beiname **„Mostindien"** für den Kanton Thurgau. Apfelsaft wird in der Schweiz als Most bezeichnet und davon hat es, wie wir nun sehen, definitiv genug in dieser Region. Die Einheimischen bestellen im Gasthof jedoch keinen Most, sondern einen „Saft". Die Verbindung zu Indien ist immer noch Grundlage vieler Diskussionen, am einleuchtendsten scheint die Erklärung, dass sich die Umrisse vom Kanton Thurgau und der indischen Landesgrenze mehr oder weniger ähneln.

Das macht die Tour einzigartig!

- **Herrliche Blütenpracht**
- **Typische Riegelhäuser**
- **Aussicht auf den Bodensee**

So oder so wird es den fleißigen Bienen beim Bestäuben dieser großen Anzahl an Blüten sicher nicht langweilig. Nicht immer können sie jedoch die ganzen Arbeiten erledigen. Die Blüten halten im Durchschnitt fünf Tage, kommt in dieser Zeit eine Frostperiode oder ist die Luft zu nass und zu kühl, bleiben die Bienen in ihrem Stock und ein Großteil der Blüten bleibt unbestäubt. Dann müssen die Blüten teils von Hand bestäubt werden. Den Aufwand dafür können wir uns Laien bestimmt nicht vorstellen. Wir erfreuen uns aber umso mehr an dem brummenden Gesumme der Immen und beobachten staunend ihr emsiges Treiben. Von Blüte zu Blüte sammeln sie ihre Pollen und tragen so zur Bestäubung der Blüten bei. Das Gros der Apfelbäume befindet sich übrigens in Altnau am Bodensee, dort soll es sogar mehr Apfelbäume als Einwohner und Einwohnerinnen geben. Zudem wurde dort der Altnauer Apfelweg ins Leben gerufen, wo Groß und Klein dank Info-Stationen und Mitmach-Installationen viel lernen können über die historische Apfelkultur im Thurgau. Die Hofläden bieten etliche Produkte zum Kauf und zur Verköstigung an, die von den Obstbäumen stammen.

BLÜTEN-SEPP

Wir dagegen kommen heute nicht in Altnau vorbei, sondern wandern weiter Richtung Weiler Burketsuelishus. Hier werden in der einladenden Gartenwirtschaft des Burkartshof lokale und saisonale Gerichte serviert – bestimmt inklusive eines erfrischenden Apfelsafts aus regionaler Produktion. Dieser dürfte jedoch nicht aus der diesjährigen Ernte stammen, denn diese startet erst im August und endet im November. Es lohnt sich, die Öffnungszeiten der Gartenwirtschaft im Vorfeld zu recherchieren. Letztes Mal trafen wir 5 Minuten zu spät beim idyllisch gelegenen Burkartshof ein und so standen wir hungrig vor geschlossenen Toren. Hätte ich doch besser nicht jede einzelne Blüte fotografisch festgehalten …

Gestärkt – oder eben auch nicht – führt unser Pfad nun vorbei an gelben Rapsfeldern, saftig grünen Wiesen, grasenden Kühen, Pferden und pickenden Hühnern gemächlich Richtung Endpunkt der Wanderung. Neben den Blüten sind auch die traditionellen Riegelhäuser der Weiler, an denen wir vorbeiwandern, jeweils einen (Foto-)Halt wert. Die typischen Häuser mit Giebeldach weisen oft eine spannende Fassadengestaltung auf und prägen das Ortsbild der Gegend.

Wenn wir uns sattgesehen haben an den Riegelhäusern und Blüten, erreichen wir schon bald den Bodensee. Hier haben wir die Möglichkeit, im nahen Strandbad Wiedehorn ein Bad im bestimmt noch sehr kühlen See zu nehmen. Dies hört sich sicher nicht sehr einladend an, stehen wir aber nach der Wanderung am Ufer des Gewässers, sieht die Situation bestimmt anders aus. Denn der Bodensee verlockt dank seiner blauen Farbe und seinem klaren Wasser auch bei bescheidenen Temperaturen dazu, ins kühle Nass zu springen … (Springen sollte man allerdings nicht, denn der Seegrund ist hier flach.) Erfrischt schlendern wir nun zum Bahnhof Egnach, wo uns bestimmt bald einer der regelmäßig fahrenden Züge der Regionalbahn Thurbo aufnimmt. Sollten die Augen dabei mal zufallen, so wette ich, dass wunderschöne Blüten oder eben Bluescht in Gedanken auftauchen. So können die aufgesogenen Eindrücke dieser Wanderung noch eine Weile nachwirken und in einem Jahr heißt es dann ganz bestimmt wieder: auf zu einer Bluescht-wanderung im Thurgau.

FAZIT

Ein zeitlich limitiertes Naturspektakel inmitten einer wunderschönen und kulturell spannenden Region am Bodensee. Nicht die zurückgelegten Kilometer zählen, wichtiger ist die Anzahl der Obstbäume, bei welchen die Knospen blühen.

26

GUT ZU WISSEN

VON: Häggenschwil-Winden
BIS: Egnach
LÄNGE: 11 Kilometer
HÖHENMETER: 70 hinauf, 180 hinunter
ETAPPEN: 1
MARKIERUNG: gelb
HÖCHSTER PUNKT: Ruggisberg, 584 Meter

DAS BRAUCHE ICH:
- genügend Zeit für ausgiebige Blüten-Stopps
- viel Durst, um die leckeren Apfelsäfte zu kosten
- Badesachen für das Bad im erfrischenden Bodensee

Abenteuer
Natur
Schwierigkeit

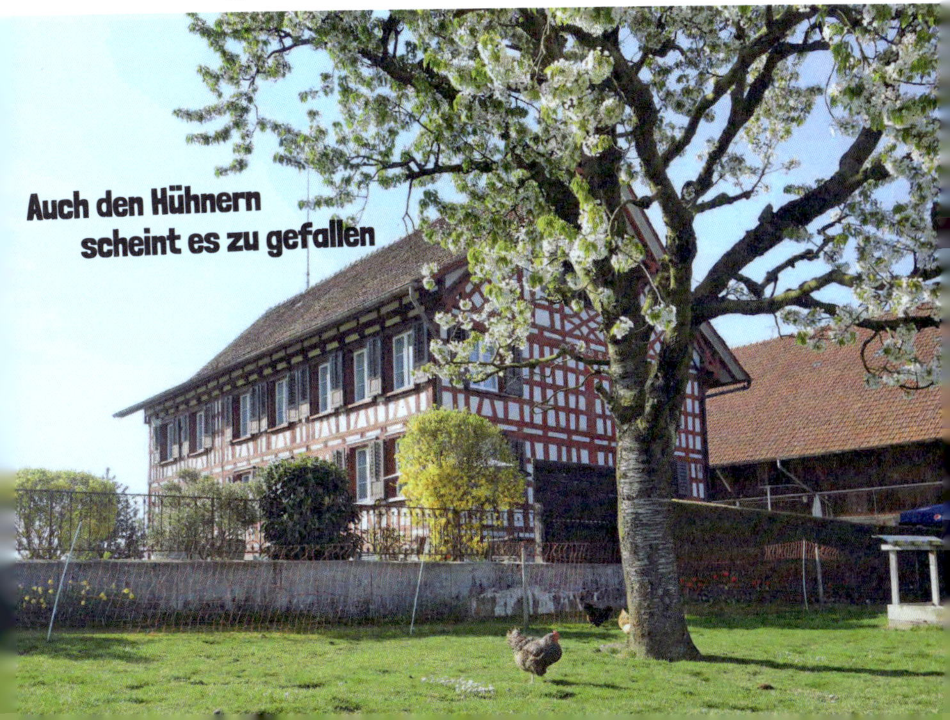

Auch den Hühnern scheint es zu gefallen

Durch das UNESCO-Welterbe zum Segnespass

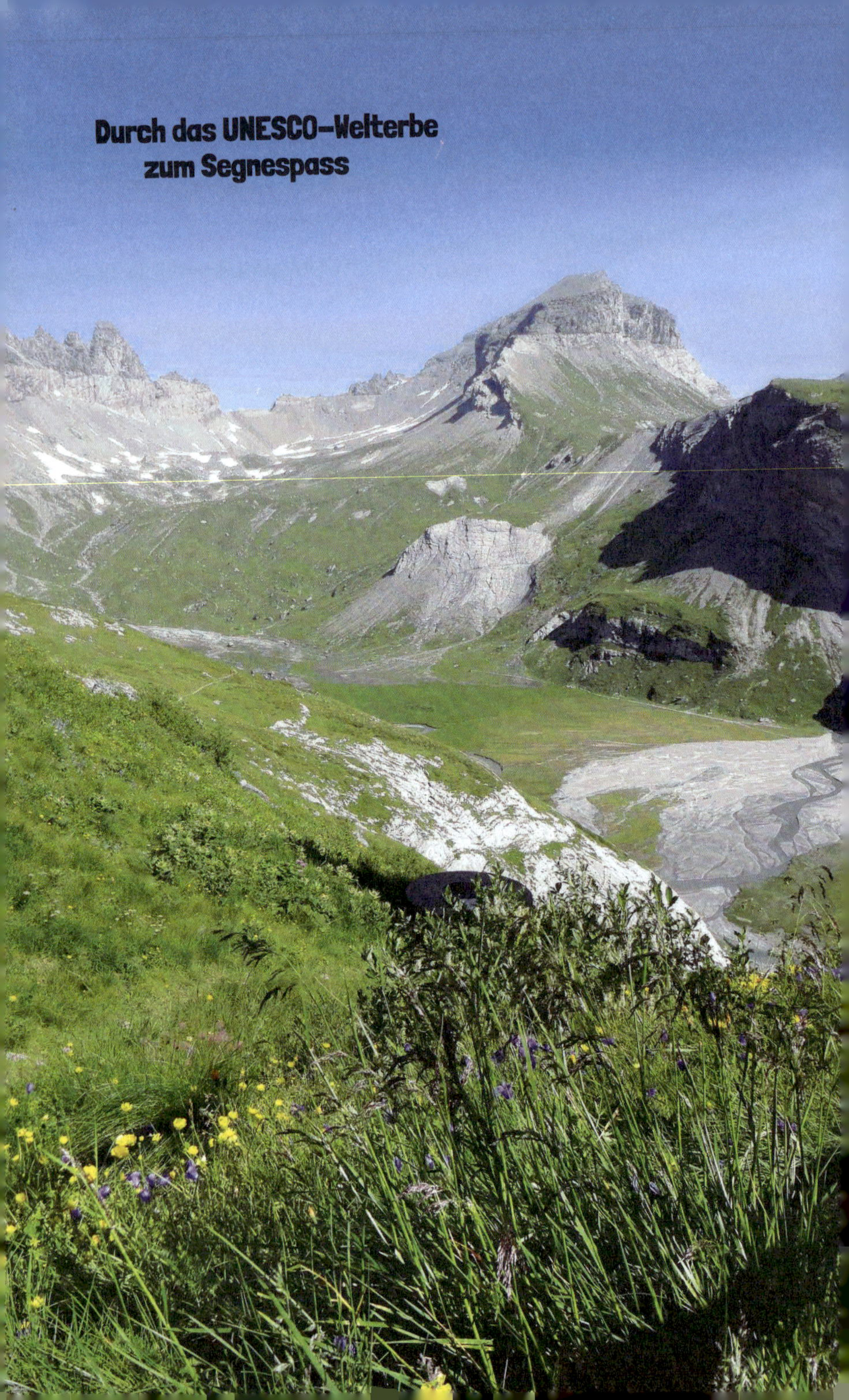

Diese Wanderung ist magisch! Erst die eindrucksvolle Hochebene Unterer Segnesboden, dann der Blick auf die Tschingelhörner mit dem berühmten Martinsloch gefolgt vom kurzen, aber anspruchsvollen Aufstieg zum Segnespass. Hier oben wartet die atemberaubende Aussicht in den Kanton Glarus und zurück in die Tektonikarena Sardona auf uns, ehe wir via Oberer Segnesboden zurück nach Flims absteigen. Ein Erlebnis der Extraklasse.

In der Sommersaison bringt uns ein kostenpflichtiger Shuttlebus ab Laax, Bergbahnen zu unserem Ausgangspunkt: Laax,

Aufstieg zum Segnespass

Quer durch die Tektonikarena Sardona

Nagens (Endhaltestelle des Shuttlebusses). Die Route zum Segnespass können wir ohnehin nur in den Sommermonaten begehen, da in dieser Höhe sonst noch Schnee liegt. Sollte das der Fall sein oder ist man nicht ganz trittsicher und schwindelfrei, kann die Route dennoch teilweise begangen werden. Es bietet sich zum Beispiel an, die Hochebene Unterer Segnesboden zu umrunden und über die Segneshütte ins Tal abzusteigen. Eine weitere Variante bietet der Aufstieg bis kurz vor den Pass, von dort aus dann via Oberer Segnespass auf der gleichen Route absteigen wie in diesem Bericht beschrieben.

Wir starten die Bergwanderung gemütlich über eine geteilte Bike- und Wanderstrecke bis zum Grauberg, wo wir schon erste Blicke auf den Unteren Segnesboden erhaschen. Die Beinmuskulatur hat sich schon aufgewärmt und wir vernichten die ersten eben erst gemachten Höhenmeter gleich wieder beim Abstieg zu dieser einzigartigen Hochebene. Unterwegs begrüßen uns bereits die **Murmeltiere** mit ihren wachsamen Pfiffen und auch die vielen blühenden Bergblumen sind ein schöner Willkommensgruß. Der Bach Flem schlängelt sich elegant über den Unteren Segnesboden – die Spiegelung der Sonne lässt ihn gar glitzern.

Der Flem entspringt unweit der Segneshütte und fließt dann hinunter bis nach Flims. Der Weg Trutg dil Flem folgt dem Wasserlauf über sieben zum Teil spektakuläre Brücken des bekannten Bündner Brückenbauers Jürg Conzett ins Tal hinunter. Spektakulär stürzt auch der Wasserfall auf der gegenüberliegenden Seite der Ebene in die Tiefe. Wir bleiben vis-à-vis des Wasserfalls und führen den Weg über die Fläche bis ganz nach hinten fort.

INFO

Die Glarner Hauptüberschiebung beschreibt eine der bekanntesten tektonischen Plattenverschiebungen der Alpen.

Der Untere Segnesboden ist ein **Flachmoor** und Teil der sogenannten Tektonikarena Sardona. Die über 30.000 Hektar große Fläche wurde 2008 von der UNESCO auf die Welterbeliste gesetzt und ist daher besonders schützenswert. Grund für die Aufnahme in die Liste der Organisation für Bildung, Wissenschaft und Kultur der Vereinten Nationen ist, dass hier die Gebirgsbildung der Alpen außerordentlich gut sichtbar ist. Entstanden sind die Alpen nämlich aufgrund von Überschiebungen verschiedener Gesteinsplatten vor vielen Millionen Jahren. Als die afrikanische und die europäische Kontinentalplatte kollidierten, entstand eine riesige Knautschzone. Die verschiedenen

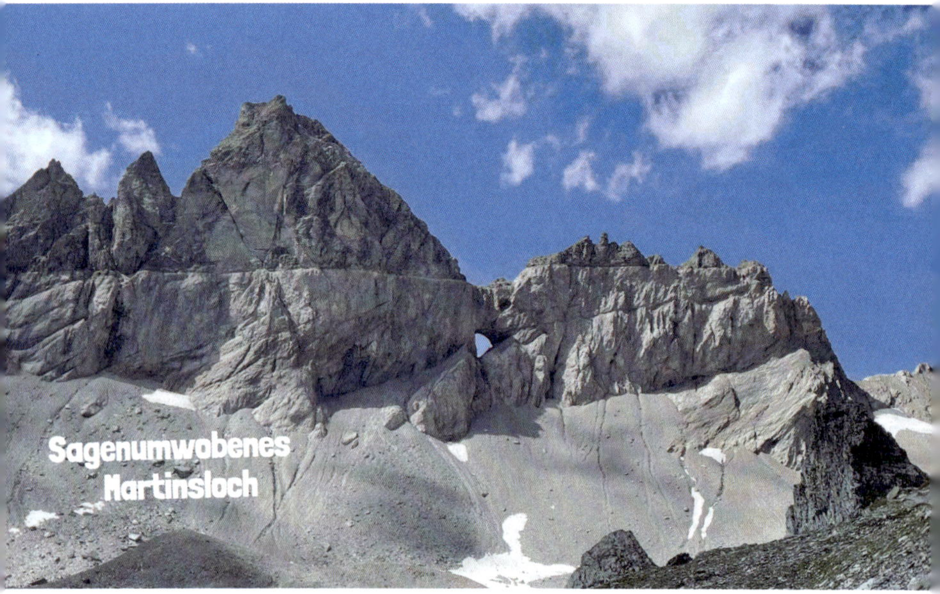

Gesteinsplatten, die aufeinandertrafen, haben eine Altersdifferenz von bis zu 200 Millionen Jahren. Da sich die Überschiebungen der verschiedenen Gesteinsplatten aber vor allem unter der Erdoberfläche abspielten, sind sie kaum sichtbar. Anders ist das in der **UNESCO Welterbe Tektonikarena Sardona**, wo es die sogenannte Glarner Hauptüberschiebung zu besichtigen gibt. Eine helle Trennschicht aus Kalkstein macht die Überschiebung bei den Tschingelhörnern erkennbar. Und das Verrückteste dabei: Hier steht die Welt Kopf! Ganz oben liegt nämlich die ältere Gesteinsplatte.

Das macht die Tour einzigartig!

- Tschingelhörner mit Martinsloch
- Unterer und Oberer Segnesboden
- Tektonikarena Sardona

Hinten am Unteren Segnesboden angekommen, steigen wir links hoch. Jetzt endet die Gemütlichkeit dieser Tour, denn wir erklimmen auf kurzer Strecke 300 Höhenmeter. Wir kommen den **faszinierenden Tschingelhörnern** mit ihrer markanten Linie näher und näher und das sich immer weiter öffnende Martinsloch in der rechten Hälfte der Gebirgskette lässt uns gespannt weitermarschieren. Durch dieses 19 Meter breite und 22 Meter hohe Loch in der Felswand erleuchtet die Sonne zweimal pro Jahr noch vor dem eigentlichen Sonnenaufgang den Kirchturm in Elm auf der gegenüberliegenden Seite der Tschingelhörner. Wir erreichen eine Weggabelung. Diejenigen, die sich nicht trittsicher und schwindelfrei fühlen, befinden sich nun am Wendepunkt der Route. Für die anderen setzt sich der Weg noch ein kleines Stück fort, ehe wir im Zickzack steil durch Schotter aufsteigen und mit etwas Kraxelei schließlich die steile Treppe kurz vor dem Pass erreichen. Ein Seil bietet hier Halt. Die Luft wird auf einmal deutlich dünner auf fast schon 2600 Metern und nebst unseren stetigen Tritten auf der Stahltreppe lauschen wir nur noch unserem angestrengten Atem. Wie eine Himmelsleiter geht die Treppe empor und wir erreichen voller Stolz auf das Geleistete den Segnespass auf 2625 Metern. Die Aussicht ist einfach spektakulär: Vor uns liegt der Kanton Glarus mit dem Dorf Elm unten im Tal und dem Kärpf – einem weiteren wunder-

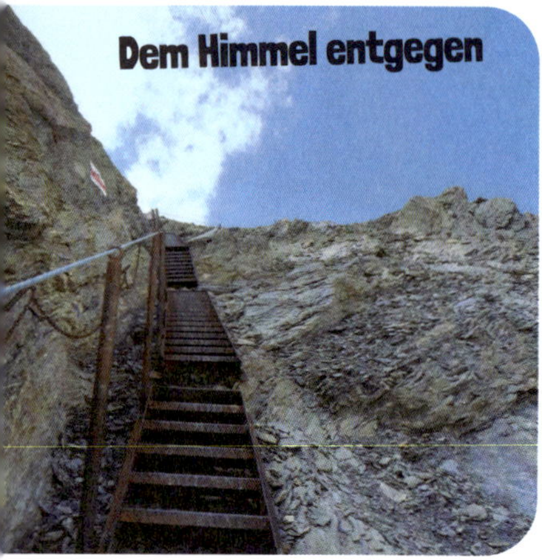

baren Wandergebiet – darüber. Noch weiter hinten erspähen wir die Glarner Alpen. Zu unserer Rechten gleich hinter dem kleinen Restaurant erhöht sich die Bergkette zum Piz Segnas und Piz Sardona, dem Namensgeber von dem, was hinter uns liegt: die Tektonikarena Sardona. Zu alldem dazu kommt noch, dass wir uns auf der Kantonsgrenze Graubünden–Glarus befinden.

Wir steigen wieder ab über die steile Treppe und geben beim Hinuntergehen im Schotter besonders acht – schließlich wollen wir hier nicht stürzen. Bei der Weggabelung angelangt, fällt unser Augenmerk auf die beiden Steintürme, welche die Absturzstelle der sogenannten Tante Ju markieren. 2018 stürzte das Nostalgieflugzeug Junkers Ju 52 hier mitsamt seinen Insassen ab. Das Unglück endete leider tödlich. Wir führen unsere Wanderung nun linker Hand fort in Richtung Oberer Segnesboden. Während der Traverse zeigt sich uns nochmals der Untere Segnesboden aus einer anderen, nicht minder schönen Perspektive. Und vor uns liegt nun also das höher gelegene Pendant: der **Obere Segnesboden**. Weniger touristisch, dadurch naturbelassener und malerisch schön liegt er vor uns – und unter uns gesagt: Mir gefällt er fast besser als der Untere Segnesboden.

Ehe wir uns sattsehen konnten, erreichen wir auch schon das vordere Ende der Ebene und beginnen den Abstieg. Es geht steil bergab, schließlich haben wir einige Höhenmeter zu vernichten. Kurz vor der Segneshütte biegt der Weg links ab und führt zur Bergstation Naraus. Von hier aus kann der Rückweg mit dem Sessellift bis nach Flims abgekürzt werden. Dafür zahlt man aber einen stattlichen Preis. Alternativ bietet sich der Weg ab Segneshütte direkt nach Flims oder von der Bergstation Naraus via Foppa nach Flims an. Das Portemonnaie wird es uns danken, die Knie eher nicht. Wer sich für den Abstieg bis nach Flims entscheidet, sollte für die gesamte Tour genügend Zeit einplanen, denn in voller Länge füllt sie einen Sommertag.

FAZIT

Eine einzigartige Bergwanderung in einer geologischen Zauberwelt! Die abwechslungsreiche Strecke und die vielfältigen Aussichten machen die Anstrengung des Auf- und Abstiegs allemal wett.

GUT ZU WISSEN

VON: Laax, Nagens
BIS: Naraus
LÄNGE: 15 Kilometer
HÖHENMETER: 721 hinauf, 1014 hinunter
ETAPPEN: 1
MARKIERUNG: weiß-rot-weiß
HÖCHSTER PUNKT: Segnespass, 2626 Meter

DAS BRAUCHE ICH:

- festes Schuhwerk und eventuell Wanderstöcke
- Trittsicherheit und Schwindelfreiheit
- genügend Wasser und Proviant

Abenteuer 🔥🔥🔥🔥
Natur ⛺⛺⛺⛺⛺
Schwierigkeit 🧗🧗🧗🧗🧗

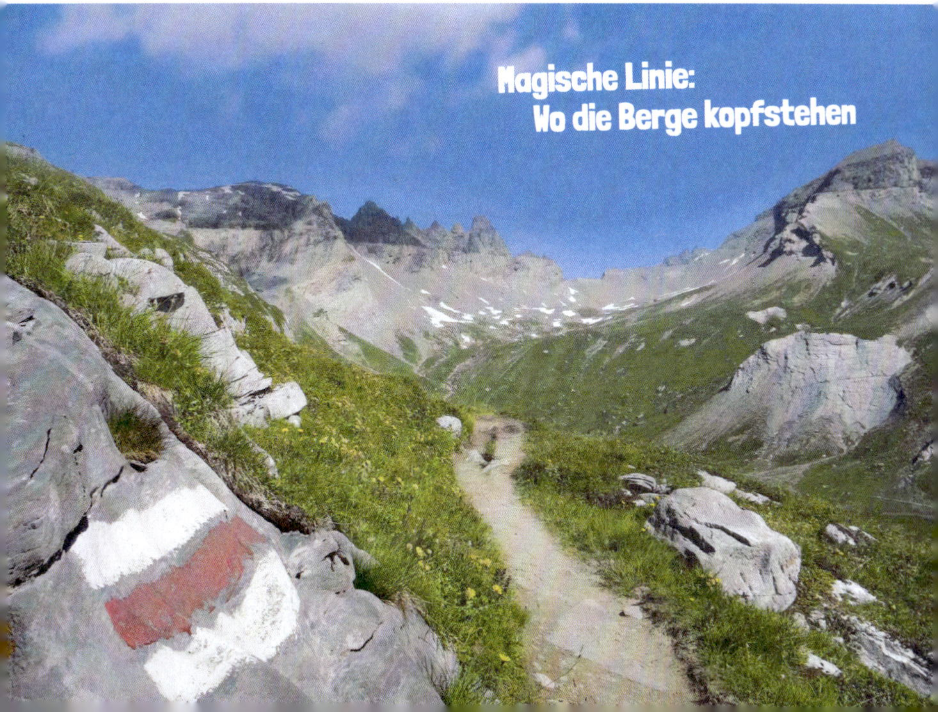

Magische Linie:
Wo die Berge kopfstehen

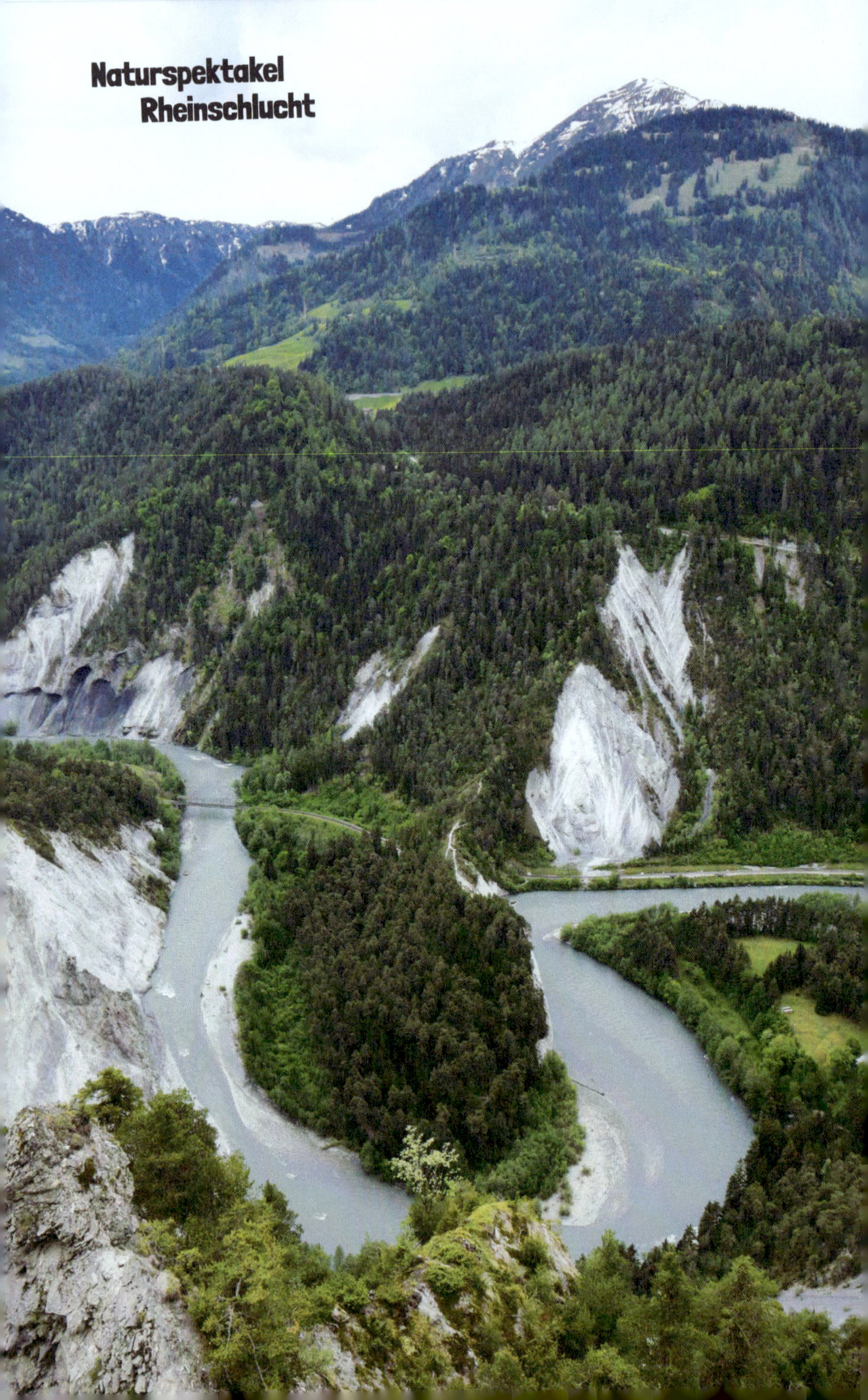
Naturspektakel
Rheinschlucht

Ab durch den großen Flimserwald, über idyllische kleine und größere Pfade hin zu türkisfarbenen Bergseen und einem spektakulären Aussichtspunkt! Wer Tiefblicke mag und nicht nur ins glasklare Wasser, sondern auch in den Wald abtauchen und seine Batterien aufladen will, ist hier genau richtig. Nichts wie los also auf einem der vielen Wege, der uns durch den Wald von Flims führt.

Die bekannte Feriendestination Flims-Laax-Falera liegt im Kanton Graubünden im östlichen Teil der Schweiz. Die Region ist nicht nur für die vielen Wander-, sondern auch für die

Durchquerung des Flimserwalds

Via türkisfarbenen Caumasee zur Rheinschlucht

Mountainbike- und im Winter Skimöglichkeiten bekannt. Die Anreise in diese vermeintlich eher versteckte Ecke der Schweiz erfolgt entweder mit dem Auto oder gemütlich mit Zug und Postauto in knapp 2 Stunden ab Zürich. Wer hier oben in Flims auf über 1000 Metern ankommt und den ersten **Atemzug voller klarer Bergluft** nimmt, fühlt sich gleich in eine andere Welt versetzt. Dieses Gefühl wird auf dieser gemütlichen Route durch den Flimserwald verstärkt und lässt uns staunen und zur Ruhe kommen.

Wir beginnen die Tour bei der Bushaltestelle Flims Waldhaus, Caumasee. Je nach Saison merken wir hier aber erst einmal noch nichts von Ruhe, denn wir teilen uns die ersten Meter mit den Tagesgästen des Caumasees. Und die strömen hier an schönen Tagen nicht selten in Scharen daher. So gibt es denn im Sommer auch eine Tageszutrittsbeschränkung an Besucherinnen und Besuchern, die sich am Caumasee aufhalten und erfrischen dürfen. Für die Abkühlung im **türkisfarbenen Nass** gilt es zudem, eine Eintrittsgebühr zu entrichten. In der Zwischensaison ist zwar das Wasser etwas kälter, dafür gibt es aber weder Beschränkungen noch eine Eintrittsgebühr. Wir folgen also den eventuellen Scharen und den Schildern zum Caumasee entlang. Entweder entscheiden wir uns für die obere Route zur kleinen Standseilbahn, welche hinunter zum See führt, oder wir nehmen die untere Route und gehen direkt runter zum See. Bei der ersten Variante zeigt sich uns der malerische Caumasee inmitten des Waldes mit seiner kleinen, bewaldeten Insel von oben und die einzigartige türkise Farbe ist sichtbar. Bei der zweiten Variante können wir die **glasklare Wasseroberfläche des Bergsees** bestens aus der Nähe betrachten und uns kurz abkühlen. Ich empfehle den Sprung ins kalte Wasser besonders an heißen Tagen – die Erfrischung ist einfach unbeschreiblich!

INFO

Die wunderschönen Bergseen rund um Flims verdanken ihr Dasein einem gewaltigen Bergsturz, der sich vor über 9500 Jahren ereignete.

Wir setzen den Weg fort zu unserem nächsten Etappenziel: der **Aussichtsplattform Il Spir bei Conn**. Dabei spielt es keine Rolle, welche Wegvariante wir am Anfang gewählt haben, denn wenn es nebst Bäumen von etwas im Flimserwald besonders viel gibt, dann sind das Wege! Es führen also nicht nur viele Wege nach Rom, sondern auch durch den Flimserwald. Fast

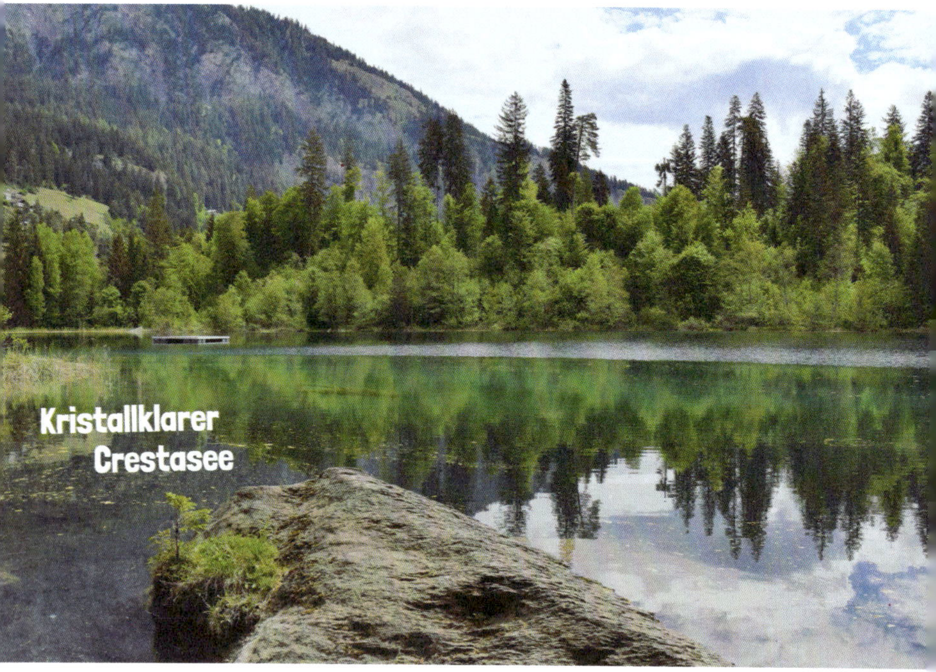

Kristallklarer Crestasee

schon labyrinthartig schlängeln sie sich durch die Bäume, mal größer, mal kleiner, mal kurvig, mal gerade. Aber keine Angst: Auch wenn man manchmal fast schon an sich selbst zweifelt und sich nicht mehr sicher ist, ob man nun wirklich noch auf dem richtigen Weg ist, einfach geduldig sein und sich auf das Labyrinth einlassen. So gibt es denn auch etliche Varianten dieser Wanderung und es spielt keine große Rolle, ob man jetzt mal links oder rechts abbiegt, da die Beschilderung in der Tat stellenweise irreführend ist. Im Notfall hilft eine Wanderkarte bei der Orientierung. Wir folgen also einem der vielen Wege. Neben uns plätschert das **Conn-Bächli** (Bächli ist die liebevolle schweizerdeutsche Bezeichnung für einen kleinen Bach). Dem Gewässer wurde sogar ein eigener Weg gewidmet, der vor allem bei Familien beliebt ist. Das Conn-Bächli ist einer der ältesten, noch intakten Bewässerungskanäle der Gegend und speist die große Wiese bei Conn. Man vermutet, dass dieser Bewässerungskanal im Mittelalter erbaut wurde und nebst der Bewässerung der Wiesen bei Conn auch zum Tränken des Viehs diente. Heute ist der Bach ein Stück Kulturgut und wird von der Gemeinde Flims gepflegt. Am Wegrand entdecken wir auch immer wieder Schilder des Naturlehrpfads und können Pflanzen wie den Wolligen Schneeball, die Mehlbeere, Flimser Orchideen oder auch Waldbewohner wie Eichhörnchen oder Zippammer bestaunen und belauschen.

Das macht die Tour einzigartig!

- **Die Aussichtsplattform Il Spir**
- **Die glasklaren Bergseen**
- **Der geschichtsträchtige Flimser Bergsturz**

Schritt für Schritt oder in diesem Fall Abzweigung für Abzweigung nähern wir uns unserem nächsten Etappenziel Conn mit der Aussichtsplattform Il Spir. Der spektakuläre Bau sticht sofort ins Auge. Die Churer Architektin Corinna Menn hat diese Aussichtsplattform 2006 erschaffen. Der Name Il Spir ist übrigens rätoromanisch (die vierte Landessprache der Schweiz) und bedeutet der Mauersegler. Mit diesem Wissen bekommt die Form der Aussichtsplattform direkt eine andere Bedeutung. Mutig steigen wir die Tritte hoch und genießen die **180-Grad-**

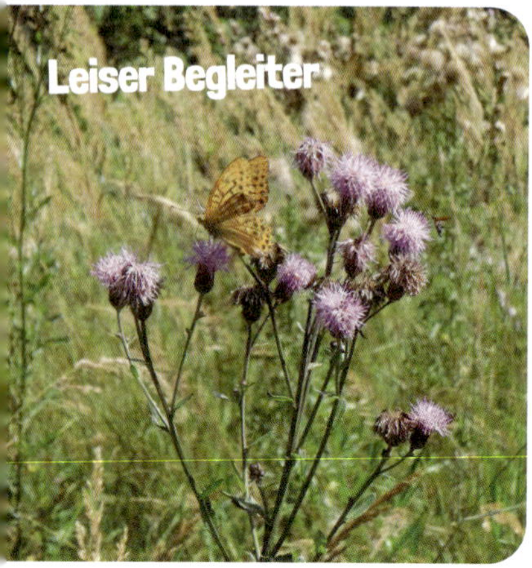

Aussicht über die Rheinschlucht. Da liegt uns nun also der sogenannte Swiss Grand Canyon zu Füßen und wir kommen aus dem Staunen fast nicht mehr raus! Was für eine eindrucksvolle, schroffe Schlucht mit dem Vorderrhein, der sich gekonnt hindurchschlängelt. Direkt unter uns ähnelt der Flusslauf dem bekannten Horseshoe Bend in den USA. Unser Blick schweift durch die 13 Kilometer lange und 300 Meter tiefe Schlucht über Gesteinstrümmer aus Malm- und Kreidekalk sowie die Erosionspyramiden. Langsam wird klar, dass hier eine gewaltige Kraft gewirkt haben muss, um diese Schlucht entstehen zu lassen. Die Rheinschlucht oder auch Ruinaulta entstand vor vielen Tausend Jahren durch den sogenannten **Flimser Bergsturz**. Eine riesige Schuttmasse schob das Vorderrheintal in der Folge zu und bildete die Terrassenlage von Flims. Eine riesige Flutwelle aus einem Gletscherseeausbruch hat schließlich die heutige Form der Rheinschlucht geprägt. Wir lassen dieses Highlight der Wanderung und das unglaubliche Naturspektakel auf uns wirken, ehe wir uns wieder auf einen der vielen Wege im Wald begeben.

Nun folgen wir stets den Schildern in Richtung Crestasee und auch hier gilt wieder: Es führen viele Wege nach Rom! Wir genießen nochmals die Ruhe und Abgeschiedenheit im weiten Wald und erreichen einige Abzweigungen und Kurven später die Karibik der Schweiz. Ja, richtig gehört, der Crestasee wird tatsächlich oftmals so beschrieben und sobald wir dem See näher kommen und das glasklare Wasser vor uns sehen, verstehen wir auch warum. Nur den weißen Sandstrand suchen wir hier vergebens. Es wartet also die nächste vielleicht schon zweite Abkühlung an diesem Tag auf uns. Umsäumt von Bäumen wirkt der Crestasee wie ein kleines Juwel in den Bündner Bergen. Definitiv ein Ort, der einmalig ist und auf jeder Schweizer Bucket List stehen sollte! Total entspannt und mit aufgeladenen Batterien spazieren wir gemütlich zur Bushaltestelle Felsbach-Crestasee, wo uns der Bus zurück zum Ausgangsort chauffiert.

FAZIT

Eine gemütliche Wanderung, die vor Naturhighlights nur so strotzt! Die vielen fast schon labyrinthartigen Verzweigungen im Flimserwald bringen uns zu glasklaren grün-blauen Bergseen und zum Horseshoe Bend der Schweiz.

GUT ZU WISSEN

VON: Flims Waldhaus, Caumasee
BIS: Felsbach-Crestasee
LÄNGE: 8 Kilometer
HÖHENMETER: 70 hinauf, 330 hinunter
ETAPPEN: 1
MARKIERUNG: gelb
HÖCHSTER PUNKT: Flims Waldhaus, 1109 Meter

DAS BRAUCHE ICH:

- Badesachen für einen Sprung ins glasklare Wasser
- Fotoapparat für die unglaubliche Aussicht in die Rheinschlucht
- einen nicht allzu schlechten Orientierungssinn

Abenteuer 2/5
Natur 5/5
Schwierigkeit 1/5

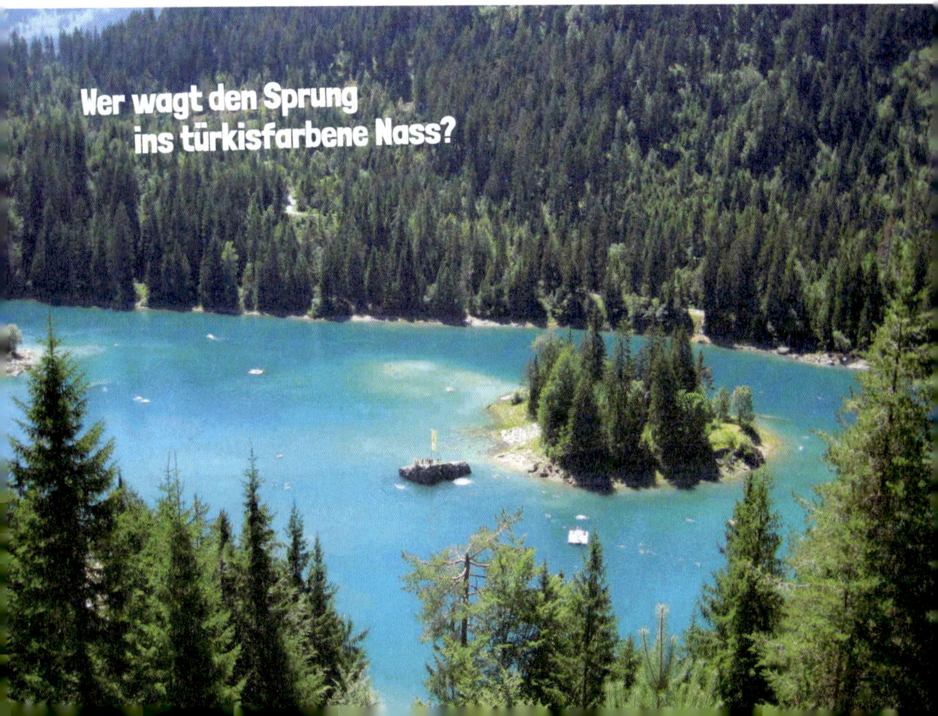

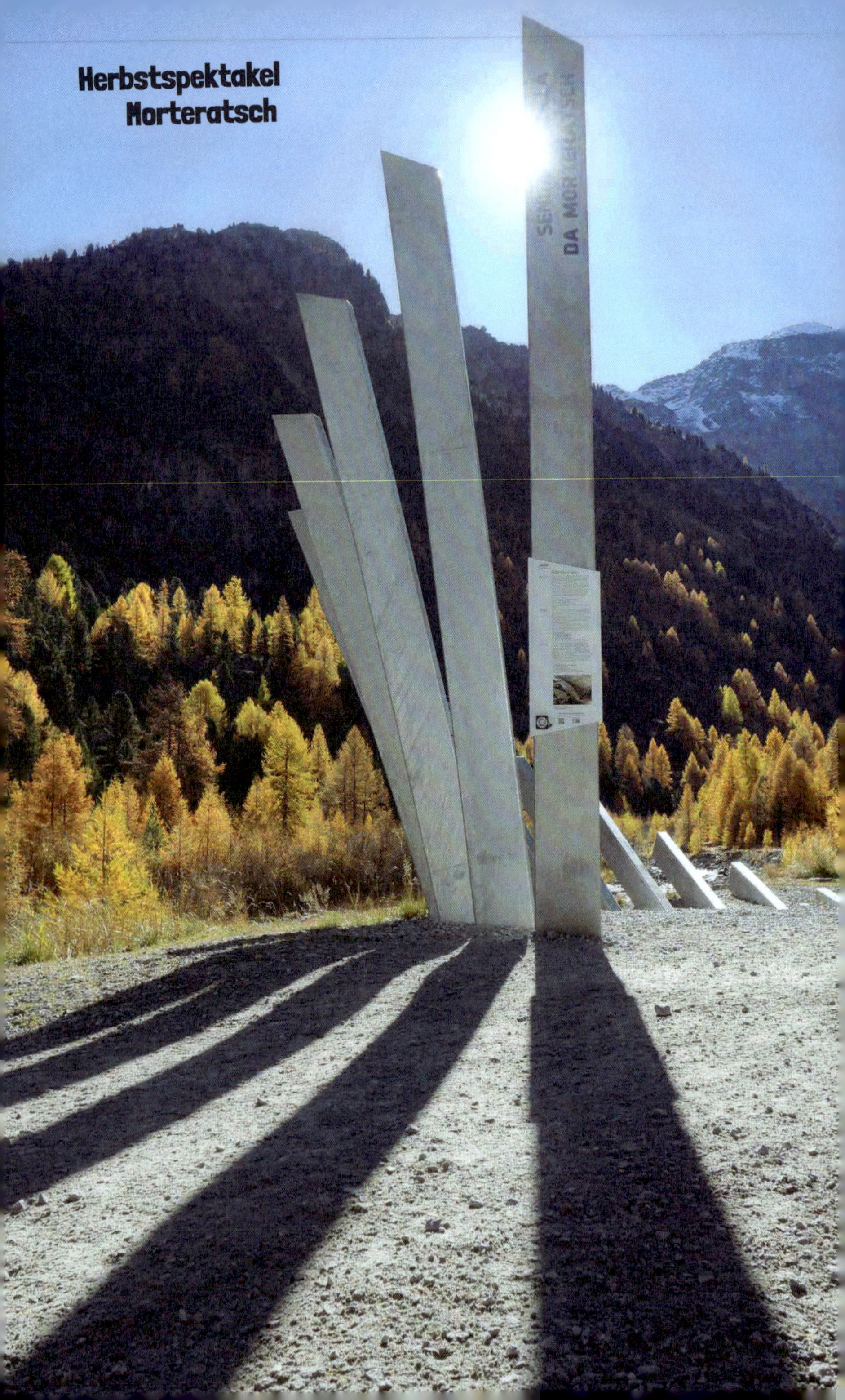

Herbstspektakel
Morteratsch

Vor uns der mächtige Morteratschgletscher, oben die majestätische Bergkulisse des Berninamassivs: Die Aussicht von unserem heutigen Ziel, der Bovalhütte, ist atemberaubend. Und als ob dies noch nicht genug wäre: Diese Wanderung im Oberengadin ist bei einer Begehung im Herbst dank der goldgelb gefärbten Lärchenbäume im Kontrast mit dem stahlblauen Himmel und den weißen Berggipfeln ein Farbspektakel sondergleichen.

Ein erster Höhepunkt ist die Anreise mit der Rhätischen Bahn auf der **Bernina-Express-Linie** von Pontresina nach Morte-

Aufstieg zur Chamanna Boval

Wo der Herbst auf Gletschereis trifft

ratsch. Bei diesem Panorama blieben wir gerne noch länger sitzen, um die vorbeiziehende Landschaft zu bestaunen. Die Fahrt weiter via Alp Grüm, Berninapass und Val Poschiavo nach Tirano müssen wir unbedingt ein anderes Mal nachholen – wir steigen heute beim kleinen Bahnhof Morteratsch aus. Der Name der Station würde vermuten lassen, dass unser heutiges Ziel der **Morteratschgletscher** gleich um die Ecke ist. Doch weit gefehlt – dazu sind wir fast zwei Jahrhunderte zu spät gekommen. Denn stünden wir Mitte des 19. Jahrhunderts am gleichen Ort, so hätten wir die gewaltigen Eismassen sozusagen vor unseren Füßen liegen. Heute ist dem nicht mehr so. Wir lernen bereits eine erste beeindruckende Lektion hinsichtlich der voranschreitenden Gletscherschmelze: Um zur Zunge des Gletschers zu gelangen, müssen Besuchende zuerst ungefähr 3 Kilometer zurücklegen – und jedes Jahr verlängert sich der Weg um ca. 40 Meter. Es wurde eigens ein **Gletscherlehrpfad** angelegt, welcher vom Bahnhof aus im Morteratschtal zur Gletscherzunge führt. Auf mehreren Informationstafeln wird Wissenswertes über den Gletscherschwund im Alpenraum vermittelt. Zudem zeigen Tafeln mit Jahreszahlen, wo sich die Gletscherzunge früher befand. Vor

INFO

Der Morteratsch- und der Persgletscher bedecken, Stand heute, zusammen rund 16 Quadratkilometer. Hoffen wir, dass uns diese noch lange erhalten bleiben!

rund 20 Jahren besuchte ich das erste Mal den Morteratschgletscher. Nun sehe ich die Tafel vom Jahr 2000 weit weg von den jetzigen Eismassen. Kaum vorstellbar, dass sich der Gletscher in dieser relativ kurzen Zeit so weit zurückgezogen hat.

Heute ist nicht die Gletscherzunge unser primäres Ziel, sondern der Blick von oben auf die Ausläufer des Morteratschgletschers. Dazu machen wir uns – nach einem kurzen Abstecher in die sehr lohnenswerte **Alp-Schaukäserei Morteratsch** – auf in Richtung Chamanna da Boval, zu welcher kurz nach dem Bahnhof Morteratsch ein Weg abbiegt. Chamanna ist übrigens das rätoromanische Wort für Hütte und so kommen wir in Kontakt mit der vierten offiziellen Landessprache der Schweiz, welche unter anderem im Engadin gesprochen wird. Neben der Chamanna werden wir heute auch mehrmals den Bezeichnungen „Vadret“ (Gletscher) und „Ova“ (Bach) begegnen.

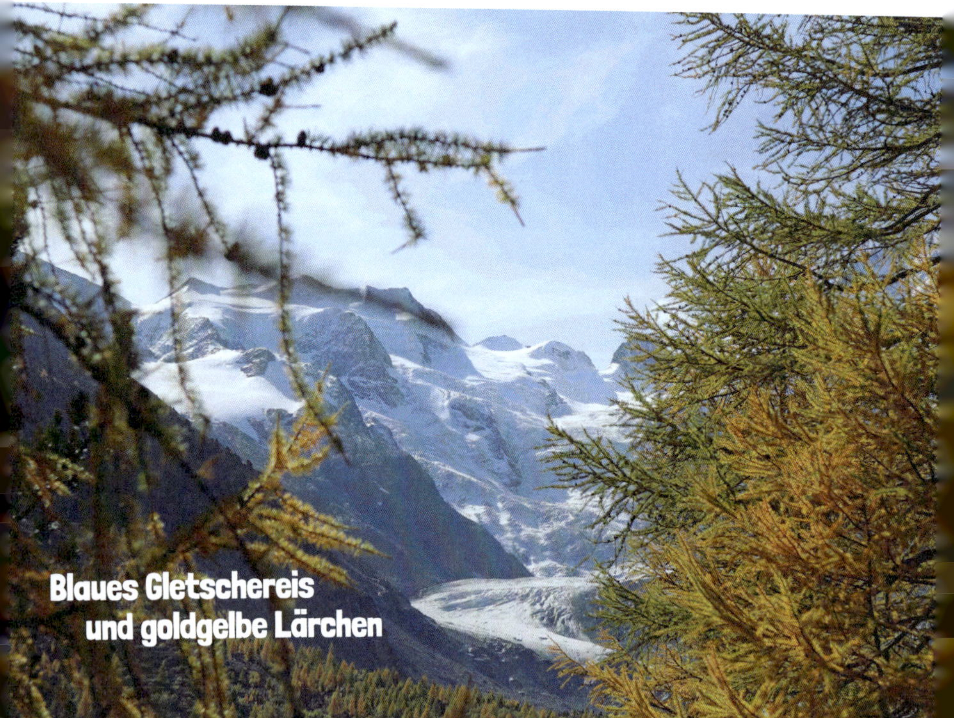

Blaues Gletschereis und goldgelbe Lärchen

Nach der Abzweigung entgehen wir dem Trubel der Gletscherpfad-Besuchenden, genießen diese Idylle und nehmen uns gemütlich die ersten Höhenmeter vor. Zur rechten Seite können wir Kletterbegeisterte beobachten, welche im Klettergarten Morteratsch ihr Glück auf dem fein geschliffenen Gneis versuchen. Zu Beginn windet sich unser Weg entspannt durch den **herbstlich gelb gefärbten Lärchenwald**. Aufgrund der Höhe von 1900 Meter ist die Luft bereits hier dünn und kühl. Deshalb sollte unbedingt noch warme Kleidung mitgenommen werden. Blicken wir zurück, eröffnet sich ein eindrucksvoller Ausblick ins Tal mit dem Flüsschen Ova da Morteratsch. Vereinzelt wachsen Lärchenbäume im Gletschervorfeld – ein Wunder der Natur inmitten der Steinwüste. Nach kurzer Zeit kommen wir zu einem Wegweiser, welcher nach „Chünetta" zeigt. Diesen kurzen und lohnenswerten Abstecher zu einem Aussichtspunkt mit Blick auf das **faszinierende Berninamassiv** machen wir selbstverständlich gerne. Nach dem Abstecher führt der Weg fortan in Richtung Bovalhütte. Uns zu verlaufen ist eigentlich unmöglich, zumal die **massive Seitenmoräne** des Morteratschs unseren Weg sozusagen vorgibt. Wir bewundern auf dem nächsten Abschnitt die hier typischen vom Gletscher geschliffenen Gesteinsplatten. Die einzigen Geräusche sind der kühle Wind, der uns um die Ohren pfeift, die zwitschernden Vögel und das eine oder andere Eichhörnchen, das nervös auf der Suche nach einem Nüsschen vorbeihuscht.

Das macht die Tour einzigartig!

- Morteratschgletscher
- Herbstliches Farbenspektakel
- „Festsaal der Alpen"

Der gemütliche Teil unserer Wanderung ist nun vorbei, ab der Baumgrenze wird der Weg steiler. Einige höhere Felsbrocken müssen wir überschreiten, doch die stete Aussicht auf den Eisstrom entschädigt für die Strapazen. Bei einigen Stellen ist Trittsicherheit gefragt, die heiklen Passagen sind **jedoch gut mit Draht- und Kletterseilen gesichert**. Wir kämpfen uns somit langsam, aber stetig weiter. Unser Ziel kommt nun in Sichtweite. Die Bovalhütte ist eine Schutzhütte des Schweizer Alpen-Clubs und liegt auf 2494 Metern. Die Aussicht auf die Gipfel des Piz Boval und Piz Morteratsch ist unglaublich beeindruckend. Und das mächtige Berninamassiv mit dem markanten Piz Bernina auf 4049 Metern thront über uns. Nicht zu Unrecht wird diese **grandiose Alpenkulisse als „Festsaal der Alpen"** bezeichnet. Doch der eigentliche Hauptdarsteller liegt uns zu Füßen: der Eisstrom des Morteratschgletschers. Der Blick auf die blauen Eismassen lässt einem wortwörtlich das Blut in den Adern gefrieren. Bei sommerlichen hohen Temperaturen sieht man nicht selten größere Eisbrocken abbrechen, die tosend und laut polternd in die Tiefe stürzen. Im Hintergrund ist zudem die Zunge des Persgletschers zu sehen, welche sich vor einigen Jahren vom Morteratsch abgespalten hat. Im Winter sind die Gletscher ein beliebtes Ziel für Skitouren: Von Diavolezza können Mutige via Pers- und Morteratschgletscher auf Brettern ins Tal fahren. Wir bestaunen die Eismassen lieber von Weitem und genießen dabei einen stärkenden Kaffee und Kuchen in der sympathischen Bovalhütte. Bei größerem Appetit sollte unbedingt die Schweizer „Rösti" versucht werden.

Nach einem großzügigen Halt hier oben brechen wir zur Rückkehr auf. Wir folgen dazu dem gleichen Pfad – die Aussicht in **Richtung Gletschervorfeld** und die massiven grauen Seitenmoränen lassen aber nie Langeweile aufkommen. Die gelben Nadeln der Lärchenbäumchen leuchten nun in der Nachmittagssonne noch goldener. Wer noch nicht genug hat von dieser Landschaft, kann beim Wegweiser Chünetta wie erwähnt noch den Gletscherlehrpfad begehen. Empfehlenswert ist auch der Weg von der Morteratsch-Station nach Pontresina entlang des Flusses Ova da Bernina. Der kleine Weg parallel zur Bahnlinie führt durch eine weitere märchenhafte Herbstlandschaft, vorbei an einem der am höchsten gelegenen Campingplätze der Schweiz und seinen türkisfarbenen kleinen Seen. Zudem können wir auf der rechten Talseite noch die letzten Klettermutigen beobachten, welche auf dem abenteuerlichen Steig „Ferrata la Resgia" ihr Können unter Beweis stellen. Die Sonne sinkt langsam hinter den hohen Bergen herab und wir genießen noch die letzten Sonnenstrahlen in einer Gegend, welche wir definitiv in unser Herz geschlossen haben.

FAZIT

Vor allem im Herbst ein beeindruckender Panoramaweg hoch zur Bovalhütte mit Sicht auf einen der faszinierendsten Gletscher der Schweiz – Einblicke in die glaziale Geschichte sind dabei inklusive.

GUT ZU WISSEN

VON: Bahnhof Morteratsch
BIS: Bahnhof Morteratsch
LÄNGE: 11 Kilometer
HÖHENMETER: 600 (hinauf und hinunter)
ETAPPEN: 1
MARKIERUNG: weiß-rot-weiß
HÖCHSTER PUNKT: Bovalhütte, 2494 Meter

DAS BRAUCHE ICH:

- festes Schuhwerk insbesondere für den letzten Abschnitt zur Bovalhütte
- warme Kleidung aufgrund der niedrigen Temperaturen im Oberengadin am Morgen und Abend

Abenteuer
Natur
Schwierigkeit

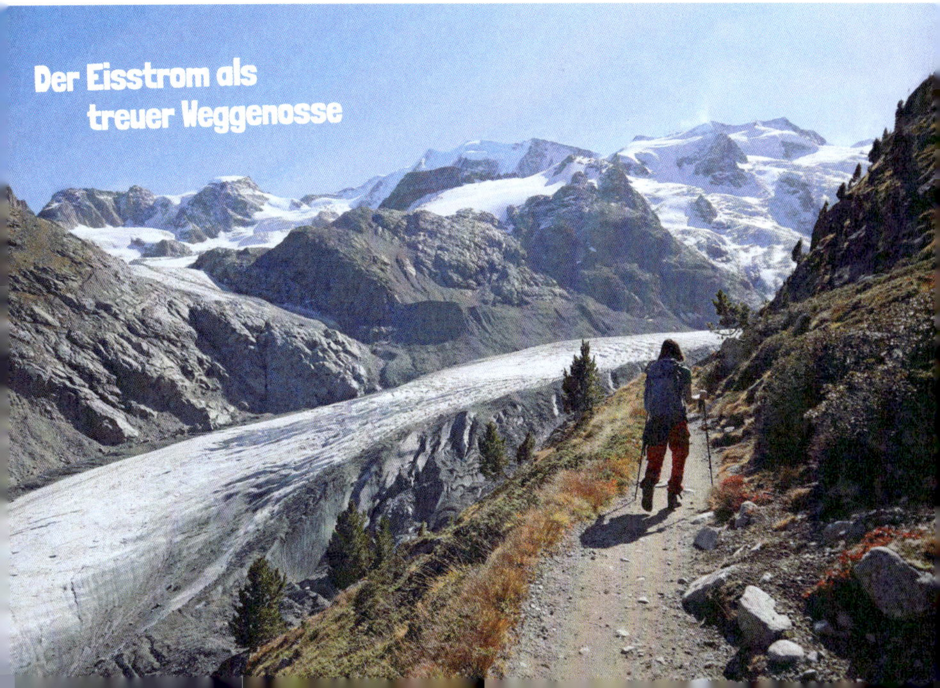

Bivio – die Perle am Julierpass

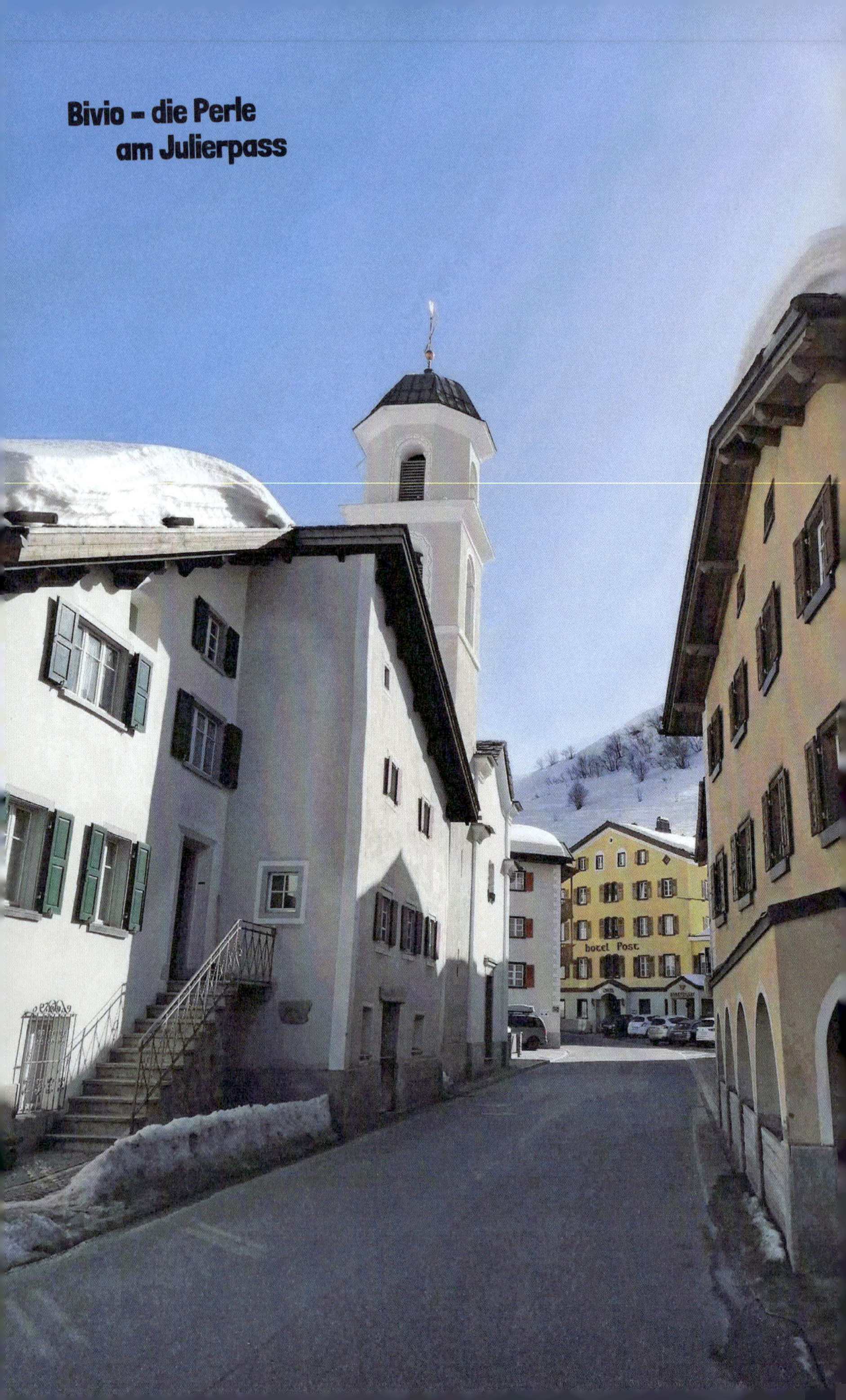

Knirschender Schnee unter den Füßen und kühle Bergluft in der Nase. Ausgerüstet mit Schneeschuhen und angekommen im größten Naturpark der Schweiz – wir sind bereit für den Aufstieg zum Crap da Radons. Der Aufstieg ist kurz, aber knackig, die zahlreichen Steinböcke scheinen beim Vorbeigehen freundlich zu grüßen und die Panoramasicht auf die weißen Berggipfel scheint endlos auf dem Hausberg von Bivio.

Für diese Schneeschuhtour reisen wir nach Graubünden in die vielfältige und einzigartige Region rund um den Crap da Radons.

Aufstieg zum Crap da Radons

Schneeschuhtour mit Aussicht aufs Gipfelmeer

Niemand Geringeres als die Römer transportierten bereits ihre Waren durch diese Region und der Julierpass ist bis heute als wichtigste Regionalverbindung von Mittelbünden ins Engadin bekannt. Das Gebiet rund um Bivio bildet zudem den Parc Ela, den **größten Naturpark der Schweiz**. Nicht zuletzt deshalb nennt sich das kleine Dorf **„die Perle am Julier"**. Aber beginnen wir von vorne.

Die Schneeschuhtour startet im Dorf bei der Bushaltestelle Bivio, Posta. Direkt hinter dem ehemaligen Postgebäude schnallen wir die Schneeschuhe an und schlüpfen in die Handschlaufen unserer Stöcke. Die ersten Schritte führen uns über das Gelände der Skischule, bevor wir dann in westlicher Richtung die ersten Höhenmeter vernichten und die letzten Häuser hinter uns lassen. Wir passieren einen lichten Wald und gehen vorbei an einer urigen kleinen Berghütte, welche sich bereits für einen ersten kurzen Zwischenstopp anbietet. Wenn die Sonne scheint, dann sind wir nämlich spätestens hier zum ersten Mal ins Schwitzen gekommen – die Beschreibung „kurzer, aber knackiger Aufstieg" klingt uns noch in den Ohren. Bald erhaschen wir erste Blicke auf Bivio mit seinen beiden Kirchtürmen, der Sied-

INFO

Bereits die Römer waren fasziniert von dieser endlos scheinenden Bergwelt und kamen wohl beim Transportieren ihrer Ware nicht aus dem Staunen heraus.

lung Plaz auf der gegenüberliegenden Hangseite sowie den drei Skiliften. Dass sich hier die bedeutendste Passstraße ins Engadin durchs Dorf schlängelt, lässt sich kaum erahnen. Sie wird erst mit fortschreitender Schneeschuhtour und nachdem wir an den letzten verschneiten Tännchen vorbeimarschiert sind erkennbar. Die zahlreichen Haarnadelkurven reihen sich eng aneinander, eingebettet und bewacht von den umliegenden imposanten Bergen. Die Julierpassstraße wurde bereits im Römischen Reich befahren. Damals weniger mit Lastwagen, Personenwagen, Motorrädern und Rennrädern, dafür mit hochrädrigen Karren, wie konservierte Radspuren zeigen. Zwei Säulen eines römischen Heiligtums stehen heute auf der Passhöhe auf 2284 Metern und etwas tiefer bietet ein Hospiz Übernachtungsmöglichkeiten an. Als Ausgangspunkt der „Haute Route Graubünden", welche vom Julier- zum Flüelapass führt, wird der Julierpass im Winter oft von Skitourengängern und Skitourengängerinnen besucht.

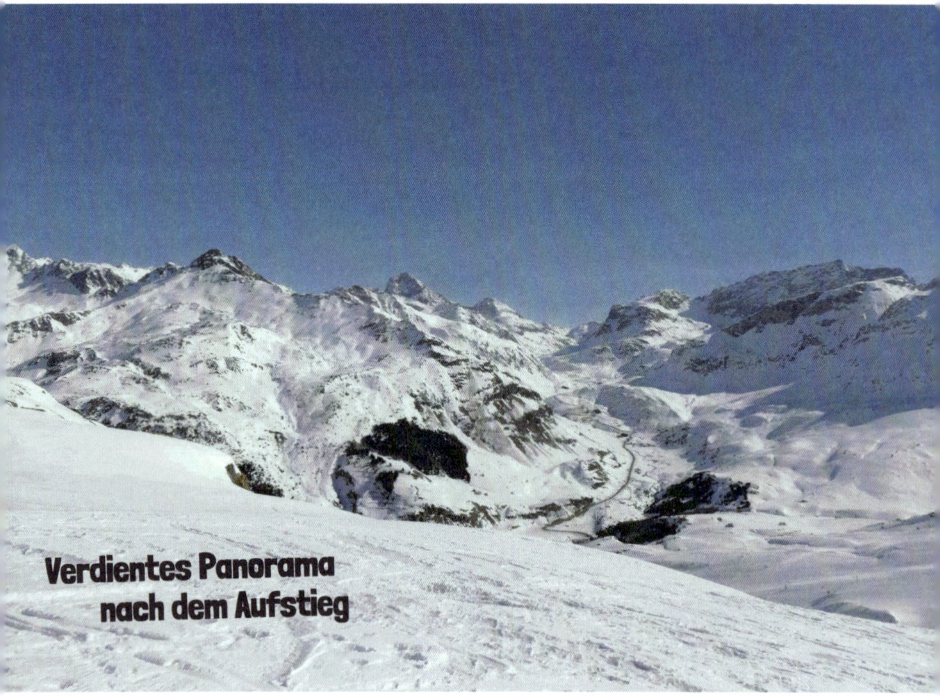

Verdientes Panorama nach dem Aufstieg

Mit Blick Richtung Norden können wir jetzt auch in etwa erahnen, wo sich der zweite bekannte Pass der Region, der Septimerpass, befindet. Eine weitere Tour durch die verschneite Winterlandschaft führt von Bivio durch das Val Tgavretga zum Septimerpass und wieder zurück. Generell ist die Region rund um Bivio ein **Eldorado für Naturbegeisterte**. Im Sommer warten diverse Wander- und Mountainbikerouten darauf, entdeckt zu werden, und wer im Winter aufmerksam durch die Gegend marschiert, erkennt auch viele Spuren von Skitourengängern und Skitourengängerinnen. Den dritten bekannten Pass im Parc Ela – den Albulapass – werden wir auf der Tour nie sehen. Er befindet sich für uns unsichtbar hinter den schneebedeckten Dreitausendern in nordöstlicher Blickrichtung. Je nach Anreiseroute erreichten wir Bivio jedoch auf der **weltbekannten Bahnstrecke „Albula/Bernina"**. Die höchstgelegene Alpentransversale Europas wurde von der UNESCO auf die Welterbeliste gesetzt – wer einmal im Zug die gesamte Strecke zurückgelegt hat, weiß warum. Das bauliche Meisterwerk der Bahnpioniere mit Kehrtunnel und spektakulären Viadukten erstreckt sich von Thusis bis nach St. Moritz.

Das macht die Tour einzigartig!

- Panoramasicht und Steinböcke
- Umgeben von weißen Berggipfeln
- Historische Bedeutung von Bivio

Auf unserer Schneeschuhtour erreichen wir schon bald die Hochebene. Wir stärken uns aber zuerst mit einem Blick in das märchenhafte und scheinbar unberührte Tal Valetta da Beiva, welches sich direkt vor uns präsentiert, ehe wir die nochmals knackigen Höhenmeter unter die Füße nehmen. Als Belohnung oder Ablenkung für die Anstrengung lohnen sich jetzt Blicke auf die Felsbänder steil über uns. Hier sind **Steinböcke** zu Hause und wachen über Bivio. Sie haben das Geschehen stets im Blick und stören sich in der Regel nicht an uns, solange wir auf Distanz bleiben. Im Tagesverlauf von warmen Wintertagen und generell im Frühjahr gilt auf diesem Abschnitt der Strecke auch besondere Vorsicht vor Lawinen. Nicht selten kommen hier Schneerutsche hinunter. Deshalb sollte die Tour so geplant werden, dass wir nicht zu nahe an den Felsen passieren müssen und die Tour bei hohen Temperaturen frühzeitig beenden können. Die Website des Instituts für Schnee- und Lawinenforschung (SLF) veröffentlicht täglich zweimal das sogenannte Lawinenbulletin für die Schweiz. Die Lawinengefahr wird gebietsweise eingestuft und muss unbedingt im Vorfeld der Tour überprüft werden.

Auf etwa 2340 Metern haben wir schließlich die Hochebene bei Plang Tguils erreicht. Ein **romanisches Dorf** liegt unter uns und ein reizvoller Aussichtspunkt vor uns. Von hier oben aus wird deutlich, wieso für das schmucke Dorf der Name Bivio, was mit Weggabelung übersetzt wird, gewählt wurde. Zutreffender könnte der Name die Lage des 200-Seelen-Dorfes zwischen Julier- und Septimerpass kaum beschreiben. Doch nicht nur das: Der Name lässt auch auf die Sprachvielfalt schließen. Nur gerade zwei weitere offiziell italienischsprachige Ortschaften gibt es nebst Bivio auf der nördlichen Seite der Alpenwasserscheide. Zusammen mit Deutsch und Rätoromanisch pflegen die Einwohner und Einwohnerinnen von Bivio gleich drei Sprachen. Diese Eigenheit hat sich aufgrund der guten Zugänglichkeit des Dorfes über die historischen Pässe ergeben und so hat die **Sprachenvielfalt** auf ganz natürliche Weise Einzug gehalten.

Wir halten jetzt rechts und genießen die letzten Meter im Schnee über den Bergrücken zu unserem Ziel, dem Crap da Radons. Dem Himmel entgegenlaufen. Noch einmal das Knirschen des Schnees unter den Füßen wahrnehmen. Die kühle Bergluft einatmen. Innehalten. Das unbeschreiblich schöne Gefühl genießen, ganz klein in einer weiten weißen Arena von Bergen zu stehen. Jetzt haben wir uns eine Pause verdient und all die schneebedeckten Gipfel nah und fern warten darauf, erraten zu werden. Ein kleiner Tipp: Eine Karte oder App helfen. Die insgesamt rund dreistündige Tour wird über den gleichen Weg zurück nach Bivio beendet.

Wichtig: Diese Tour ist keine gesicherte und ausgeschilderte Schneeschuhtour. Es ist daher notwendig, sich im Vorfeld über die Lawinensituation zu erkundigen und Kartenmaterial sowie eine vollständige Lawinenausrüstung, bestehend aus Lawinenverschüttetensuchgerät, Lawinenschaufel und Sonde, bei sich zu tragen.

FAZIT

Mit der richtigen Ausrüstung und Vorbereitung ist diese Schneeschuhtour hinsichtlich Landschaft, Panorama und Ruhe kaum zu toppen! Wer auch noch Interesse an der historischen Bedeutung dieser wunderschönen Region hat, ist hier definitiv richtig.

GUT ZU WISSEN

30

VON: Bivio
BIS: Bivio
LÄNGE: 5 Kilometer
HÖHENMETER: 550 (hinauf und hinunter)
ETAPPEN: 1
MARKIERUNG: keine
HÖCHSTER PUNKT: Crap da Radons, 2365 Meter

DAS BRAUCHE ICH:
- Schneeschuhe und Stöcke
- komplette Lawinenausrüstung und Kartenmaterial (nicht ausgeschilderte Route)
- Sonnenbrille und Sonnenschutz

Abenteuer
Natur
Schwierigkeit

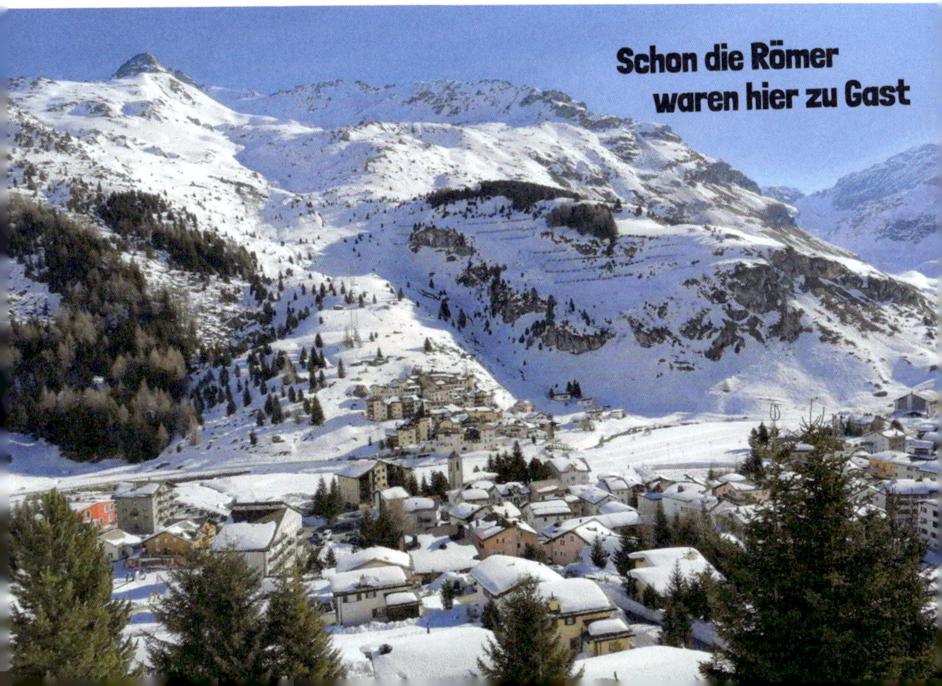
Schon die Römer waren hier zu Gast

2., aktualisierte Auflage 2026

kontakt@droste-verlag.de
Konzeption: Droste Verlag, Düsseldorf
Satz: Vollnhals Fotosatz, Neustadt a. d. Donau
Einbandgestaltung: Nora Urru, Köln
Fotos: Sabrina Bigler und Lea Seiler
Karte: Sameena Jehanzeb, Bonn
Druck und Bindung: LUC GmbH, Greven

Alle Angaben in diesem Buch wurden sorgfältig recherchiert
und geprüft. Für die Richtigkeit der Angaben,
für etwaige Unfälle und Schäden jeglicher Art
kann keine Haftung übernommen werden:
Die Nutzung erfolgt auf eigenes Risiko.
Abweichungen, die nach Redaktionsschluss erfolgten,
konnten nicht mehr berücksichtigt werden.
Hinweise und Änderungen nehmen wir gern entgegen.

ISBN 978-3-7700-2337-0
droste-verlag.de

FSC www.fsc.org
MIX
Papier | Fördert gute Waldnutzung
FSC® C011279

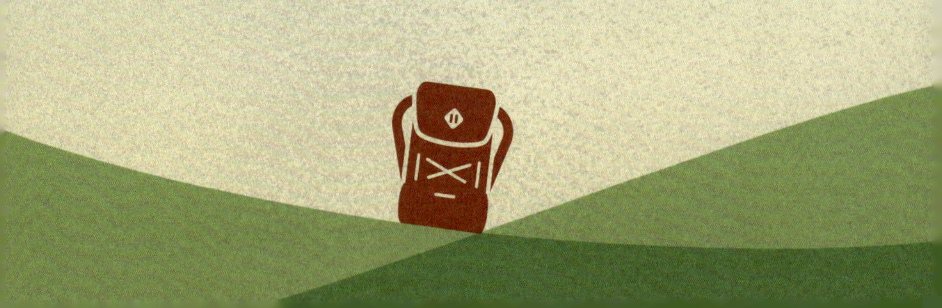